用 文 字 照 亮 每 个 人 的 精 神 夜 空

领读文化传媒
LINGDU Culture & Media

微信 | 微博 | 豆瓣　领读文化

重返

三国现场

成长

————

著

台海出版社

图书在版编目（CIP）数据

重返：三国现场 / 成长著 . —北京：台海出版社，2023.9

ISBN 978-7-5168-3617-0

Ⅰ.①重… Ⅱ.①成… Ⅲ.①中国历史 – 三国时代 – 通俗读物 Ⅳ.① K236.09

中国国家版本馆 CIP 数据核字 (2023) 第 146413 号

审图号：GS（2023）2402 号

重返：三国现场

著　　者：成　长

出 版 人：蔡　旭　　　　　　　装帧设计：尚燕平
责任编辑：王　萍

出版发行：台海出版社
地　　址：北京市东城区景山东街 20 号　　邮政编码：100009
电　　话：010-64041652（发行、邮购）
传　　真：010-84045799（总编室）
网　　址：www.taimeng.org.cn/thcbs/default.htm
E - m a i l：thcbs@126.com

经　　销：全国各地新华书店
印　　刷：北京金特印刷有限责任公司
本书如有破损、缺页、装订错误，请与本社联系调换

开　　本：880 毫米 ×1230 毫米　　　　1/32
字　　数：420 千字　　　　　　　　印　　张：17
版　　次：2023 年 9 月第 1 版　　　　印　　次：2023 年 9 月第 1 次印刷
书　　号：ISBN 978-7-5168-3617-0

定　　价：98.00 元

目 录

第一章

大汉夕阳

画像石上的汉代生活

　　东汉灵帝建宁三年，是为公元170年。三月，发生了一次日食，朝廷循例罢免了太尉；九月，董太后的哥哥执金吾董宠因罪下狱死；冬天，济南国的贼寇围攻东平陵。相对而言，这是较为平淡的一年，两年前惊心动魄的窦武陈蕃政变与对清流党人的禁锢迫害余波未平，而年幼的汉灵帝还没有完全展露出自己祸国殃民的真面目。

　　就在这一年的三月十八日，距离京师洛阳以南七百里的南阳郡宛县，一名叫许阿瞿的五岁孩童不幸夭折。在那个医疗条件不发达的时代，婴幼儿夭折并不鲜见。许家是南阳大户，面对无可挽回的生命，大人们在悲伤之余，只能按照当时"事死如事生"的习俗将其厚加安葬。或是对孩子生前的欢乐时光留恋不已，或是对孩子前往一个新的世界抱有美好的期许，许阿瞿的父母做了一件在当时有些特别的事情，他们请来工匠，在一方石板上刻上了许阿瞿生前玩乐的图景以及百余字的铭文，将其一起葬入墓中。

不幸的是，仅仅二十年后，天下崩裂，战乱连年，许多墓葬都被乱兵盗掘，许阿瞿墓也未能幸免。但不幸之中的万幸是，这块刻有画像的石板没有被遗弃和毁掉，而是阴差阳错地被一座曹魏时期的墓葬"二次利用"，成为其墓顶石。这一举动，无形中将这块画像石保护了起来。

1973年3月，河南省南阳市东郊李相公庄社员在平整土地的时候，发现了这座曹魏墓葬。墓葬所在地正位于汉魏宛城旧址的东南部。许阿瞿画像石也完好地见之于世。因为这座画像石，许阿瞿，这个早已被历史尘埃湮没的普通孩童，居然同史传里那些王侯将相一样，被清晰地记录了下来，一直流传到今天。与之相伴的，还有极其珍贵的汉代社会生活的真实图景。

许阿瞿画像石

这块画像石分为两部分。左方为铭文，隶书，共136个字，详细记述了许阿瞿夭折的时间、年龄以及亲人们的悲痛，部分字有损泐。

右方为画像，分上下两层，上层左边一名幼童踞坐于榻上观看，旁边有仆人手执便面为他扇风，幼童右侧刻"许阿瞿"三字，可知此为墓主人生前的样子，正在享受贵族的待遇，观看百戏以为娱乐。上层右方三名童子赤着身子，只穿着犊鼻裤（短裤），或手举木鸟，或牵引鸠车。下层为舞乐百戏的场景，左起一人捧盘，中间两名艺人，一人在玩耍飞剑跳丸，一人甩着长袖在跳盘鼓舞，右侧两人分别是抚琴、吹箫的乐者。整幅画像人物生动，栩栩如生，让人身临其境。

在东汉一朝，画像石、画像砖开始广为流行，他们多砌筑于墓室之内，也有装饰在地面上的石碑、石阙和石祠堂。画像石、画像砖的遗存主要分布在河南、山东、苏北、皖北、鄂北、四川、陕北、晋西北等当时经济较发达的地域。如许阿瞿画像石所在的南阳，就是光武帝乡，豪族云集，物阜民丰，为东汉人口第一大郡。汉代的厚葬之风，让当时的人们将社会的真实面貌与美好生活都刻画在了画像石、画像砖上，成为我们窥探那个时代的最佳途径。

◎ 许阿瞿墓志铭（拓本），成长摄
东汉，1973年南阳李相公庄出土，南阳市汉画馆藏

长112厘米，宽70厘米，题记据学者王子今释读如下：

惟汉建宁，号政三年，三月戊午，甲寅中旬，痛哉可哀，许阿瞿身，年甫五岁，去离世荣。遂就长夜，不见日星。神灵独处，下归窈冥。永与家绝，岂复望颜。谒见先祖，念子营营。三增伏火，皆往吊亲。瞿不识之，啼泣东西，久乃随逐，当时复迁。父之与母，感□□□。蕲□五月，不□肥甘。羸劣瘦□，役财连篇。冀子长哉，□□□□。□□□此，□□土尘，立起□垺，以快往人。

东汉画像石、画像砖上描绘的内容大体可分为三类：一类是神话传说，在东汉，整个社会弥漫着对于神仙世界的憧憬，因此汉画像中留存了大量表现东王公、西王母、伏羲、女娲等神仙人物以及青龙、白虎、朱雀、玄武等吉祥的神兽。一类是历史故事，如尧舜禅让、孔子见老子、季札挂剑、荆轲刺秦王、高祖斩蛇等。还有一类是社会生活，包括汉代人日常的车马出行、迎宾拜谒、捕鱼田猎、驰逐牧放、纺纱织布、庖厨宴饮、乐舞杂技、琴瑟和鸣、六博对弈、射御比武等生活场景，大到屋舍、车马、服饰，小到佩饰、器皿、工具……某种程度上，汉画像成为了看得见的汉代社会百科全书。更为难得的是，它们的创作完全来自民间的工匠之手，而正是这些无名工匠，将中国早期的绘画和雕刻艺术推向成熟。

汉代画像石出土很多，但像许阿瞿画像石这样带有铭文、清晰记录墓主人身份的还不多见。根据出土文物所见，墓志铭的广泛使用在南北朝时期，刻制于东汉末年的许阿瞿画像石之上有明确的铭文题记，可能是目前所见较早的墓志铭实物。但也有学者认为，许阿瞿画像石题记起初应为地表石祠中的题记，而非埋在墓中的墓志。

看着画像石上许阿瞿幼小的身影，我时常在想，如果他没有夭折，活了下去，他的人生会经历什么？他比刘备小五岁，与关羽、张飞等年岁相近，他如果活着，或许会成为即将到来的汉末三国的亲历者，亦或许会和同郡的许攸、李严、黄忠、魏延一样，成为这段风云激荡的历史的参与者。

◎ 流云狩猎图画像石（左图）

汉，1957年陕西绥德五里店出土，西安碑林博物馆藏并供图

◎ 牛耕图画像石（右图）

汉，1971年陕西米脂官庄四号汉墓出土，西安碑林博物馆藏并供图

2 ▼

中山靖王：
刘备的祖先

　　1968年5月23日，位于河北省保定市西北21公里处满城县（今河北保定满城区）的陵山，发现了一座古墓，并发现有"中山内府"字样的铜器。一座深藏两千多年的恢宏汉墓重见天日。

　　经过考古工作者确认，墓主人是西汉中山国第一任国王靖王刘胜及王妃窦绾，两墓依山岩开凿，规模宏大，结构复杂，随葬品奢侈豪华，堪称一座豪华的地下宫殿，两墓出土金、银、铜、铁、玉石、陶、漆等器物，丝织品、银鸟篆壶和医用金针等文物10633件，其中有较高文物价值的4000余件，尤以金缕玉衣、长信宫灯、错金博山炉最为珍贵，金缕玉衣为首次发现。满城汉墓种类之丰富，制作之精美，在已发掘的汉墓中十分罕见。更难得的是，由于墓址隐蔽，在此之前，该墓从未被盗掘过，墓室与墓内文物均保存完好。

　　两汉奉行"事死如事生"的厚葬习俗，诸侯王的陵墓及陪葬品大多奢华，此后发掘的盱眙大云山汉墓（江都王刘非墓）、南昌海昏侯刘贺墓等莫不如此。

刘胜，汉景帝刘启之子，前元三年（前154年）受封中山王，元鼎四年（前113年）去世，终年五十三岁，谥号靖，史称中山靖王。据《汉书》载，刘胜生活奢靡，喜欢享乐。"胜为人乐酒好内，有子百二十余人。"他的同母兄赵敬肃王刘彭祖曾经批评他："中山王但奢淫，不佐天子拊循百姓，何以称为藩臣。"但结合当时时代背景来看，汉武帝不断加强中央集权，抑制诸侯王的权力，刘胜选择耽于享乐或许也是一种自保之策。

刘胜更为著名的身份是三国蜀汉建立者刘备的先祖。《三国志·先主传》载刘备的身世为"汉景帝子中山靖王胜之后也"，是刘胜之子刘贞这一支的后裔。在《三国演义》中，"吾乃中山靖王之后"成为刘备经常挂在嘴上的话。汉室苗裔的身份成为孤微发迹的刘备最大的

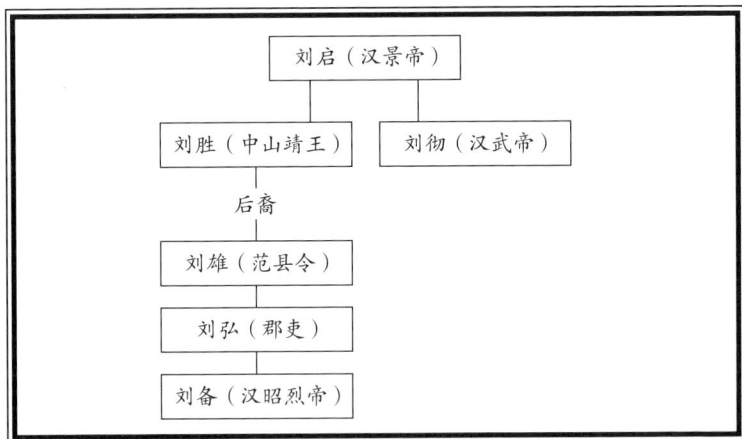

◎ 刘胜至刘备关系图，张珍绘

政治资本，让许多志在兴复汉室的一流人才聚拢在他的麾下。然而，刘备去刘胜二百七十余年，而刘胜子嗣甚多，支脉甚广，即便刘备真为其苗裔，其"含金量"也大打折扣。

1988年，满城汉墓被列入第三批全国重点文物保护单位，出土文物多藏于河北博物院，在"大汉绝唱——满城汉墓"专题展厅展出。

金缕玉衣

"玉衣"之名最早见于《汉书》，又称为"玉匣"或者"玉柙"，是汉代皇帝和高级贵族死时使用的殓服。汉代人认为玉是"山岳精英"，将金玉置于人的九窍，人的精气不会外泄，就能使尸骨不腐，可求来世再生。玉衣有金缕、银缕、铜缕、丝缕，到东汉时实行了严

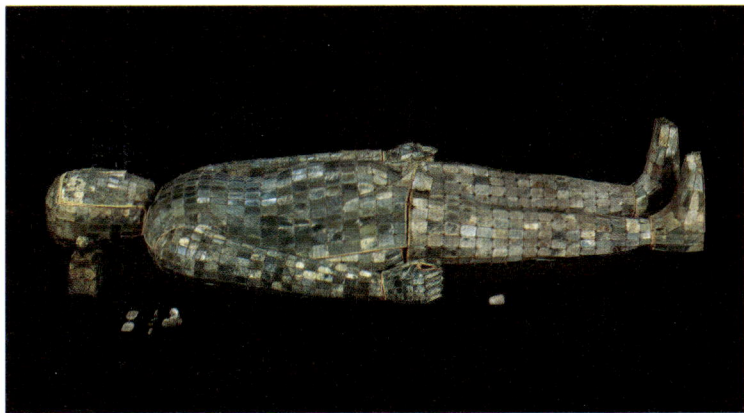

◎ 刘胜金缕玉衣
西汉，1968年满城汉墓刘胜墓出土，河北博物院藏并供图

格的玉衣等级制度，只有帝王才能以金缕玉衣入葬，而诸侯死去时只能穿银缕玉衣，一般的贵族和长公主只能穿铜缕玉衣。三国时期，魏文帝曹丕下令禁止使用玉衣入葬，玉衣从而成为两汉独有的陪葬品。

金缕玉衣通身用玉片制成，玉片之间用金丝连缀。在满城汉墓首次发现了完整的金缕玉衣，而且一次性发现了两套。刘胜墓玉衣长188厘米，用玉片2498片，金丝约1100克。窦绾墓玉衣长172厘米，用玉片2160片，金丝约700克。两套玉衣都由头部、上衣、裤筒、手套和鞋五大部分组成，每一部件都可以分离。与两件玉衣同时出土的有鎏金镶玉铜枕、玉九窍塞、玉握和玉璧。

颇有讽刺意味的是，金缕玉衣的设计初衷是令尸体不腐，但实际上，玉衣却加速了尸体的腐化。满城汉墓出土的两件金缕玉衣，衣内空空如也，只有牙齿碎片和骨渣残留。在满城汉墓之后，徐州狮子山楚王墓、永城僖山汉墓、盱眙大云山汉墓均发现了金缕玉衣。

刘胜金缕玉衣是我国首批禁止出国（境）展览的文物。

长信宫灯

长信宫灯为青铜制造，通体鎏金，高48厘米，重15.85公斤。造型是一位跪地的年轻宫女双手执灯，神态恬静优雅。灯体有九处铭文，共65个字，分别记载了灯的重量、容量和所属者。其中六处刻有"阳信家"的铭文，说明该灯原本属于阳信夷侯刘揭。又有"长信尚浴"字样，长信宫为汉长安城宫殿，一般为太后居住。据《史记》载，刘揭之子刘中意因参与"七国之乱"而遭到废黜。因此学者分析，宫灯

◎ 长信宫灯

西汉，1968年满城汉墓窦绾墓出土，河北博物院藏并供图

◎ 错金博山炉

西汉，1968年满城汉墓刘胜墓出土，河北博物院藏并供图

很可能在此时从阳信侯府抄没，送入窦太后宫中，后又流转入中山靖王妃窦绾手中，随其入葬。

长信宫灯设计奇巧之处在于宫女造型的体内为中空，烛火燃烧后的烟灰可以通过宫女的右臂自然进入灯体内，使烟滓停滞在灯身中，从而保证了室内的清洁。长信宫灯的各部分是分铸而成，可以随时拆卸，灯盘、灯罩可随意转动开合以调节照射方向。

长信宫灯也是我国首批禁止出国（境）展览的文物。

◎ 玉具剑、剑璏、剑摽

西汉，1968年满城汉墓刘胜墓出土，长71.8厘米，河北博物院藏并供图

梁沛之间：曹操的家族

　　《三国志》有一条颇为离奇的记载，说东汉桓帝时，方士殷馗仰观天文，发现在楚、宋之界闪现出一颗耀眼的黄星。他据此判断："后五十岁当有真人起于梁、沛之间，其锋不可当。"果然，这则预言在五十年后得到了印证，建安五年（200年），曹操在官渡击败袁绍，"天下莫敌矣"。"真人"就应在曹操身上，因为曹操的家乡沛国谯县，正位于梁、沛之间。

　　谯县，即今安徽亳州。曹操一族为汉相国曹参之后，世居谯县。汉桓帝时，宦官曹腾为中常侍、大长秋，封费亭侯。曹腾养子曹嵩官至太尉，生曹操。但曹氏家族在历史记载上疑点颇多，比如关于曹嵩的来历，有说是曹腾族子，有说是夏侯氏之子，连《三国志》作者陈寿也弄不明白，索性写道："莫能审其生出本末。"不过，在曹操开辟曹魏政权的征程中，来自谯沛的曹氏、夏侯氏宗亲发挥了重要作用，夏侯惇、夏侯渊、曹仁、曹洪等"诸夏侯曹"战功卓著，备受信赖。

据《水经注》载，谯县城南有中常侍曹腾、太尉曹嵩、颍川太守曹褒（曹腾兄）、长水校尉曹炽（曹褒子、曹仁父）、谒者曹胤（曹炽弟）等曹氏家族成员的墓葬。二十世纪七十年代起，亳县博物馆为配合城乡建设，陆续在亳州城南、城西南及涡河以北抢救、清理、发掘了四十余座东汉时期的墓葬，从墓葬中出土的字砖可以判断，这些墓葬属于曹操家族成员墓群，与《水经注》的记载相吻合。

曹氏家族墓群包括董园汉墓群、曹四孤堆、薛家孤堆、张园孤堆、马园汉墓群、袁牌坊汉墓群、刘园孤堆、观音山孤堆、元宝坑孤堆、姜家孤堆等。目前仅有董园二号墓（曹腾墓）、张园汉墓的墓室对外开放，可供游人参观。董园二号墓由青石砌筑而成，墓门朝东，墓室由甬道、前室、中室、后室、南北耳室、东西侧室组成，甬道南北壁

◎ 曹腾墓墓室，成长摄

重返：三国现场

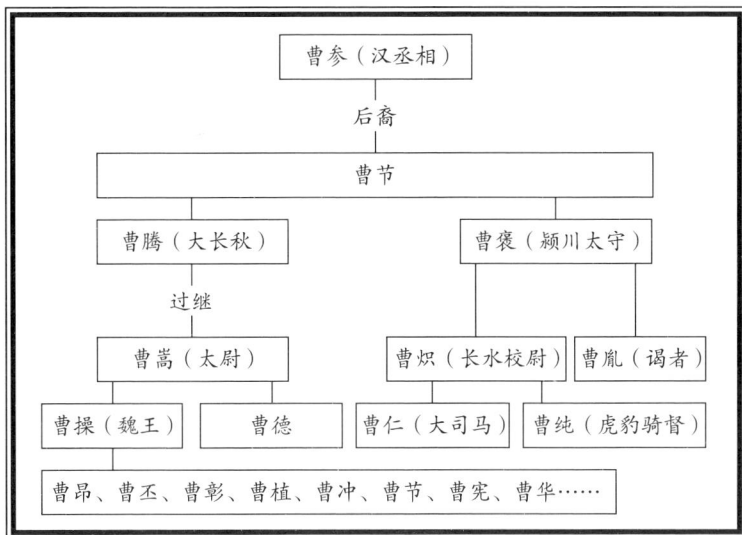

◎ 曹氏家族关系图，张珍绘

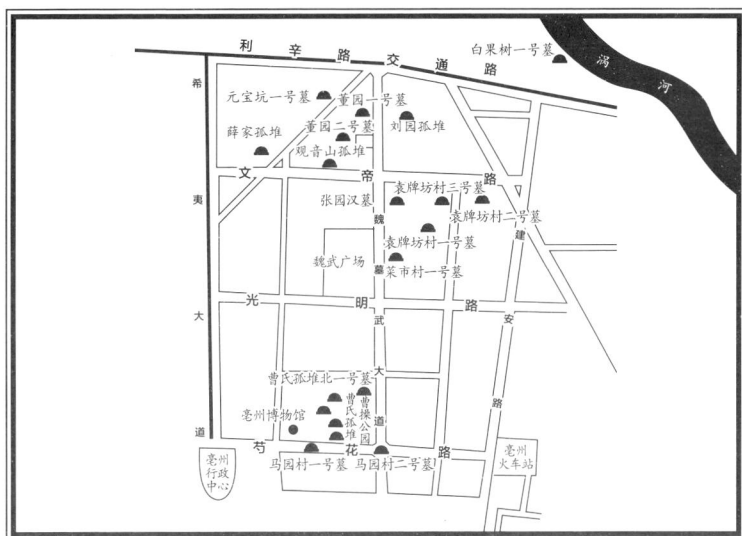

◎ 曹操家族墓群分布图，张珍绘

对称雕刻有神荼、郁垒人物画像，门额、门框、门扇均雕刻有画像。该墓据推断为曹腾之墓。张园汉墓由前室、中室、后室、耳室等十一个墓室组成，墓室多为穹隆顶（俗称窝顶），少数为拱形券顶，墓室之间多用拱形券顶相连接。由于随葬器物盗掘严重，墓主人身份较难判断，有学者推测为曹操之弟曹德之墓。

曹氏家族墓群早期均遭盗扰，但仍出土一批珍贵文物，如铜猪、玉猪、银缕玉衣、玉枕、象牙刻尺、青瓷罐、釉陶器等。其中最引人瞩目的是刻写有文字的墓砖，达六百多块，砖上文字是"作壁人"（造砖工人）在砖坯未干之前用细棒刻写而成，涵盖篆、隶、草、真、行等各种字体，文字中有不少内容是在抒发底层劳动人民的不满与怨恨。它们对研究东汉末年社会生活和书法演变具有重要的价值。

亳州曹氏家族墓群已被列入第五批全国重点文物保护单位，出土文物多在亳州市博物馆展出。

银缕玉衣

亳州董园一号墓被考证为曹操之父曹嵩之墓。曹嵩在灵帝中平年间靠着贿赂宦官、给西园捐"钱一亿万"买了太尉之职，但仅当了五个月就被罢免。兴平元年（194年），曹嵩在从琅琊投奔曹操的路上为陶谦部将张闿所杀。

曹嵩墓此前多次被盗，出土时，玉衣仅剩头部和一只鞋保存较为完好，其他部位的银缕被抽空，玉片被毁，残留的玉片均散乱在墓室中。后经考古人员修复，才将完整玉衣复原。

◎ 银缕玉衣，成长摄

东汉，亳州董园一号墓出土，亳州市博物馆藏

银缕玉衣通长188厘米，肩宽59厘米，厚25厘米，分为头罩、上衣、裤子和鞋子等部位，由2464块玉片加上银丝编缀完成。根据东汉丧葬制度，银缕玉衣属于王侯级别使用。曹嵩生前官至三公，袭爵费亭侯，故而可以享用银缕玉衣。在同一墓葬中，还发现有零散的铜缕玉衣，考证应为曹嵩夫人丁氏殓服。

曹宪印

这是一组青铜套印，大小两枚，外层高3.5厘米，边长2.2厘米。狮钮，套在一起后，可以呈现大狮怀抱小狮的造型。但小印之中还有空隙，应还有一层套印，可惜已经遗失。外层印面刻"曹宪印信"四

◎ 曹宪印

东汉，亳州马园村二号墓出土，亳州市博物馆藏

字，内层印面刻"曹宪"二字。

史书中确有曹宪其人，是曹操的女儿。《后汉书·皇后纪》载："建安十八年，操进三女宪、节、华为夫人……十九年，并拜为贵人。"可见曹宪与妹妹曹节、曹华同时被曹操嫁入宫中，成为汉献帝刘协的嫔妃。当时汉献帝已是曹操手中的傀儡，此次联姻无疑是曹操进一步控制皇帝、谋求篡位的手段。后来，曹节被封为皇后，死后与被废为山阳公的刘协合葬禅陵。但曹宪的下落史书上并未交代。

曹宪印之主人是否为曹操之女曹宪呢？尚可存疑。按常理判断，曹宪作为已经出嫁的女子，不应归葬家乡。此外，在该墓出土文物中，并不见妆奁一类的女性用品，却发现了铁刀、铁鞭一类的兵器。因此，墓主也不排除是曹氏宗族中一名同名的男性成员。

"仓天乃死"字砖

砖上所刻文字，有的已漫漶不清，可释读26个字，为："王复汝

重返：三国现场

使我作此大壁，径冤我，人不知也。但抟汝属，仓天乃死，当搏……"
其中"仓天乃死"与东汉末年黄巾起义的口号"苍天乃死，黄天当立，
岁在甲子，天下大吉"奇迹般地吻合。

　　与该砖同一墓中曾出土刻有"建宁三年"的字砖，可知这批砖造
于建宁三年（170年），这比黄巾起义的中平元年（184年）足足早了
十四年。由此可推测，张角及太平道在起义之前进行了较长时间的布
道传教活动，其口号"苍天乃死"在民间流传多年，厚植人心，甚至
影响到了为曹氏家族墓葬砌砖的"作壁人"。

◎"仓天乃死"字砖（左图）
东汉，亳州元宝坑一号墓出土，中国国家博物馆藏，成长摄

◎"曹腾"字砖（右图）
东汉，亳州元宝坑一号墓出土，亳州市博物馆藏，成长摄

　　砖上文字为"比美诗之此为曹腾字季兴"。

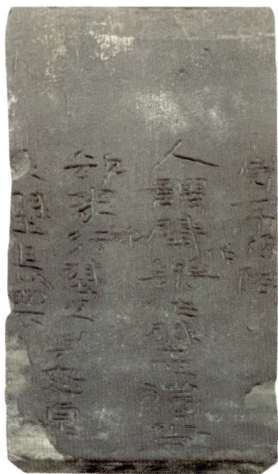

◎ "会稽曹君"字砖（左图）

东汉，亳州元宝坑一号墓出土，亳州市博物馆藏，成长摄

元宝坑一号墓是亳州曹氏宗族墓中出土文物及字砖最多的一座墓。出土字砖中涉及曹氏家族多名成员，其中"会稽曹君"出现频率较高，据字面判断应是一位担任过会稽太守的曹氏家族成员。在该砖刻有"会稽曹君天年不幸丧躯"字样，可知他寿命不长，属于英年早逝。

◎ "人谓作壁乐"字砖（右图）

东汉，亳州元宝坑一号墓出土，亳州市博物馆藏，成长摄

字砖上写有一首五言短诗："人谓作壁乐，作壁正独苦。却来却行壁，反是怒皇天。"署名"壁长契"。可知这是一位名"契"的"作壁人"工长在工作时所刻，内容是发泄自己的苦闷和不满。这块字砖则印证了东汉末年五言诗在民间已经广泛流行。

4

『四世三公』：汝南袁氏与弘农杨氏

东汉是一个由豪强大族建立起来的王朝，豪族作为一股政治力量在东汉占有特别的地位。从东汉中叶开始，汝南袁氏和弘农杨氏两大家族走向兴盛，有"四世三公"之称。

所谓"四世三公"，就是连续四代人都坐到"三公"的位子上。"三公"，即司徒、司空、太尉，他们居百官首揆，可以在皇帝身边坐而论道，地位十分尊贵。袁氏出于汝南汝阳（今河南商水），从司空袁安开始，袁安子袁敞，袁安孙袁汤，袁汤子袁逢、袁隗，四代人中有五人都位居"三公"之位。杨氏出于弘农华阴（今陕西华阴），其先祖杨敞在西汉时曾任丞相，是司马迁的女婿。从太尉杨震算起，杨震子杨秉，杨秉子杨赐，杨赐子杨彪，四代人中有四人先后登公位。

东汉一朝，"虽置三公，事归台阁"，日常政务逐渐由尚书台负责，"三公"更像是皇帝身边的高级顾问，不掌实权。尽管如此，"三公"

还是拥有专属的征辟权，可以将心仪的人才征辟到自己的公府里当掾属，这成为当时许多士人仕途进阶的捷径。这些官员日后发达显贵，自然要报答"三公"的提携。因而，汝南袁氏与弘农杨氏这两个"四世三公"之家经过世代经营，编织了庞大的人脉网络，形成了"门生故吏，遍于天下"的景象。再加上这两大家族同时也是家传的儒学世家，这让他们在服膺儒教的东汉朝堂更显尊荣。

然而，随着汉末乱世的到来，传统的权力格局被彻底打破，两大"四世三公之家"也从辉煌走向式微。

出身汝南袁氏的袁绍、袁术兄弟在乱世登场，主导了诛杀宦官、讨伐董卓等大事，他们依托家族的背景，声望颇高，引得人才纷纷归附。袁绍雄踞河北，袁术割据淮南，均拥有强大的军事势力。然而在多年的军阀混战中，二袁各自拉拢盟友，互相攻讦，反而让曹操从中得利，迅速崛起。袁术在寿春僭号称帝，为天下所弃，最后兵败势穷呕血而死。袁绍在官渡为曹操所败，他死后诸子争位，最终亦均为曹操所灭。

至于弘农杨氏，自曹操挟天子以令诸侯后，太尉杨彪就被曹操以暗通袁术的罪名打入囚牢，后来虽被放出，但已毫无权势。其子杨修依附曹操，为丞相主簿，深受曹操器重。但后来，杨修因助曹植夺位，干涉曹操家事，为曹操忌恨处死，杨氏遂衰。直到西晋初年，晋武帝司马炎娶弘农杨氏杨芷为后，弘农杨氏才重新回到政治舞台。

袁安
（司徒）

袁裳　　　　袁京　　　　袁敞
（车骑都尉）　（蜀郡太守）　（司空）

袁彭　　　　袁汤
（光禄勋）　（太尉、安国亭侯）

过继　　袁成　　　袁逢　　　袁隗
　　　（左中郎将）（司空）　（太傅）

袁绍　　　　　袁基　　　　袁术
（大将军、邺侯）（太仆）　（左将军、阳翟侯、仲氏皇帝）

袁谭　　　袁熙　　　袁尚　　　　袁买　　　袁耀　　　袁氏
（青州刺史）（幽州刺史）（大将军、邺侯）　　　　（吴郎中）（孙权妃）

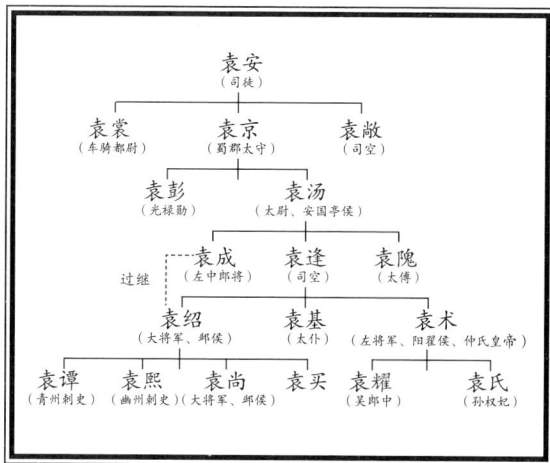

◎ 汝南袁氏世系表，陈梦实绘

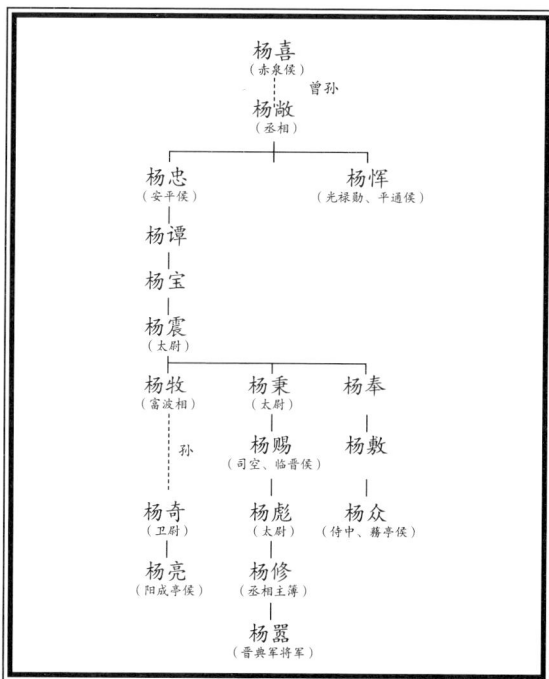

杨喜
（赤泉侯）
曾孙
杨敞
（丞相）

杨忠　　　　　　　　杨恽
（安平侯）　　　　　（光禄勋、平通侯）

杨谭

杨宝

杨震
（太尉）

杨牧　　　　杨秉　　　杨奉
（富波相）　（太尉）

孙　　　　　杨赐　　　杨敷
　　　　　（司空、临晋侯）

杨奇　　　　杨彪　　　杨众
（卫尉）　　（太尉）　（侍中、蓨亭侯）

杨亮　　　　杨修
（阳成亭侯）（丞相主簿）

杨嚣
（晋典军将军）

◎ 弘农杨氏世系表，陈梦实绘

《袁安碑》

《袁安碑》出土年代不详，从碑侧刻有明万历二十六年三月字样可看出，此碑至晚在明代已被发现。但近代此碑一直沉寂于河南偃师辛家村，未被发现。甚至在很长一段时间内，因为刻字面朝下，人们并不知道这是一块石碑，而将其当作当地牛王庙的供案。直到1929年，一名小孩仰卧在石案下乘凉，才发现上面有刻字，该碑从而为金石界所重视。后因战乱，《袁安碑》一度失踪，1961年又再现于世，被河南博物院收藏。

袁安，字邵公，是汝南袁氏的兴业之祖。他少承家学，举孝廉，明帝时任楚郡太守、河南尹。他为政严明，断狱公平，任职河南尹十年，"京师肃然，名重朝廷"。袁安官至司空、司徒，连当时专权的窦太后、外戚窦宪兄弟都对他又忌又怕。《袁安碑》的内容主要记载袁安的生平履历，与《后汉书·袁安传》的记载基本相同，只是加以缩减。碑文最下一行有残缺，仅存139个字，但所缺字可比对文献考出。

《袁安碑》不仅具有史料价值，在书法史上也有特殊的意义。自秦灭亡之后，风靡一时的秦小篆就逐渐为汉隶所替代，及至东汉时期，以隶书书写的碑文已成为主流，而《袁安碑》是极为罕见的用篆书写就的汉代碑刻。从其笔势线条来看，能够明显看出其对李斯《峄山碑》的承袭和发展，比如汉篆在字体的一些转折部分，不似秦篆那般浑圆，而有"微微加方"的变化。

《袁安碑》另一特点是碑中有一硕大的洞口，学术界称之为"碑穿"。"碑穿"的作用，学界众说纷纭，一说是方便穿绳下棺，一说是

◎《袁安碑》

东汉，1961年河南偃师扒头村征集，河南博物院藏，成长摄

碑残高139厘米、宽73厘米、厚21厘米。

碑文可释读为：司徒公汝南女阳袁安召公。授《易》孟氏（学）。永平三年二月庚午以孝廉除郎中。四（年）十一月庚午除给事谒者。五年四月乙（亥）迁东海阴平长。十年二月辛巳迁东平（任）城令。十三年十二月丙辰拜楚郡（太）守。十七年八月庚申徵拜河南尹。（建）初八年六月丙申拜太仆。元和三年五（月）丙子拜司空。四年六月己卯拜司徒。孝和皇帝加元服，诏公为宾。永元四年（三）月癸丑薨。闰月庚午葬。

◎《袁敞碑》（拓本）

东汉，1923年河南偃师出土，辽宁省博物馆藏

　　碑残高约75厘米、宽约68厘米。

　　袁敞为袁安之子，官至司空。《袁敞碑》残损较为严重，可释读的文字不多，但根据马衡、杨频等学者的复原，其"碑穿"也位于碑文中央。而且《袁敞碑》《袁安碑》书风相似，学者推测可能为同一人书写，同一时期制作而成。

栓系祭祀用的牺牲，一说是用来观测日影。现出土的汉碑中，"碑穿"大多位于碑额与碑文之间，而《袁安碑》的"碑穿"却极其罕见地位于碑文中央，甚至挤占了四个文字的空间。

　　袁绍墓

　　袁绍字本初，袁安四世孙，本为袁逢庶子，幼年过继早逝的伯父

◎ 前高龙华墓（袁绍墓），成长摄

　　该墓位于河北省沧县高川乡前高龙华村，当地人按其堆土形状，称之为"大疙瘩"，是河北省文物保护单位。笔者前往探访时看到，该墓虽地处偏僻，但仍保存有高约8米、径约40米的封土堆，周围遗落有汉代绳纹砖。墓室虽未经考古发掘，但有过被盗掘的痕迹。

　　前高龙华墓为何会被传为袁绍墓？据《新唐书》载，武周时期有大臣袁恕己，为袁绍中子袁熙之后，袁熙后裔"世居乐陵东光"，即今河北沧州东光县，该墓或为袁氏后人所建之纪念性墓冢。而距此地不远亦有渤海郡治所南皮县（今河北南皮县古皮遗址），是袁绍的起兵之地。

　　袁成。汉灵帝时，袁绍官至司隶校尉，成为大将军何进的亲信。汉灵帝驾崩后，何进为宦官所杀，袁绍率军火烧宫室，尽诛宦官，同时也开启了汉末乱世的大幕。

　　董卓进京把持朝政后，袁绍离京就任渤海太守，随即联合关东州

◎ 商水袁氏祖茔，施鸥摄

河南省商水县袁老乡袁老村是袁氏故里，尚有众多袁姓村民。此地的袁氏祖茔为鸡心滩，也叫袁金滩，相传为袁氏始祖、袁安之父袁昌之墓。当地在墓前塑有袁绍、袁术像。

郡共举义军讨伐董卓，自为盟主，声望达到了顶峰。此后数年，袁绍以冀州为根据地，击败黑山群寇、公孙瓒，坐拥青、幽、冀、并四州之地，带甲数十万。建安五年（200年），袁绍亲率十万之众南下，却在官渡为曹操所败，从此一蹶不振。两年后，袁绍在邺城病逝。

袁绍原本握有争夺天下的资本，却最终落败于势力弱于自己的曹操。《三国志》作者陈寿评价袁绍"外宽内忌，好谋无决，有才而不能用，闻善而不能纳"，可谓十分精确。

据《三国志·武帝纪》载，曹操在攻陷邺城后，专程祭祀袁绍墓，并在墓前哭泣，可知袁绍墓应在邺城附近，但今已无存。现存袁绍墓有河北沧县、山东高密、河南商水三处，可能均为衣冠冢。

弘农杨氏墓群

弘农杨氏故里位于今陕西省华阴市。如今的华阴市域内及周边发现有众多弘农杨氏族人的墓地。

弘农杨氏家族墓地位于华阴市华山镇五方村北。该墓地原由十八座墓冢构成，俗称"杨氏十八冢"，但在随后进行的考古调查中发现，此墓地远远不止十八冢，而是一处汉至北魏的杨氏家族墓群，发现各类规格形制的墓葬已有三十余座。在遗址西侧为弘农杨氏兴业之主、汉赤泉侯杨喜的墓葬。弘农杨氏家族墓地为第八批全国重点文物保护单位。

杨震家族墓地位于潼关县秦东镇四知村东。杨震字伯起，东汉名臣，少习欧阳《尚书》，明经博览，有"关西孔子"美誉。杨震年五十始仕州郡，汉安帝时任司徒、太尉。他为人耿直，屡次弹劾当权的宦官，因宦官诬陷遭免官。为自证清白，他饮鸩而死，时人为之流涕。杨震拒绝贿赂的名言"天知、神知、我知、子知"让他的清正廉洁之风流芳千年。1959年，陕西省文物管理委员会在"杨震家族墓地"发掘出七座汉墓，据考证为杨震、杨牧、杨让、杨统、杨著、杨馥、杨彪墓。各墓都遭盗掘，残存的随葬品以陶器最多。杨统墓出土的镇墓瓶有朱书文字，其中"建宁元年十一月乙巳朔九日"等字，为考证墓主人的葬期提供了依据。杨震家族墓地为第八批全国重点文物保护单位。

◎ 弘农杨氏家族墓地，申威隆摄

◎ 杨震墓，申威隆摄

重返：三国现场

5 ▼

乱世启幕：
石碑上的三国前夜

东汉末年，皇帝昏聩，宦官乱政，"长吏多阿附贵戚，赃污狼藉"，百姓深受其苦。然而就是在如此污浊的时代之中，仍有一些官员心系家国、恪尽职守、造福一方。他们中的许多人因为官职低微，在史书上并没留下浓墨重彩的记载，但百姓没有忘记他们，其口碑化作了一座座"颂德碑"，传承至今的《曹全碑》正是其中的代表之作。

《曹全碑》，全称《汉郃阳令曹全碑》，碑文内容为东汉末年郃阳令曹全生平履历及颂词。

曹全，字景完，敦煌效谷（今甘肃瓜州西）人，生于河西走廊的边陲之地。他的仕途从凉州掾吏做起，举孝廉后，前往西域任戊部司马。当时疏勒国（今新疆喀什一带）发生内乱，和德弑君篡位，并且不向朝廷纳贡。曹全率军征讨，经过激烈的战斗，取得大捷，"和德面缚归死"，西域各国闻之而惧，纷纷献礼达二百万。

曹全征疏勒一事，在文献中也有记载。《后汉书·西域传》载，汉灵帝建宁元年（168年），疏勒王为其季父和得（应与碑文中"和德"为同一人）所杀。建宁三年（170年），凉州刺史孟佗（孟达之父）遣从事任涉、戊司马曹宽、西域长史张晏等率三万余人讨伐疏勒。这些记载与《曹全碑》上的记载惊人契合，一般认为，曹宽就是曹全，"宽"可能为曹全表字中"完"的讹误。碑文对于这段历史无疑起到了补史证史的作用。不过令人疑惑的是，《后汉书》对疏勒平叛的结果，却是这样记载的："攻桢中城，四十余日不能下，引去。"与《曹全碑》中生擒和德、大获全胜的描述相去甚远。究竟是史书存在疏漏，还是碑文对碑主存在溢美失实之词？学界尚有不小的争论。不过毋庸置疑的是，《曹全碑》对于研究汉代西域史提供了重要的史料信息，中华书局1965年出版《后汉书·西域传》之校勘记就利用了《曹全碑》所提供的史料。

曹全在西域任职有功，迁为右扶风槐里县（今陕西兴平）县令，但不久即"遭同产弟忧弃官，续遇禁网，潜隐家巷七年"。碑文中的"禁网"，即指东汉末年的"党锢之祸"。据《后汉书·孝灵帝纪》载，熹平五年（176年）闰五月，永昌郡太守曹鸾上书为党人鸣冤，惨遭弃市。"诏党人门生故吏父兄子弟在位者，皆免官禁锢。"推其年岁，恰与曹全"弃官"的时间相合。而李贤注更补充称"槛车送槐里狱掠杀之"，槐里正是曹全任职之处。因此有学者指出，曹鸾很可能就是碑文中所叙述的曹全"同产弟"，而曹全正是因为曹鸾案的牵连才遭遇长达七年的禁锢。

光和六年（183年），曹全复出，二次举孝廉，并于次年三月出任酒泉郡禄福县（今甘肃酒泉）县长。而就在一个月前，黄巾起义爆发。

《曹全碑》碑文曰："訞（妖）贼张角，起兵幽冀，兖豫荆杨，同时并动"，这一记录使《曹全碑》成为目前发现记载黄巾起义最早的文字实物。《曹全碑》弥补了黄巾起义时期关中一带史料的空白。碑文中记载，黄巾起义爆发后，关中也受到了波及，位于黄河西岸的郃阳县发生了暴乱："县民郭家等复造逆乱，燔烧城寺，万民骚扰，人裹不安，三郡告急，羽檄仍至。"当时朝廷平叛兵力都集中在东部，无暇西顾，朝臣一致向灵帝举荐了曹全。于是，曹全再次从凉州"空降"三辅，担任郃阳县令。

曹全到任后，迅速平息叛乱，安抚百姓，并且着手在郃阳县发展生产，恢复正常的生活秩序。碑文中记载了曹全在郃阳的许多政绩，比如抚恤鳏寡的老人，自己出资购买粟米资助病弱之人，亲手调制"神明膏"为百姓治病。他整修屋舍，治理水患，鼓励耕织，选拔人才，短短一年的时间，一县大治。于是，县中的吏员、三老以及部分百姓捐资刻碑，就有了这块流芳千年的《曹全碑》。碑文最后，他们对曹全的仕途致以美好的祝愿："君高升，极鼎足。"在碑阴处，我们能看到多达五十余人的题名，详细记载了捐资者的官职、姓名和捐款数额。史书对上层政治人物叙述较多，而对社会基层的架构和运作的记录往往比较缺失，这份"花名单"也成为研究东汉基层职官制度的珍贵材料。在这份名单中还隐藏着一个"彩蛋"，即名单中有"博士李儒"，他也同时出现在了碑阳里，是曹全向朝廷推举的"修身之士"。他很可能与史书中后来追随董卓、鸩杀弘农王刘辩的李儒是同一人。

《曹全碑》涉及东汉末年征讨疏勒、党锢之祸、黄巾起义等诸多大事，起到了"以碑证史"的作用。碑文在介绍曹全家世的时候，也

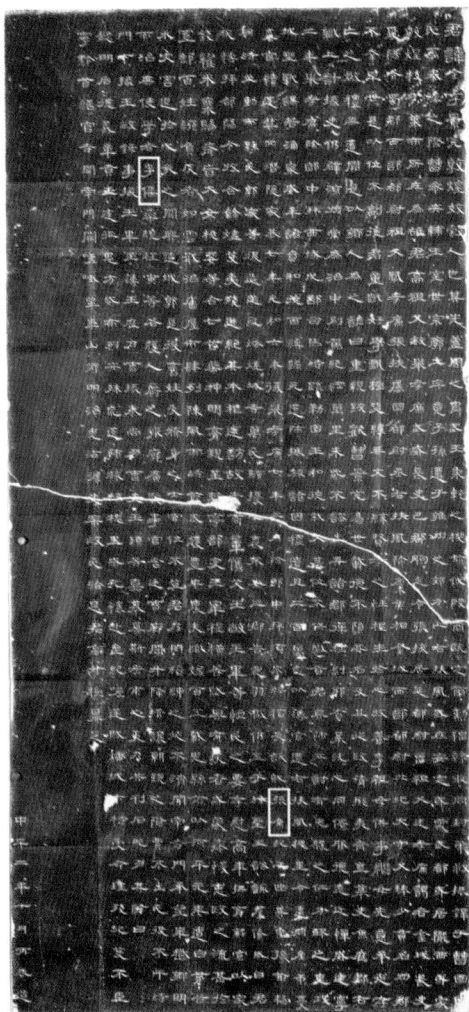

◎《曹全碑》(拓本)

东汉，明万历初年陕西郃阳县故城莘里村出土，西安碑林博物馆藏并供图

碑身高226厘米，宽86.5厘米；碑阳20行，每行45字。

对曹姓的源流进行了详细的梳理。碑中写道，曹姓出自周王室，其先祖是周武王之弟、曹国的第一任国君曹叔振铎，到了秦汉之际，曹参成为汉朝开国功臣，汉武帝时，曹参子孙被迁至关西，其中有一支落脚敦煌郡，曹全即为此支脉后裔。《三国志·武帝纪》载曹操是曹参之后，这样说来，曹全与曹操分属同一家族散于不同地域的支脉。

如今存世的汉碑不过二百余方，且大多靠拓本传世。《曹全碑》难能可贵的地方在于，其碑文完好，字迹清晰，除出土之后因挪动产生了一条断痕外，几无损伤，加之有碑裂之前的拓本传世，故碑文所有字迹均可识别。《曹全碑》在中国书法史上也有举足轻重的地位，其行文为汉代通行的隶书，字体扁平，秀劲俊美，蚕头燕尾特点突出，结构匀整，在汉隶中独树一帜。历代文人墨客均将《曹全碑》奉为圭臬。清人孙承泽称其为"汉石中之至宝"。及至今日，对于习隶书之人，《曹全碑》是必临之帖。

《曹全碑》碑阳全文：

君讳全，字景完，敦煌效谷人也。其先盖周之胄，武王秉乾之机，剪伐殷商，既定尔勋，福禄攸同，封弟叔振铎于曹国，因氏焉。秦汉之际，曹参夫辅王室，世宗廓土斥竟，子孙迁于雍州之郊，分止右扶风，或在安定，或处武都，或居陇西，或家敦煌，枝分叶布，所在为雄。君高祖父敏，举孝廉，武威长史，巴郡朐忍令，张掖居延都尉。曾祖父述，孝廉，谒者，金城长史，夏阳令，蜀郡西部都尉，祖父凤，孝廉，张掖属国都尉丞，右扶风隃麋侯相，金城西部都尉，北地大（太）守。父琫，少贯名州郡，不幸早世，是以位不副德。

君童龀好学，甄极毖纬，无文不综，贤孝之性，根生于心。收养季祖母、供事继母，先意承志，存亡之敬，礼无遗阙。是以乡人为之谚曰："重亲致欢曹景完。"易世载德，不陨其名。及其从政，清拟夷齐，直慕史鱼，历郡右职，上计掾史，仍辟凉州，常为治中，别驾，纪纲万里，朱紫不谬。出典诸郡，弹枉纠邪，贪暴洗心，同僚服德，远近惮威。

建宁二年，举孝廉，除郎中，拜西域戊部司马。时疏勒国王和德，弑父篡位，不供职贡。君兴师征讨，有率脓之仁，分醪之惠。攻城野战，谋若涌泉，威牟诸贲，和德面缚归死。还师振旅，诸国礼遗，且二百万，悉以薄官，迁右扶风槐里令，遭同产弟忧弃官，续遇禁冈（网），潜隐家巷七年。

光和六年，复举孝廉，七年三月，除郎中，拜酒泉禄福长。訞（妖）贼张，起兵幽冀，兖豫荆杨，同时并动。而县民郭家等，复造逆乱，燔烧城寺，万民骚扰，人裹不安，三郡告急，羽檄仍至，于时圣主谘诹，群僚咸曰："君哉！"转拜邰阳令，收合余烬，芟夷残逆，绝其本根。遂访故老商量，儁艾王敞、王毕等，恤民之要，存慰高年，抚育鳏寡，以家钱籴米粟，赐癃盲。大女桃斐等，合七首药神明膏，亲至离亭。部吏王宰、程横等，赋与有疾者，咸蒙瘳悛。惠政之流，甚于置邮。百姓襁负，反者如云。辑治廧屋，市肆列陈，风雨时节，岁获丰年，农夫织妇，百工戴恩。县前以河平元年，遭白茅谷水灾害，退于戌亥之间。兴造城郭，是后旧姓及修身之士，官位不登，君乃闵缙绅之徒不济，开南寺门，承望华岳，乡明而治，庶使学者李儒、栾规、程寅等，各获人爵之报。廓广听事官舍，廷曹廊阁，升降揖让朝觐之阶，费不出民，役不干时。

门下掾王敞、录事掾王毕、主簿王历、户曹掾秦尚、功曹史王颛等，嘉慕奚斯，考甫之美，乃共刊石纪功。其辞曰：懿明后，德义章，贡王廷，征鬼方，威布烈，安殊荒，还师旅，临槐里，感孔怀，赴丧纪，嗟逆贼，燔城市，特受命，理残圯，芟不臣，宁黔首，缮官寺，开南门，阙嵯峨，望华山，乡明治，惠沾渥，吏乐政，民给足，君高升，极鼎足。

中平二年十月丙辰造

《张迁碑》

山东在东汉属于青、徐、兖等州地界，是黄巾起义军活动较为集中的地区。在起义军主力被镇压之后，青徐黄巾还持续与官军作战多年，并发展到三十多万的规模。《张迁碑》全称《汉故谷城长荡阴令张君表颂》，赞颂的正是黄巾起义时担任谷城县（今山东平阴西南）长的张迁。

张迁，字公方，陈留己吾（今河南宁陵西南）人，与三国名将典韦同乡。碑文前半段叙述张迁祖上功德，提及张仲、张良、张释之、张骞等张姓名人。张迁少为郡吏，为朝廷征为郎中，就任谷城长。张迁在谷城教民耕种，抚恤老者，使得一县路不拾遗，五谷丰登。黄巾起义后，大小城郭都遭到起义军的攻打焚烧，但由于张迁治县有方，只有谷城县保存完好。"黄巾初起，烧平城市，斯县独全。"百姓对他感恩戴德。黄巾起义平定两年后，即中平三年（186年），张迁被朝廷调任荡阴县（今河南汤阴），百姓扶老携幼相送，故吏追念其德行，为其刻石纪颂，是为《张迁碑》。

《张迁碑》共567字，15行，满行42字。碑阴刻立碑者四十一人姓名及出资数。《张迁碑》字体端直朴茂，雄强遒劲，运笔劲折，斩钉截铁，是东汉成熟期的隶书代表作，自明代出土以来便被奉为汉隶

◎《张迁碑》(拓本)

东汉，明代山东东平出土，泰安市博物馆（岱庙）藏

珍品，成为书法爱好者临摹的范本。《张迁碑》与《曹全碑》《礼器碑》《史晨碑》（后两碑均藏于山东曲阜孔庙）被合称为东汉四大名碑。

《张迁碑》碑阳全文：

君讳迁，字公方，陈留己吾人也。君之先出自有周，周宣王中兴，有张仲，以孝友为行，披览《诗·雅》，焕知其祖。高帝龙兴，有张良，善用筹策，在帷幕之内，决胜负千里之外，析珪于留。文景之间，有张释之，建忠弼之谟。帝游上林，问禽狩所有。苑令不对，更问啬夫，啬夫事对。于是进啬夫为令，令退为啬夫。释之议为不可：苑令有公卿之才，啬夫喋喋小吏，非社稷之重。上从言。孝武时，有张骞，广通风俗，开定畿寓，南苞八蛮，西羁六戎，北震五狄，东勤九夷。荒远既殡，各贡所有。张是辅汉，世载其德。爰既且于君，盖其繵缠。缵戎鸿绪，牧守相系，不殒高问。孝弟于家，中謇于朝。治京氏易，聪丽权略，艺于从畋。少为郡吏，隐练职位，常在股肱。数为从事，声无细闻。征拜郎中，除谷城长。蚕月之务，不闭四门。腊正之祭，休囚归贺。八月筭民，不烦于乡。随就虚落，存恤高年。路无拾遗，犁种宿野。黄巾初起，烧平城市，斯县独全。子贱孔蔑，其道区别。《尚书》五教，君崇其宽；诗云恺悌，君隆其恩；东里润色，君垂其仁。邵伯分陕，君懿于棠。晋阳佩玮，西门带弦。君之体素，能双其勋。流化八基，迁荡阴令。吏民颉颃，随送如云。周公东征，西人怨思。奚斯赞鲁。考父颂殷。前喆遗芳，有功不书，后无述焉。于是刊石竖表，铭勒万载。三代以来，虽远犹近，《诗》云旧国，其命惟新。

于穆我君，既敦既纯。雪白之性，孝友之仁。纪行来本，兰生有芬，克岐有兆，绥御有勋。利器不觌，鱼不出渊。国之良干，垂爱在民。蔽沛棠树，温温恭人。乾道不缪，唯淑是亲。既多受祉，永享南山。干禄无疆，子子孙孙。

惟中平三年，岁在摄提，二月震节，纪日上旬。阳气厥析，感思旧君。故吏韦萌等，金然同声，赁师孙兴，刊石立表，以示后昆。共享天柞，亿载万年。

西凉骑兵：
武威天马

　　两汉时期，随着河西走廊的打通，大批食材与生活物品由西域传入中原，它们均冠以"胡"字，如胡饼、胡床、胡瓜、胡椒、胡麻等。到东汉中后期，这些西北而来的"进口产品"在中原已经十分流行，甚至连汉灵帝也沉迷其中。《续汉书》载："灵帝好胡饼，京师皆食胡饼，后董卓拥胡兵破京师之应。"因为"胡饼"与"胡兵"谐音，汉灵帝吃胡饼就遭到了报应。

　　这则记载虽然荒谬，但至少说明，董卓进京所率领的西凉兵中，拥有数量可观的羌胡人。

　　西凉，即凉州的俗称。凉州为东汉十三州之一，辖地大致为今甘肃、宁夏，先治陇县（今甘肃张家川），后迁冀县（今甘肃甘谷），曹魏治姑臧（今甘肃武威）。东汉后期，西北边陲常有羌人袭扰。朝廷耗费巨资，多次发兵征讨羌乱，因此东汉后期的名将如皇甫规、段颎、张奂、皇甫嵩、董卓等均是在对羌作战中脱颖而出的。羌人擅长骑兵作战，西凉军在长期对羌战事中也招纳了不少羌胡骑兵，骑兵在机动性和冲击力上对步兵有明显的优势，西凉军因此名震天下。

汉末京师大乱，凉州人董卓进京，当时他所率领的不过是步骑杂糅的三千西凉兵，但因为骁勇善战，很快就震慑百官，控制了朝廷。袁绍、曹操等畏惧董卓兵势，只得出奔寻求外兵。然而此后的关东诸侯讨董之战，各镇诸侯除长沙太守孙坚外，面对西凉兵无不望风而逃。时人郑泰如此赞扬这支杂糅羌胡的西凉军："且天下之权勇，今见在者不过并、凉、匈奴、屠各、湟中、义从、八种西羌，皆百姓素所畏服，而明公权以为爪牙，壮夫震栗，况小丑乎！"汉献帝为董卓、李傕等凉州武人控制长达六年之久，西凉兵深刻影响了汉末乱世的政治与社会。直到建安十六年（211年），马超率领的西凉兵依然剽悍无比，让曹操吃了不少苦头。

西凉骑兵到底是什么模样？他们虽然早已消失在历史的尘埃中，但一千八百年后，一座大墓的发掘则让他们惊现于世。

1969年10月，甘肃省武威县新鲜大队第十三生产队的社员在当地一个叫"雷台"的夯土台侧面开挖防空洞，发现了一座古墓。经专家鉴定，该墓是一座东汉晚期的砖石墓（亦有何双全、吴荣曾等学者认为该墓为西晋、前凉时期墓葬）。武威在汉魏时期为姑臧县，是武威郡治所，由于它控扼着连通西域的河西走廊的东端，地理位置十分重要，自然也成为整个凉州的军事、政治中心。曹操手下著名谋士贾诩就是武威姑臧人。

雷台汉墓虽然曾被盗掘，但依然出土了金、银、铜、铁、玉、骨、石、陶器等文物231件，古钱币近3万枚。但该墓最为惊人的发现，就

◎ 持矛铜骑士俑

东汉，1969年甘肃武威雷台汉墓出土，甘肃省博物馆藏并供图

◎ 持戟铜骑士俑

东汉，1969年甘肃武威雷台汉墓出土，甘肃省博物馆藏并供图

是一组规模庞大的铜车马仪仗队。这支仪仗队由39匹铜马、1头铜牛、1辆斧车、4辆轺车、3辆辇车、2辆小车、3辆大车、1辆牛车、17个手持矛戟的武士俑和28个奴婢俑组成。这是迄今为止发现数量最多、规模最宏伟、气势最壮观的汉代车马仪仗铜俑。

从出土马俑胸前"守张掖长张君""守左骑千人张掖长张君"的铭文判断，该墓墓主人可能是一位担任过张掖县长的张姓官员。虽然他的职位并不高，但他却在自己的墓葬里，为我们复活了当年驰骋沙场的西凉骑兵的模样。

铜奔马

在武威雷台汉墓出土的青铜制品中，最为引人瞩目的就是铜奔马。

铜奔马保存完整，造型精美，整匹马身形健硕，昂首嘶鸣，四只马蹄有三只都腾空而起，呈飞奔之状，将一个绝美的动态瞬间永远凝固在人们的眼前。这匹铜奔马的身姿，也让我们能够穿越历史，看到西凉名马的风采。

铜奔马的设计者巧妙掌握了力学的平衡原理，仅仅通过一只马蹄将整个奔马支撑起来，而那只马蹄的脚下究竟踏的是什么，也成为学术界争论的焦点。1971年，郭沫若来到甘肃省博物馆参观，看到铜奔马的造型，发出了"就是拿到世界上去也是一流的艺术珍品"的感慨。当时甘肃省博物馆制作的字牌将其称为"马踏飞燕"，自此这一名字不胫而走，为人们广泛熟知。但有学者认为，铜奔马脚下的动物尾不分叉，头颈可反顾，并不是燕子，而是鹰隼。学者牛龙菲根据东汉张衡《东京赋》"龙雀蟠蜿，天马半汉"之说，认为铜奔马脚下之物为古代传说中的龙雀（又称飞廉），提出新的命名"马超龙雀"。但一般认为，铜奔马的命名比较符合考古规范。

◎ 铜奔马

东汉，1969年甘肃武威雷台汉墓出土，甘肃省博物馆藏并供图

　　通高34.5厘米，长45厘米，宽13.1厘米，重7.3千克。

　　铜奔马出土后，于二十世纪七十年代走出国门，赴英、法、美等十二个国家展出，引起了热烈的反响。1983年铜奔马被国家旅游局定为国家旅游标志，后成为我国首批禁止出国（境）展览文物。

第二章

大争之世

龙争虎斗：
虎牢关

说起《三国演义》里的战争名场面，许多人脱口而出的都是"虎牢关三英战吕布"。

在《三国演义》第五回中，讨董联军攻到虎牢关下，董卓派义子吕布出阵，连斩联军几员大将。眼看阵前无人能敌吕布，张飞、关羽、刘备依次拍马出战，围住吕布转灯儿般厮杀，让各路诸侯人马都看呆了。寥寥数笔，一场巅峰对决就跃然纸上，让读者大呼过瘾。虎牢关的名声也由此远播。

遗憾的是，"三英战吕布"并不见于正史，是一个完全杜撰的故事。

刘备参与讨董之战，仅见于《三国志》裴注《英雄记》："会灵帝崩，天下大乱，备亦起军从讨董卓。"依记载，此时刘备追随的是曹操，但曹操在荥阳汴水为董卓部将徐荣击破，并未与吕布交手。而真正斩华雄、败吕布的是在洛阳以南大谷、阳人一线作战的长沙太守孙坚。显然，《三国演义》把孙坚的功劳移花接木放到了刘、关、张身上。

至于虎牢关，历史上确有其地，它也确实位于洛阳以东，但名称却几多更易。据传，周穆王在圃田射猎，捕获一只老虎，他高兴之余，命人打造了一个兽笼，将老虎关押在东虢国，此地遂名为"虎牢"。秦并韩国后，始设虎牢关，两汉置成皋县，更名成皋关，隋更名汜水关，唐避太祖李虎讳，名曰武牢关，宋为行庆关，明为古崤关，明晚期复称虎牢关。可见，汉末此关应为成皋关，而"虎牢关"与《三国演义》中关羽温酒斩华雄的"汜水关"实际上是同一个地方。

　　虎牢关南倚大伾山，北临黄河，控扼着洛阳向东的咽喉要道，出了虎牢关，面前便是一马平川、无险可守的大平原。早在春秋时期，鲁国大夫孟献子就曾献计"请城虎牢以逼郑"，迫使郑国求和。三国时，魏文帝曹丕在广陵观兵赋诗一首，有"孟献营虎牢，郑人惧稽颡"之句。

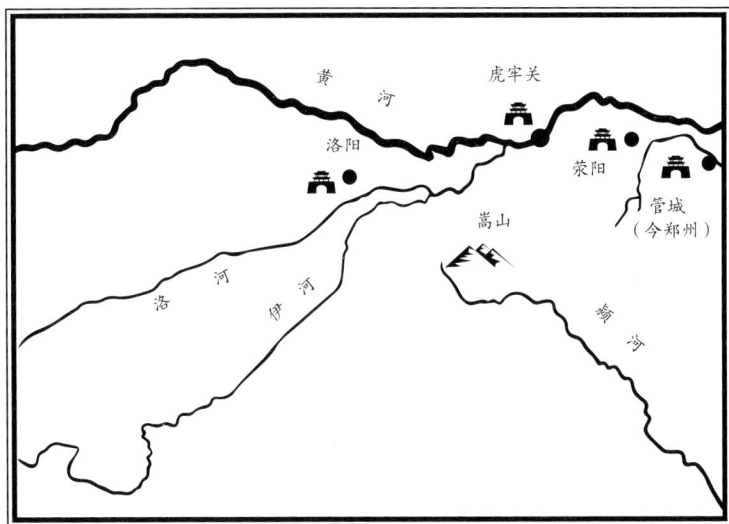

◎ 虎牢关形势图，张珍绘

虎牢关在历史上发生过两次决定天下大势的战事。一次是楚汉战争时，刘邦与项羽在成皋"大战七十，小战四十"，刘邦采取后发制人、疲敌制胜的策略，成功拖垮了楚军。另一次是隋唐之际，秦王李世民以三千玄甲兵大破窦建德十余万众，拿下唐朝统一天下的关键一役。也许因为李世民的这场虎牢关之战太过出名，元明的小说家们才会把"三英战吕布"的故事安排在虎牢关下吧。

虎牢关遗迹探访

如今的河南省荥阳市汜水镇虎牢关村，即是历史上虎牢关所在。东距郑州市区约一小时车程，西距洛阳市区约两小时车程。当地存有清雍正九年（1731年）所立石碑一座，碑高1.65米，宽0.7米，厚0.14米，上书"虎牢关"三字，为庠生赵金德所书。石碑之侧建有三义庙，原是纪念刘、关、张三人，后又改为关帝庙，独祀关羽。

在虎牢关村一带常能看到高大的夯土墙，据文物部门勘测为成皋城遗址。现成皋城遗址北墙已沦于黄河，东墙沦于汜水；南、西城墙仅剩数段，残垣约长1200米；墙体最高处超过10米，城基最宽处约40米；夯筑水平较高，历经数千年仍然屹立于大伾山巅，为河南省文物保护单位。其中成皋城西门遗址在当地民间传为吕布点将台，登上此台可一览黄河东流去的景观。

◎ 虎牢关碑（清朝），成长摄

◎ 成皋城遗址，成长摄

横渡长江：
牛渚矶

汉末三国之前，但凡大争之世，群雄无不逐鹿中原，似乎从未有人想过跨过长江创立基业。东汉兴平二年（195年），年仅二十一岁的孙策成了时代的逆行者，他选择了牛渚矶作为自己渡江登陆的起点，这一决定，将开启中国第一个江南帝国。

牛渚矶，即今安徽马鞍山采石矶。长江在经过这里时基本呈由南向北的流向，因此长江下游南岸的地区习惯被称之为江东或江左（古代地图以东为左）。牛渚矶即在长江东岸。据传此地早年有金牛现世，"渚"意为水边小块的陆地，故名牛渚。牛渚矶以西山、宝积山、翠螺山为天然屏障，控扼大江，渡江之后，便可直通江东最繁华的三吴地区。因此，牛渚矶在秦之前就已经成为沟通长江两岸的要道。

牛渚矶对岸的历阳（今安徽和县）曾是东汉扬州刺史的治所。历阳往北十余公里即是当年楚霸王项羽自刎而死的乌江渡。孙策当然不愿做第二个项羽，早年他在江都（今江苏扬州）时，名士张纮就向他献策：东进丹阳，收兵吴会，一统荆、扬二州，划江而治，以图天下。不久，扬州刺史刘繇与袁术反目，逐走袁术所置丹阳太守吴景、都尉孙贲，这恰好给了孙策借口。在孙策的请求下，袁术表其为折冲校尉，行殄寇将军，给予千余兵力，准许他渡江平定江东。孙策到历阳，已经聚合了五六千人马，又有好友周瑜率兵前来相助，兵锋直指江东。

从历阳渡江到牛渚矶，最重要的两个渡口是横江津和当利口。刘繇派樊能、于麋屯横江津，张英屯当利口，以阻止孙策东进。当时孙策军缺少渡江船只，犹豫不决，孙策姑母时在军中，她建议砍伐岸边芦苇做成"泭"，即小筏子，和船只混编后一起渡河。孙策立即执行，顺利地将大军渡过江去，击破张英、于麋等，攻陷牛渚大营，缴获大量粮食和兵器。

从牛渚渡江后，孙策便兵威不可挡，"所向皆破，莫敢当其锋"。不出三年，孙策便尽得江东之地。建安五年（200年），曹操为笼络孙策，上表天子，遣使者来江东，封孙策为讨逆将军、会稽太守、吴侯，认可了孙策对江东的统治。孙策死后，其弟孙权袭位，并以江东之地为根基开疆扩土，遂开创三分天下有其一的东吴帝国。

孙权称帝后，定都于牛渚矶北百余里的建业（今江苏南京），牛渚遂成为京畿屏障。自孙策渡江至东吴灭亡，担任牛渚督的将领不是宗室成员，就是心腹之将，如周瑜、孙瑜、孙桓、全琮等，可见其战略位置之重要。

采石矶遗迹探访

传说东吴赤乌二年（239年），有僧人在牛渚矶掘井时得到五彩宝石，此后牛渚矶便改名为采石矶。

东吴之后，历代江南王朝都以采石矶为江防要塞，北军南下也往往将采石矶作为必争之地。北宋大将曹彬在采石矶搭设浮桥渡江，克服天险，灭了南唐。南宋文臣虞允文在采石矶大破金海陵王完颜亮，阻止了金兵南下的图谋。朱元璋大将常遇春于采石矶奋勇突进，击败元军，攻克南京，至今采石矶还存有传说中的"常遇春大脚印"。

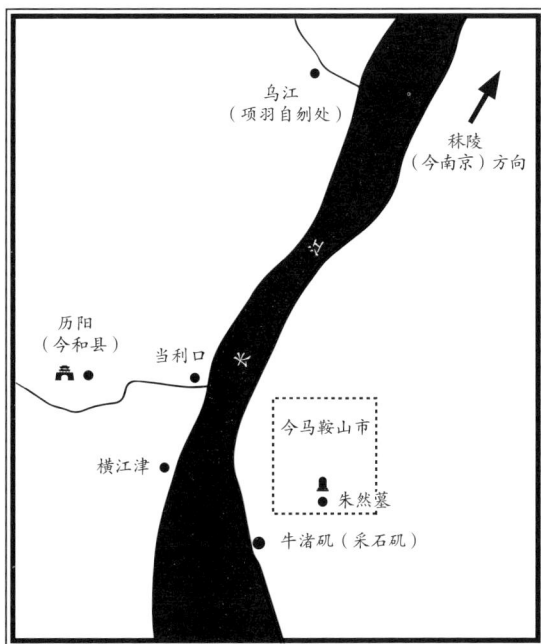

◎ 牛渚矶形势图，张珍绘

◎ 采石矶，成长摄

◎ 赤乌井，成长摄

采石矶与岳阳城陵矶、南京燕子矶并称为"长江三矶"，为江南名胜，吸引众多文人名士在此游览题诗。如今采石矶已辟为景区，临江而望，水湍石奇，风景瑰丽，有太白楼、三元洞、三台阁、广济寺、赤乌井等景点。有意思的是，采石矶三元洞内还供奉着一位石矶娘娘，这位石矶娘娘并非《封神演义》里的女魔头，而是孙权之妹孙尚香的化身。据传孙尚香曾在采石矶燃犀亭下建有行宫，后人为纪念她建了一座水母庙，供其像于上，奉为采石矶的水母娘娘，后移入三元洞中。千百年来，采石矶与三国始终有着千丝万缕的联系。

双雄对决：
官渡

官渡桥村，位于河南省郑州与开封两大城市之间，属中牟县。这里是典型的中原乡村，举目望去，土地平旷，农田遍布，若不是"官渡"这两个字的提醒，很难想到，这里在一千八百多年前发生过一场决定天下大势的战争。

东汉建安五年（200年），袁绍挥师十一万自河北南下，讨伐曹操。而据史书记载，曹操只有不足万人的兵力在官渡御敌。这是一场双方势力相差悬殊的较量，袁绍的优势不仅仅是兵力，还有充足的粮草，以及青、幽、冀、并四州之地的稳固后方。相比之下，曹操居于四战之地的中原，除了抵御袁绍，还要分兵对付可能趁机进犯的孙策、刘表、刘备等，粮草也供应不济，曹操甚至一度有退兵的念头。

但是从地理形势来看，曹操已经退无可退。官渡之所以名为"官渡"，是因为官渡水在这里流经。官渡水是汴渠的分支，汴渠则是沟通黄河与淮河两大水系之间的重要水道。在此之前，曹操虽然曾运用运动战取得了白马、延津的胜利，斩杀袁军大将颜良、文丑，但由于袁军来势汹汹，曹操不得已放弃了白马南撤，让袁军长驱而入黄河南岸。如果失了官渡，就意味着曹操失去了对黄河南岸河运要道的控制，许都也将门户洞开。官渡之战，是决定曹操命运的一战，也是决定中国北方霸主是谁的关键一战。

尽管袁绍在这场战事中占据绝对的优势，但曹操谋士贾诩判断，曹操必将取得胜利："公明胜绍，勇胜绍，用人胜绍，决机胜绍，有此四胜而半年不定者，但顾万全故也。必决其机，须臾可定也。"甚至连袁绍谋士沮授都悲观地认为，曹操"法令既行，士卒精练"，即使袁绍有兵力上的优势，也并不容易取胜。这场战事，实际上成了曹

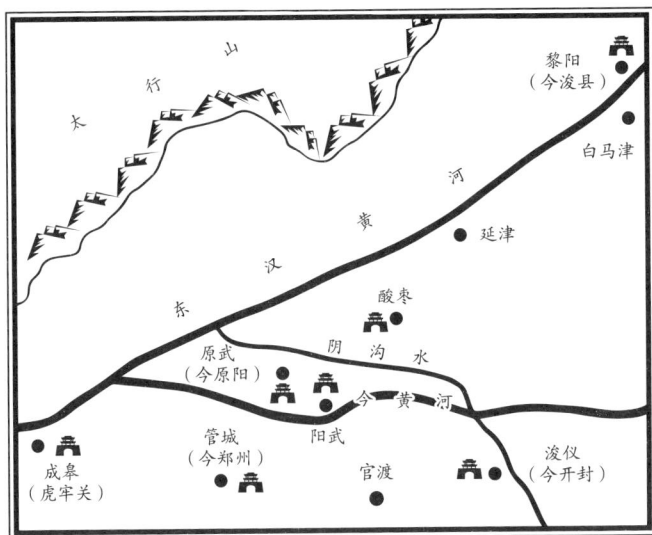

◎ 官渡形势图，张珍绘

重返：三国现场

操与袁绍两位统帅心智与谋略的较量。

曹袁两军在官渡相持三个月，局势突然出现了转机。袁绍谋士许攸投奔曹操，献计奇袭乌巢，焚烧袁绍粮草。曹操从其计，亲率五千步骑夜袭乌巢，斩袁军守将淳于琼等。袁绍见乌巢火光冲天，一面分兵救援，一面派兵袭击曹营，但两支军队均被曹军击败，张郃、高览临阵降曹。袁军军心动摇，士兵溃散，袁绍只率八百骑兵仓皇逃归河北。

官渡之战，是中国历史上著名的以少胜多的战役，袁绍经此一役元气大伤，不久病死。袁氏诸子争位，互相攻伐，曹操坐收渔利，数年之间便基本统一了北方，奠定了后来曹魏的基业。

官渡遗迹探访

官渡之战虽然青史留名，但其遗址已经很难寻觅。中牟县官渡桥村据传为官渡之战古战场，但此处已是一片萧索，已无古迹可寻。据报道，早在1993年，中牟县曾投入巨资修建官渡古战场旅游景区，但后因经营不善，景区废弃。村中唯一可供参访的景点是一座供奉关公的寺庙，清顺治降旨更名为"官渡寺"，至今仍有香火。在毗邻的前庄村，据传有曹操点兵的曹公台，今已不存，唯有一座曹操挥剑跃马的塑像孤独地矗立于田埂之间。

除中牟县，官渡之战发生地另有原阳县一说。原阳县由古原武、阳武二县合并而来，史载阳武曾是袁绍驻军之处。县城东南马头村曾出土石碑两通，一为明万历二十四年（1596年）《皇经碑》，有"阳武

◎ 官渡古寺，
杨锦摄

◎ 官渡桥村曹操像，
杨锦摄

◎ 原阳官渡之战遗址，
杨锦摄

重返：三国现场

县古官渡居民善行记"的记载,一为清乾隆五十九年(1794年)《五佛寺重修碑记》,记有:"原村古官渡,汉建安五年秋九月,袁曹会兵,立此高阜,相拒匝月,曹操袭破辎重,袁绍远遁,阅千有余年,遗址犹存。"两碑现存于马头村北五佛寺。当地旧传有关羽埋颜良首级的"颜良岗",今已无觅处。

血
染
征
袍
：
长
坂
坡

　　"血染征袍透甲红，当阳谁敢与争锋。古来冲阵扶危主，只有常山赵子龙。"《三国演义》第四十一回的这首赞诗，让赵云大战长坂坡的英勇身姿跃然纸上，赵子龙从此成为万千读者心中的偶像。

　　长坂坡之战可以视为赤壁之战的前奏序曲。建安十三年（208年）秋七月，曹操亲自统率大军十余万南下征服荆州。大军还没到，荆州牧刘表病逝，其子刘琮不战而降。刘备时屯樊城，得知刘琮投降的消息时，曹操大军已至宛县，增筑城防御敌显然已经来不及了。诸葛亮建议刘备径直攻打刘琮，抢先夺取襄阳，但刘备说："吾不忍也。"刘备决定向南撤退到长江沿岸的江陵（今湖北荆州）。刘备南逃途中，襄樊两地十余万百姓出城追随刘备，拖慢了刘备的行军速度，一天只能行十余里。刘备不忍弃之。

　　曹操自然不会允许刘备坐大，他亲自率领五千精锐骑兵，以一日一夜行三百余里的速度疾行猛追，终于在当阳长坂将刘备追上。刘备一行人数虽多，但多是平民，能够作战的士兵很少，很快就被曹军击溃。刘备不得不丢弃了自己的家眷，与随从数十骑仓皇逃命。

赵云长坂坡救主就发生在这时。当时赵云为刘备主管骑兵，刘备大败，许多人向北投曹军而去，有人看见赵云也向北去，怀疑他也变了节。刘备不信，说："子龙不弃我走。"不一会儿，赵云怀抱着刘备幼子阿斗，保护着甘夫人，回到刘备的身边。史书中并未记载赵云在曹营中七进七出、斩将杀敌的情节，这显然是《三国演义》的艺术处理。实际上，长坂坡之战赵云可能并未与敌军交手，而是凭借智慧和胆略，利用乱军为掩护，巧妙而隐蔽地将甘夫人和阿斗护送回刘备身边。当然，这也并不影响赵云在我们心中的形象。

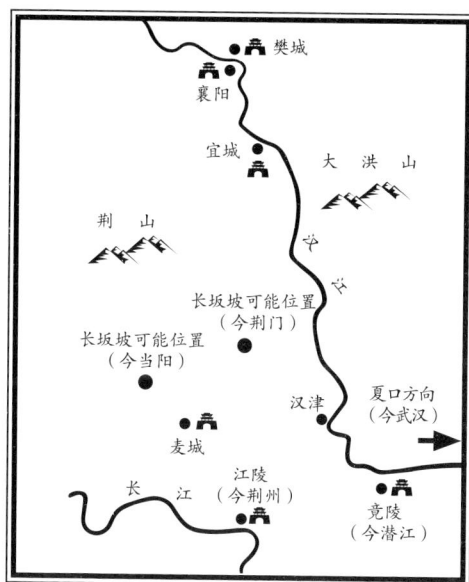

◎ 长坂坡形势图，张珍绘

相比"赵云大战长坂坡","张飞大喝当阳桥"更为接近历史。《三国志·张飞传》载，刘备派张飞率领二十名骑兵断后，张飞据水断桥，瞋目横矛，大吼："身是张益德也，可来共决死！"曹军没有一人敢于向前，刘备因此得以逃脱。至于吓得夏侯杰肝胆俱裂、撞死马下，吼得当阳桥下水倒流，自然是艺术夸张了。

长坂坡遗迹探访

赵子龙大战长坂坡的故事为后人广为传颂，长坂坡遗址也成为人们追慕英雄、感怀历史之地。

◎ 当阳长坂坡"长坂雄风"碑，黎云帆摄

长坂坡遗址所在地主要有两说，一说在今湖北当阳市区。明万历十年（1582年），当地人士曾刻有"长阪雄风"石碑一座，清乾隆年间重刻。1936年，当阳县长熊杏圃与当地驻军团长王禹九协力兴建长坂坡公园（今当阳市长坂路99号），以彰先民尚武精神。抗日战争时期，"长阪雄风"石碑为日寇劫掠。抗战胜利后，1947年当阳县长胡次平重制石碑，保存至今。1979年，当阳复建长坂坡公园，公园外立有一尊赵子龙单骑救主塑像，已成为城市地标。

当阳市东北坝陵村据传是当年张飞据水退曹兵之处，由于河水改道，沮水已南移，当阳桥也不复存在，今存有雍正九年（1731年）陕西富平县人张芄所立石碑一座，上刻"张翼德横矛处"六字。

另一说认为，东汉当阳县治所在今湖北荆门市境内，按地图所示，荆门也正处于襄阳至江陵之间的平坦大道上，故长坂坡遗址在今湖北荆门市掇刀区一带。掇刀区之名，亦来自关羽屯兵练军、刀掇巨石的传说。今掇刀区有长坂坡路、长坂坡社区，但古战场已无觅处，仅有传说中的关羽"上马墩""饮马槽"等遗迹。

◎ 当阳张翼德横矛处，
杨锦摄

◎ 当阳长坂坡，
黎云帆摄

重返 : 三国现场

千秋之战：
赤壁

　　三国是战火纷飞的年代，但没有哪一场战事能像赤壁之战那样引人瞩目。

　　汉建安十三年（208年）秋，唾手而得荆州的曹操志得意满，向江东之主孙权送去挑衅性的信函："今治水军八十万众，方与将军会猎于吴。"在群臣大多主降的情形下，年仅二十七岁的孙权力排众议，决定与刘备联合，共抗曹操。孙权以周瑜、程普为左右都督，鲁肃为赞军校尉，统帅水师三万溯江而上，迎击曹军。曹军号称八十万，虽为夸大，但能投入到战事中的兵力也有二十余万，这依然是一场实力悬殊的较量。

　　关于这场战事，史料记载颇有出入，即使权威史书《三国志》也存在着自相矛盾。《武帝纪》载："公至赤壁，与备战，不利。于是大疫，吏士多死者，乃引军还。"这里将这场大战轻描淡写地带过，而且将曹操退兵的原因全部归于军中大疫。这当然是曹魏正统史观之下为曹操的粉饰之词。

《周瑜传》及裴注《江表传》记载较为详细，赤壁之战实际上分为两个阶段：第一阶段，曹操水军已经出现疫病，而且不识地形，在江面上与周瑜水军仓促交战，遭遇惨败。此后曹军不敢冒进，引军在江北乌林扎营，周瑜则屯兵南岸隽口，与曹军对峙。第二阶段，双方相峙一段时间后，周瑜看准曹操急于一战定江东的弱点，采纳黄盖的计策，令其诈降。曹操对黄盖虽有怀疑，但防备不足。黄盖投降之时，选取数十艘战船，暗藏薪草、膏油等引火之物，用帷幕遮盖。等到接近曹操水寨时，黄盖一声号令，各船同时点火，趁着东南风突入曹营，将曹军大船点燃。周瑜水军趁势发起冲锋，刘备率江夏军配合，曹操水军几乎全军覆没，人马被烧死、溺死者无数。曹操败退至巴丘，将剩余船只烧掉，取道陆路逃往江陵。

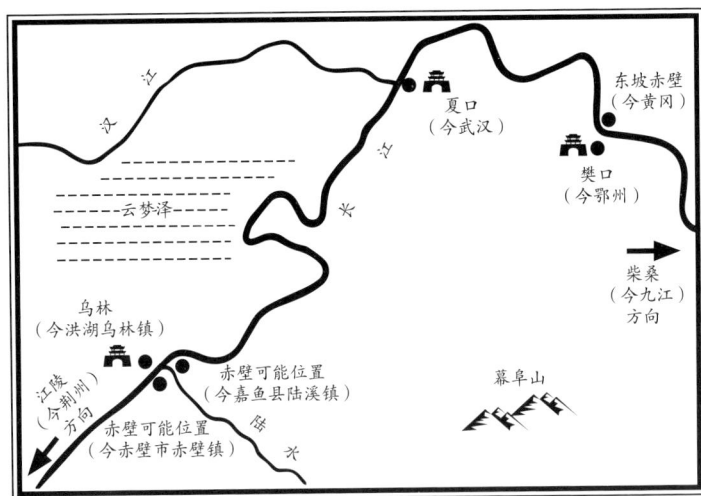

◎ 赤壁形势图，张珍绘

赤壁之战是中国历史上著名的以少胜多的战役，周瑜在战前分析的曹军所犯四个兵家大忌：后方不稳、不善水战、天气严寒、易生疾病，几乎条条命中。尤其是曹军将士多为北方人，水土不服，引发了大面积的瘟疫，对于曹军的军力和士气都是毁灭性的打击。此后曹魏政权数次南征，也多因疫病而被迫撤兵。

赤壁之战的意义在于，孙氏政权通过战争遏止了曹操兼并的图谋，这让此后中国划江而治、南北分立成为可能。孙权保住江东，刘备绝处逢生，曹操则丧失了一统天下的最佳机会，三国鼎立的局面由此奠定。

赤壁遗迹探访

赤壁之战的位置具体在哪儿，历来众说纷纭，大致有蒲圻说、黄州说、钟祥说、武昌说、汉阳说、汉川说、嘉鱼说七种，其中以蒲圻说认可度较高。《元和郡县图志》载："赤壁山在（蒲圻）县西一百二十里，北临大江，其北岸即乌林，即周瑜用黄盖策，焚曹公舟船败走处。"1998年，蒲圻市经民政部批复更名为赤壁市。

但实际上，"赤壁"在汉末三国很可能不是一个行政地名，顾名思义，它更像是当地居民对沿江一片红壤山崖的俗称。周瑜驻军之处在隽水入长江之口，即隽口，又名陆口，在今赤壁市赤壁镇一带。曹操驻军之处在对岸的乌林，即今洪湖市乌林镇。刘备驻军地有夏口（今湖北武汉）、樊口（今湖北鄂州）两说。

赤壁市赤壁古战场已开发为旅游景区。景区内建有凤雏庵、翼江

◎ 赤壁摩崖，成长摄

◎ 赤壁拜风台，杨锦摄

　　　　　　　　　　　　　　　　　重返：三国现场

亭、望江亭、拜风台、赤壁大战陈列馆等景点。在赤壁矶头临江悬崖上，可以望见摩崖石刻"赤壁"二字，各长150厘米、宽104厘米，《湖北通志》载为周瑜所书，但据字体考证为唐人所书。"赤壁"二字上方有一白色"鸾"字，为道教符号。据明方汝浩《东游记》载，凡得道之人均乘青鸾游于四海，书"鸾"字于此，为镇妖之用。赤壁摩崖石刻共十处，为第七批全国重点文物保护单位。

二十世纪七十年代之后，在赤壁古战场及周边村落陆续发掘有东汉时期弩机、箭镞、戈矛、铜镜、陶器等，1986年4月在蒲圻金銮山西北坡发现两座砖室墓，出土青铜弩机，其望山上刻有铭文"上大将军吕侯都尉陈文和弩一张"。"吕侯"即东吴名将吕岱。史载，吕岱长期驻军蒲圻，此弩机应为吕岱属下都尉陈文和所有。面对这些古战场遗存的兵器，杜牧的那句"折戟沉沙铁未销，自将磨洗认前朝"似乎格外有共鸣。

◎ 赤壁一带出土的铁剑、铜矛、铁戈，赤壁市博物馆藏，成长摄

东坡赤壁

　　宋代文豪苏轼因乌台诗案被谪贬黄州，即今湖北黄冈。他在此创作诗词、文赋数百篇，其中千古名篇《前赤壁赋》《后赤壁赋》《念奴娇·赤壁怀古》均为他乘船游览黄州江景时所作。一般认为，黄冈位于刘备驻地夏口的下游，曹操不太可能越过刘备而与周瑜水军交战，苏轼大概是将这里错认作"周郎赤壁"了。

　　然而，正是这一错，却派生出了一个与"武赤壁"有别的"文赤壁"。自南宋以后，历代黄州缙绅耆宿都纪念苏东坡，兴建了许多亭台楼阁供游人瞻仰。清康熙末年，黄州知府郭朝祚将此建筑群落命名

◎ 东坡赤壁，杨锦摄

为"东坡赤壁"。东坡赤壁今已辟为景区，有二赋堂、坡仙亭、挹爽楼、留仙阁、酹江亭等景点。其碑阁内收藏有清代金石学家杨守敬选刻的《景苏园帖》石刻126块，囊括了苏轼一生中不同时期的书法作品72件。东坡赤壁为第六批全国重点文物保护单位。

一战成名：定军山、阳平关

在秦岭与大巴山之间有一片平整的盆地，这就是汉中。因其地形相对封闭，在乱世之时天然地成为割据者的乐土。汉末，五斗米教首领张鲁曾割据汉中二十余年，后来曹操收降张鲁，进占汉中，直接威胁着在巴蜀立足未稳的刘备。正如蜀郡从事杨洪所言："汉中则益州咽喉，存亡之机会，若无汉中则无蜀矣，此家门之祸也。"建安二十三年（218年），刘备率军北上欲夺汉中之地。但开局并不顺利，张飞、马超攻取下辨失利，还折了吴兰、雷铜二将。刘备亲自统兵攻打阳平关，又为夏侯渊、张郃固守，迟迟不能攻克。

阳平关，在今勉县（三国时名沔阳，沔阳即沔水之阳，沔水是汉水的别名。1964年国家推行地名生僻字改易，改"沔县"为"勉县"）武侯镇莲水村，是汉中的西大门。从汉末三国的历次战事来看，阳平关的得失几乎就等于汉中的得失。最早在阳平关筑城的是张鲁之弟张卫，目的是抵御曹操的进攻。"（张鲁）弟卫横山筑阳平城以拒，王师不得进。"此时的阳平关位于今勉县以西的走马岭上。"地险守易,虽有精兵虎将,势不能施。"曹操攻城受挫,甚至已经下令撤兵,但一件意外的事情改变了战局,数千只野生麋鹿横冲直撞,撞坏了张卫的防御工事,曹军撤兵的一支部队又在夜色中迷路误入敌营。张卫以为防线已被突破,只好投降。阳平关攻克不久,汉中全境就落入曹操手中。

曹操班师后,留征西将军夏侯渊守汉中。夏侯渊自陈留起兵便跟随曹操南征北战,最受曹操器重,他曾一举平定割据凉州三十余年的宋建,降服诸羌,被曹操赞为"虎步关右,所向无前"。夏侯渊将阳平关迁移到了走马岭下、沔水(今咸河,又称白马河)入汉水河口以东,使得阳平关两面临水,一面靠山,完全阻挡住刘备进入汉中盆地的要道,使其更加难以逾越。

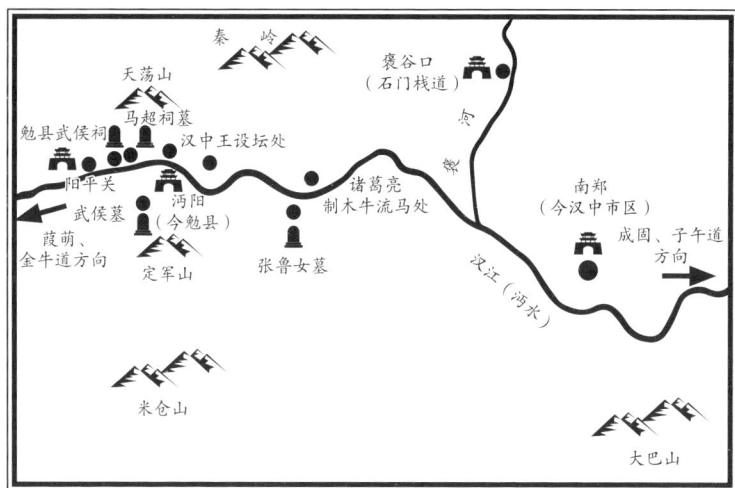

◎ 汉中、阳平关、定军山形势图,张珍绘

强攻阳平关受挫，刘备派黄忠分兵从汉水南岸东行，来到定军山上，依山据险布设营寨。定军山位于今勉县城南约五公里处，北依汉水，呈东西走向，它是米仓山北麓一系列丘陵中的一座，海拔833米。在群山连绵的秦巴山区，定军山并不出众，但它地理位置绝佳，与阳平关南北相望，关内虚实尽收眼底。夏侯渊见蜀军抢了山，只得出关迎战，令张部护东围，自己率轻兵护南围，互成掎角之势，与定军山蜀军对阵，这就一步步走入了蜀军的陷阱之中。

建安二十四年（219年）的正月，战况进入白热化。蜀军猛攻张部的东围，张部向夏侯渊求救，夏侯渊分兵一半前往营救。此时夏侯渊做出了一个愚蠢的行为，他亲自率领四百余人出营，修补之前被蜀军烧毁的鹿角，巩固防御。但他万万没想到，蜀军早已在山上等候多时，刘备谋主法正敏锐地抓住了这个战机，疾呼："可击矣！"黄忠一马当先，率军从定军山上鼓噪而下。一时"金鼓振天，欢声动谷"。夏侯渊猝不及防，当场殒命，渊军大溃。

夏侯渊之死为汉中战局带来大逆转，原本对夏侯渊极尽赞美的曹操也愤然改口称："渊本非能用兵也，军中呼为'白地将军'，为督帅尚不当亲战，况补鹿角乎。"因为夏侯渊的败亡，汉中人心浮动，曹操不得不亲临阳平关与刘备对决。到了这一年五月，曹军士气低落，粮草不济，曹操拔汉中之民往关中，撤兵北还。刘备终于得到了心仪已久的汉中。

汉中是汉高祖刘邦定鼎关中、兼收天下的起家之地，也是汉朝的国名之源。对于始终扛着兴复汉室旗号的刘备来说，汉中的得手不仅具备军事价值，还拥有非凡的政治意义。

◎ 阳平关，成长摄

◎ 勉县定军山，"神兵天降"雕塑，黎云帆摄

定军山、阳平关遗迹探访

如今的汉中依然是川陕两省之间的必经之地，尤其是西成高铁修通之后，从汉中前往西安、成都两座城市的时间大为缩短，蜀道之难、秦岭之险都不复存在。从汉中市区驱车四十多公里至勉县，这里仍有遗存丰富的三国遗迹，如武侯祠、武侯墓、马超墓祠、刘备称汉中王设坛处、诸葛亮制木牛流马处、张鲁女墓等。

阳平关遗址尚存，位于勉县城西六公里108国道旁的莲水村，旧址周长五公里，历经岁月沧桑，现存古城长三百余米。2001年，勉县出资对阳平关城墙进行修复，用青砖将墙体包裹，并恢复了城门一座，游人可以登城而上。同时，在西北端露出了一段夯土构造的墙基，供人访古寻踪。关城北侧三岔路口处，立有一尊马超纵马挺枪的塑像。阳平关遗址为陕西省文物保护单位。

需要说明的是，在勉县西南七十公里的宁强县境内，有阳平关镇，此地因宝成铁路设"阳平关站"而闻名。实际上，此地是三国时期另一处关隘"关城"所在，南宋时改为阳平关，与三国时期的阳平关并不是一回事。

从阳平关上向南侧望去，可见一片连绵起伏的群山，即是大名鼎鼎的定军山。定军山下走马谷，是武侯诸葛亮遗命托身之地。从武侯墓东侧岔路向南约两公里，即来到定军山古战场的遗址大门。定军山山体并不高峻，较为平缓。据说，当地时常发现扎马钉、箭镞等战争遗痕。山上现有"神兵天降"雕塑、诸葛井、饮马池等景点。

值得一提的是，历史上的定军山之战为众多艺术形式提供了故事

◎ "黄初七年"铭文弩机（左图）

三国魏，1985年汉中勉县牟营砖厂出土，汉中市博物馆藏并供图

　　弩机顶部有铭文："黄初七年六月一日□□□监作吏萧诗巳□□□师张官耳师造□。""黄初"为魏文帝年号，弩机出土地据考证为诸葛亮所筑汉城旧址，此弩机或为蜀军缴获之魏军战利品。

◎ 铜扎马钉（右图）

三国，汉中勉县温泉镇出土，汉中市博物馆藏并供图

◎ 錾刻龙凤纹镏金银铜刀（下图）

汉，汉中市博物馆藏并供图

素材，其中尤以京剧《定军山》最为脍炙人口。1905年，京剧名伶谭鑫培在北京丰泰照相馆将京剧《定军山》的片段拍成电影，被视为中国电影的诞生。2015年，中国电影基金会授予勉县"中国电影之乡"的称号，在定军山古战场的大门前塑了一座电影胶片雕塑。这座三国古战场，就这样与我们的时代奇妙地勾连了起来。

北伐之志：
祁山

　　魏青龙二年（234年），蜀丞相诸葛亮、吴帝孙权从西、东两线同时征伐曹魏。面对大军压境，群臣有些恐慌，甚至有人提议将防线后移，魏帝曹叡却颇为镇定地说："先帝东置合肥，南守襄阳，西固祁山，贼来辄破于三城之下者，地有所必争也。"言下之意，只要守好合肥、襄阳、祁山这三条防线，敌军不管声势再大，都将被击退于城下。

　　曹叡所言绝非自吹自擂。三国鼎立之后，曹魏国力虽然远超蜀吴，却面临多线作战的压力，需要分兵布防。因而在相当长的一段时间，蜀吴频繁北伐，而曹魏却呈现出防守的态势。得益于曹魏在合肥、襄阳、祁山三大防区的稳固防御，三国的国界线一直没有太大的变化。

　　祁山位于陇南市礼县境内，东起盐官镇，西至大堡子山，横卧西汉水北侧，绵延二十五公里。《水经注》载："汉水北，连山秀举，罗峰竞峙。祁山在嶓冢之西七十许里，山上有城，极为严固，昔诸葛亮攻祁山，即斯城也，汉水迳其南。"这里的"汉水"并非如今的汉江，而是西汉水（嘉陵江的源流之一），其上游又称漾水。

早在蜀汉建兴六年（228年），诸葛亮便将首次北伐的目标放在祁山。

从汉中北入关中，需穿越秦岭天险，常规的选择是陈仓道、褒斜道、傥骆道，但正因为这是常规选项，曹魏方面早已在道口修筑城池，屯驻军马，严加防御。在秦岭谷地中行军原本就异常艰难，如果不能出奇制胜，那无异于白白送死。蜀汉大将魏延自请率领精兵五千，从褒中向东，取道子午谷，直插长安城下。诸葛亮认为此计过于冒险，没有采纳，而是选择走相对平坦的祁山道，从西边施展一场战略迂回，先攻取陇西，再东下关中。

为了这一次北伐成功，诸葛亮做了周密的准备，他让赵云、邓芝从褒斜道北上做疑兵，牵制住曹真的主力。诸葛亮自己则率军从沔阳驻地出发，沿沮水至武兴（今陕西略阳），溯西汉水至武都郡治下辨（今甘肃成县），再由此北上祁山。如此舍近求远的路线，大大出乎魏国的预料，于是南安、天水、安定三郡不战而降。消息传出，关中响震，曹魏朝野一片恐慌。然而，诸葛亮的战略优势只维持了很短的时间。魏帝曹叡御驾亲征，坐镇长安，以右将军张郃统兵救援陇西。诸葛亮命马谡镇守街亭要道，但马谡却失了街亭，使诸葛亮的这次北伐功亏一篑。

从建兴六年到建兴十二年，诸葛亮总共发动过五次北伐，以及指挥一次防守反击。所谓的"六出祁山"，实际上仅有第一次与第四次北伐是取道祁山道。第四次北伐发生在建兴九年（231年）春，此时魏大司马曹真有疾，魏主诏命司马懿督雍、凉二州诸军事，抵御诸葛亮，这是司马懿与诸葛亮的第一次正面交锋。两军于上邽、卤城、祁山一带交战数次，蜀军始终占据主动，司马懿坚守不出，被诸将讥讽：

"公畏蜀如虎，奈天下笑何！"司马懿不得已主动出击，却被蜀军杀得大败，丢弃铠甲兵器数以万计。然而，曹魏在祁山筑有坚城以为御蜀之用，魏将高刚、贾嗣、魏平等先后守卫此城，诸葛亮两出祁山，都围之而不能克，致使蜀军的后期补给线始终处在曹魏的威胁之中，这也让诸葛亮在陇右的作战即便取得战果，也很难长期维持。第四次北伐也终因粮草不继而退兵。

诸葛亮逝世后，其北伐大业由姜维继承。姜维本为天水人，熟识陇西地情，在他的数次北伐中，亦多向陇西、凉州出兵，但败多胜少，无甚建树。祁山脚下留下了蜀军将士一次又一次的叹息。

◎ 祁山形势图，张珍绘

祁山遗迹探访

从天水市驱车，沿十天高速向南约一小时，目所能见，一片宽阔的平川之上突起一座高数十丈的孤山，这就是诸葛亮曾经率军围攻的祁山堡。

由祁山堡西南门入，沿羊肠小道盘桓而上，可至山顶。山顶却是一片平坦之地，有两三千平方米，视野极好，四下景色尽收眼底。

祁山堡上建有武侯祠，清乾隆年间所修《直隶秦州新志·建置》说："（祁山堡）东四十五里，与祁山不粘不连，平地突起一峰，高数十丈，周围里许，四面巉削，上平如席，其下为长道河，即诸葛武侯六出祁山时驻师之所。上有武侯祠，春秋祭焉。"祁山武侯祠今存殿宇、塑像、壁画、碑刻等多系明清建筑。庙宇一进三院，中轴线上主建筑有诸葛殿、关羽殿、起佛殿。两厢配有蜀汉文臣武将塑像长廊。

◎ 祁山堡，黎云帆摄

8 ▼

"剑阁峥嵘而崔嵬，一夫当关，万夫莫开。所守或匪亲，化为狼与豺。"

诗仙李白穿行蜀道，过剑阁而叹息，触景生情，吟出了这首流传千古的《蜀道难》。剑阁的险峻也由此名声大噪。

李白并不是第一个题咏剑阁的诗人。早在晋太康初年，张载至蜀地探望父亲，路过剑阁，有感于地势险要，写下《剑阁铭》，其中有句："一人荷戟，万夫趑趄。形胜之地，匪亲勿居。"同时感叹国家的存亡"兴实在德，险亦难恃"。这几句都是李白《蜀道难》的灵感来源。太康初年距离蜀汉的灭亡不过二十年左右，张载来到剑阁之下，回想起并不久远的历史，感触自然最为深切。

剑阁到底有多险，只有你走到了那一座座如宝剑一般直入云霄的山岭之下，脚踏蜿蜒曲折的古蜀道，仰望那座被山石相挟的关城时，才能真正体会到那些长途跋涉而来的远征者的绝望之情。

"一人荷戟，万夫趑趄"的第一次历史实践，正是蜀将姜维与魏将钟会的那场惊心动魄的剑阁攻防战。蜀汉举国的生死存亡，都赌在了这座雄关之上。

蜀汉景耀六年（263年），司马昭派遣征西将军邓艾、镇西将军钟会、雍州刺史诸葛绪兵分三路伐蜀。钟会利用姜维远在沓中（今甘肃舟曲）、汉中缺乏统一调度的良机，迅速夺取阳安关、关城，突破了蜀汉汉中防线。汉中一失，蜀汉门户洞开，姜维不得不与廖化、张翼、董厥合兵，退往剑阁防守。

从汉中前往成都，金牛道是当时的唯一通途。据传，秦惠文王时，秦国送蜀王一头可以屙金子的神牛，蜀王征召五名大力士开山破路，从关中将金牛带往蜀中，没想到秦军尾随其后，踏着这条路一举灭了蜀国，金牛道之名由此而来。金牛道自汉中沔阳（今勉县）始，出阳平关，途经关城、剑阁、涪县、绵竹、雒县直至成都。钟会想要像当年秦惠文王那样完成灭蜀大业，非走此道不可。而剑阁，正扼守在金牛道的咽喉要冲之上。

剑阁位于龙门山脉的支脉剑门山之间，剑门山全长70多公里，最高峰海拔约1200米。山脉其中有一处出现断裂，由72座像剑一般矗立的山峰组成。两山之间出现宽约20米的豁口，其状如门，故曰剑门。诸葛亮为相时，在此"凿石架空，为飞梁阁道，以通行旅"，又于豁口处砌石为门，置阁尉，设戍守，是为剑阁设关之始。剑阁所处的隘口北高南低，北坡十分陡峭，南坡则相对平缓，因此守城方据于关上可居高临下阻击敌人，而攻城者却需要攀登峭壁再攻城，且没有展开兵力的空间，难度可想而知。

正是在剑阁，姜维仅依靠三万人就抵挡住钟会十余万大军的猛攻，相持日久，魏军粮草不济，士气低落。纵使智谋超群的钟会，面对天险剑阁也无计可施，甚至已经与众将商议撤军事宜。可惜天不佑蜀汉，邓艾率军深入山林，凿山开路，出人意料地沿阴平小道直插江油，绕过了剑阁，兵临成都。后主刘禅不战而降，蜀汉终于灭亡。消息传到姜维军营，将士们恨恨地拔刀砍石，发泄心中的郁气。剑阁虽险，但拯救不了一个主弱国疑、江河日下的蜀汉。三十多年后，李特（成汉政权奠基人）跟随流民自汉中入蜀，路过剑阁，仰望关城，坐在地上长叹了口气："刘禅有如此之地而面缚于人，岂非庸才邪！"

唐以后，剑阁又被称为剑门关。每逢天下大乱，必有人割据巴蜀以窥天下，剑门关则屡屡成为蜀中政权的咽喉要塞，亦屡屡沦为埋骨的战场。然而，尽管战乱纷扰，但剑门关始终保持着一个神奇的纪录，就是在冷兵器时代上百次战争中，从未被正面攻克过。

◎ 金牛道形势图，张珍绘

剑门关遗迹探访

剑门关因为地理位置之重要，在历史上被屡次拆除，又被屡次修复。隋文帝杨坚认为"巴蜀阻险，人好为乱"，将剑阁拆毁。明清时的剑门关一度雄伟壮观，但随着1936年国民政府修建川陕公路，剑门关成了"拦路虎"，遭到彻底拆除。因而长达半个多世纪，剑门关只见关口，不见关城。1992年，四川省剑阁县出资复建了剑门关关城，但新的剑门关命途多舛，先是2006年2月一场火灾，将关上木质建筑严重损毁。2008年汶川地震，剑门关又遭重创，成为危楼。

2009年，剑门关景区灾后重建，按照历史原貌复原了明清时期的剑门关关城，也就是我们如今在剑门关景区内看到的这座剑门关。关

◎ 剑门关，成长摄

城立于两山之间，气势雄壮，上有双层关楼，悬挂"天下雄关""眼底长安"牌匾，关楼内以浮雕的方式，展示剑门关经历的历次战事，以及曾在此镇守的武将与留下诗句的文人。关城之下，还有诸葛亮、刘备、姜维等三国人物的塑像。虽然关城已非历史原迹，但走在群山之间，仿佛依稀可以听到当年的鼓角争鸣之声。

　　值得一提的是，姜维虽然最终没能拯救蜀汉，但他在川中百姓心中一直有着崇高的地位。剑阁民众为纪念姜维，在当地建有姜维衣冠冢。原墓址位于关内金牛古道旁（今剑门关镇医院门口南侧），1936年修川陕公路将墓冢迁至大剑溪对岸（今景区停车场处），2010年迁至景区内靠近南门处，并修建了一座平襄侯祠，让游客们在游览剑门关的同时，也能凭吊这位蜀汉最后的守护神。更神奇的是，在剑门关

◎ 剑门关姜维墓，成长摄

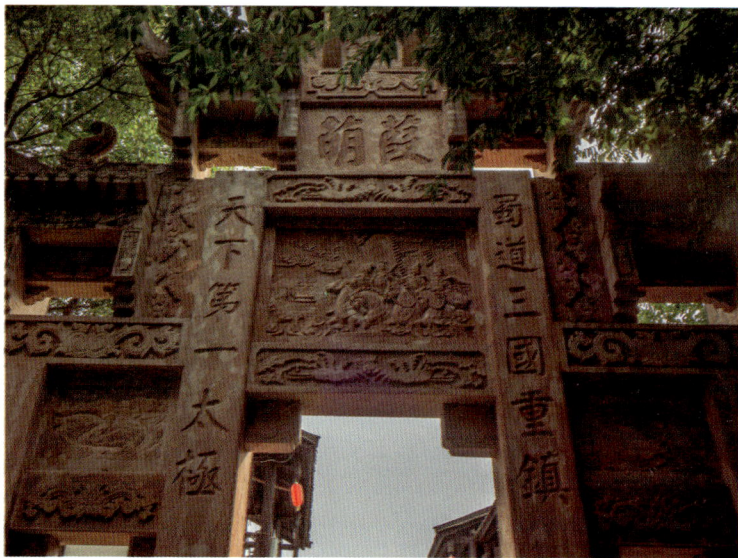

◎ 昭化古城，黎云帆摄

　　昭化古城在剑门关以北，位于广元市昭化区，是汉末三国时期的葭萌城所在，位于白龙江、嘉陵江、清江三江交汇处。刘备入蜀之初在此驻扎，并以此为据点平定益州。史传中霍峻以数百人退敌万人，《三国演义》中张飞夜战马超都发生在这里。葭萌遂有"巴蜀第一县，蜀国第二都"之称。葭萌后改名汉寿，蜀汉大将军费祎曾在此开府治事，后为魏降人郭修所刺杀。今昭化古城保存着完整的明清城墙和古建筑，并存有部分汉代夯土城墙。城外有费祎祠墓及传说中关羽子关索媳鲍三娘之墓。

　　楼西侧的峭壁上，有一处山石酷似一尊巨大的人脸肖像，远望过去，眉毛、眼睛、鼻子都清晰可见。当地传说，姜维死后魂归剑门关，化作这一面山石，从此永恒地凝视与守护着这座天下名关。

第三章

名城要邑

帝都兴衰：
洛阳

从汉末到晋初，洛阳城经历了一百年的命运跌宕。这座伴随了东汉王朝繁华的国都曾被董卓付之一炬，又在魏晋定鼎之时涅槃重生。汉魏晋三代帝王走马灯似的在这座城市中流转，蔡邕、钟繇、何晏、王弼、嵇康、左思、陆机等文化名流承继着这座城市的文脉，十常侍、何进、董卓、曹操、司马懿、司马师、司马昭等一批又一批的野心家在这座城市里留下生存与死亡的印记。

洛阳像一个冷静的旁观者，忠实地将汉末三国的风起云卷记录下来。洛阳又是一个实实在在的参与者，三国这台历史大戏由洛阳而始，至洛阳而终，而另一段乱世又悄然在这里埋下了伏笔。

"若问古今兴废事，请君只看洛阳城。"司马光的这句叹息，是千千万万来洛阳怀古之人的心声。

洛阳前史

洛阳，因处洛水之阳而得名。洛水源出秦岭东部，循秦岭、崤山、熊耳山山间一路向东，与伊水汇合后至巩义东北汇入黄河，浇灌出了一片平整肥沃的土壤，称为伊洛盆地。它北以邙山、黄河为隔，南以熊耳山、伏牛山、嵩山等秦岭东部余脉为屏障，东西的出口极为狭窄，而腹地自成一体，进可攻，退可守，山水环绕，可谓是天赐之地。自文明肇始以来，这里就成为王朝定都的首选之处。

位于洛阳市区以东三十公里的偃师区翟镇镇二里头村，发现了距今3500—3800年的都城遗址，被学者们视为东亚大陆最早的广域王权国家遗存，有学者推断其与文献中的"夏都斟鄩"可能有密切的关系。在二里头东北方向不远，考古工作者还发现了商朝国都"西亳"遗址。

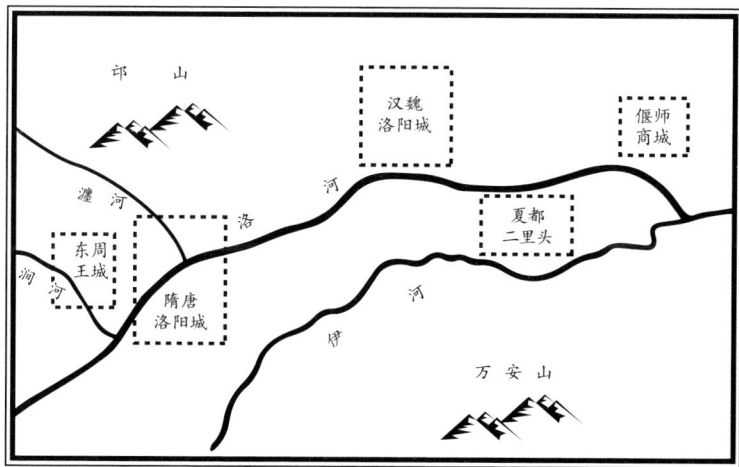

◎ 洛阳五大都城，张珍绘

周灭商后，周公旦在伊洛盆地兴建成周城，以拱卫宗周，控制东方诸国。西周末年，周平王迁都成周，更名洛邑。洛邑作为周王都达五百余年，直至周为秦所灭。秦封吕不韦洛阳十万户。吕不韦在周洛邑基础上扩建城池，达到了东西六里、南北九里的规模，俗称"九六城"。秦统一天下后，洛阳为三川郡治所，李斯之子李由即为三川郡守。汉初，刘邦曾短暂都洛阳，后来听从娄敬、张良等人的建议以长安为国都。洛阳则与邯郸、临淄、宛、成都"列备五都"，地位仅次于长安。

新莽末年，长安为赤眉军所摧残，光武帝刘秀遂定都洛阳，是为东汉。东汉奉行"五德终始说"，刘秀以汉为火德，火忌水，于是将"洛"去"水"而加"佳"，改洛阳为雒阳。不过到了曹丕称帝后，他又以魏为土德，取"水得土而流，土得水而柔"，将雒阳改回洛阳。（本书为求行文一致，在论及汉魏洛阳城时统一写作"洛阳"。）

东汉洛阳城

东汉在秦、西汉洛阳城基础上建设国都，新洛阳城南北九里、东西六里，四面共设城门十二座，由城门校尉与司马等官掌管，各门设候一人。

东城垣三门，由北向南依次为：上东门、中东门、耗门（望京门）。

西城垣三门，由北向南依次为：上西门、雍门、广阳门。

北城垣二门，由西向东依次为：夏门、谷门。

南城垣四门，由西向东依次为：津阳门、宣阳门、平城门、开阳门。

平城门是正南门，不置候，设南屯司马，是诸门最尊，皇帝车驾多由此门进出。

东汉洛阳城在布局上承袭西汉长安城，仍实行多宫制，宫殿主要有南北二宫，以中东门大街为界。

南宫是皇帝议政与接见外宾、举行重要典礼仪式之所，四面有门，以四方之神相称，即南为朱雀门，北为玄武门，东为苍龙门，西

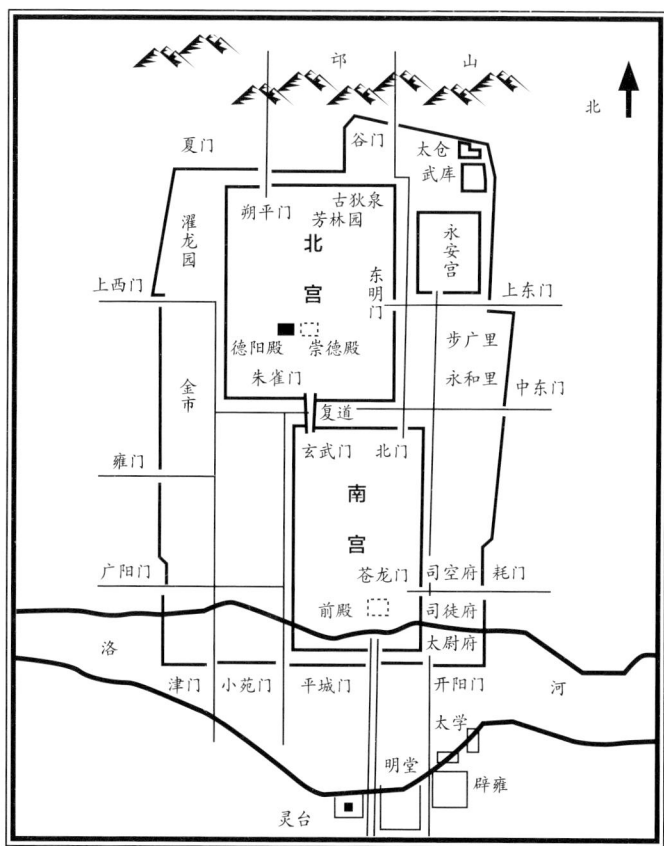

◎ 东汉洛阳城平面图，张珍绘

为白虎门。南宫宫殿约有三十余座，基本循五条纵轴排列，其中却非殿、崇德殿、中德殿、千秋万岁殿和平朔殿位于中轴之上，其余有明光殿、宣室殿、承福殿、嘉德殿、玉堂殿、宣德殿、建德殿等。《三国演义》开篇汉灵帝被大青蛇惊吓的温德殿就在南宫。云台位于南宫内西侧，汉明帝令人在此绘制二十八名开国功臣的画像，史称"云台二十八将"。云台之后的兰台是皇家图书档案馆。东观位于南宫内东侧，是官方修撰史书之所，东汉官修国史《汉记》即修撰于此，因此又称《东观汉记》。

北宫的轴线向西偏倚一些，南北宫之间有空中架设的三条复道通行，天子走中道，官员走左右两道，十步一卫，两宫相距七里。汉末袁绍等诛杀宦官，张让、段珪等挟持少帝、陈留王及何太后从南宫逃至北宫，走的就是这条复道。由于复道架于空中，袁绍等无法拦截。尚书卢植手执长戈，于复道之下怒斥宦官。段珪惊恐之间放开何太后，何太后从复道窗口跳下逃脱。

北宫修建于明帝永平三年（60年），为皇帝及后宫起居之所，后逐渐代替南宫成为政治中心。北宫四门亦以朱雀、玄武、苍龙、白虎命名。汉章帝时著名的白虎观会议即在北宫白虎门内举行。北宫有温饬殿、安福殿、和欢殿、德阳殿、宣明殿、平洪殿等宫殿。主殿德阳殿极其宏大。《汉仪》载："德阳殿周旋容万人，陛高二丈，皆文石作坛。激沼水于殿下，画屋朱梁，玉阶金柱，刻镂作宫掖之好。厕以青翡翠。一柱三带，韬以赤缇。"兰台令史李尤曾作《德阳殿赋》，赋中可以看出德阳殿有水池、竹林，果园里还种了葡萄、橘子、柚子、桃子，连鸿雁都被吸引来这里栖息，可谓极尽奢华。

洛阳城东北角是太仓和武库的所在地，东南角有司空府、司徒府、太尉府。城东部靠近上东门和中东门的地带，是贵族住宅区，有步广里、永和里，董卓就曾住在这里。平民则住在城外。洛阳还有三大商业区，分别是金市（城内上西门与雍门之间）、马市（城外中东门与耗门之间）、南市（南城墙外）。此外，城内外还修有供皇帝与贵族游玩的濯龙园、上林苑、芳林园、平乐苑等皇家游乐场所。

在洛阳南城墙外，建有皇家礼制建筑"三雍"：明堂、辟雍和灵台。明堂是天子祭祀祖先之所，辟雍是天子行礼乐、宣德化之所，灵台是皇家天文观测台，东汉杰出的科学家张衡设计的浑天仪、地动仪就安放在灵台。"三雍"之侧是国家最高学府太学，汉灵帝时的《熹平石经》和曹魏《正始石经》均刊立于此处。城西雍门外三里，有汉明帝时所建白马寺，是官方记载的最早的佛教寺院。

汉章帝时，隐士梁鸿路过洛阳，登上北邙山俯瞰整座城市，在感叹都城壮丽的同时，也为帝王家如此大兴土木、劳民伤财而叹息，于是作了一首《五噫歌》：

陟彼北芒兮，噫！

顾瞻帝京兮，噫！

宫阙崔嵬兮，噫！

民之劬劳兮，噫！

辽辽未央兮，噫！

洛阳作为东汉帝都一百六十余年，见证着帝国从繁荣走向衰败。黄巾起义时，起义军将领马元义甚至潜入洛阳城内，买通宫内宦官为内应，试图谋害灵帝，只因叛徒告密才失败。灵帝深感京师不安全，令大将军何进于洛阳周围设置函谷、伊阙、广成、大谷、镮辕、旋门、孟津、小平津八关，置八关都尉，以拱卫京师。四年后，灵帝又在城内置西园三军及典军、助军，以保护皇宫安全。西园军设八校尉，其中袁绍为中军校尉，曹操为典军校尉。

然而西园军不仅没有保护京师，还开启了洛阳城毁灭的序幕。汉灵帝一死，宦官与外戚即发生火并，宦官杀大将军何进，袁绍、曹操等率兵围皇宫，烧殿宇，诛宦官，洛阳一时大乱。随后董卓进京擅权，关东联军来讨。董卓挟持汉献帝迁往长安，不仅将洛阳城付之一炬，还大肆挖掘洛阳周边帝陵，盗窃珍宝。一时间，煌煌帝都化为废墟，"城内扫地殄尽"。直到六年以后汉献帝东归，所见到的洛阳城依旧是一片焦土，堂堂天子居然只能委身住在当年挟持他的中常侍赵忠故宅。跟随的官员只能靠在残垣断壁之下的柴火堆里歇脚。粮食断绝，尚书郎以下的官员都得去野外捡谷子吃，有的甚至活活饿死，或为兵匪所杀。

曹魏洛阳城

随着曹操迁献帝都许县，又设霸府于邺城，洛阳度过了一段沉寂期。但曹操是个念旧的人，他一生征战南北，纵横天下，位极人臣，却没有忘记洛阳是自己走上政治舞台的起点。

二十岁那年，曹操被举孝廉，为选部尚书梁鹄、尚书右丞司马防举荐为洛阳北部尉。天子脚下，达官显贵众多，治理难度极大。但曹操上任后就命手下打造了几十支"五色棒"，放置在城门左右，凡是犯法之人，无论有多大的背景，一律用"五色棒"棒杀。不久，深受灵帝宠爱的宦官蹇硕的叔父违反宵禁令，深夜出行，曹操当即将其处死。那些平素里骄横跋扈的豪强们一个个都收敛了起来。

建安二十四年（219年）十月，已经六十五岁的曹操再一次率大军来到洛阳。《曹瞒传》记录了一个细节："王更脩治北部尉廨，令过于旧。"他专程来到自己当年做洛阳北部尉的衙署，看到这里已经破落不堪，就令人重新修葺一番。四十多年过去了，花有重开日，人无再少年。

曹操重修北部尉廨，犹如擦拭着洛阳城身上被岁月层累的灰尘，

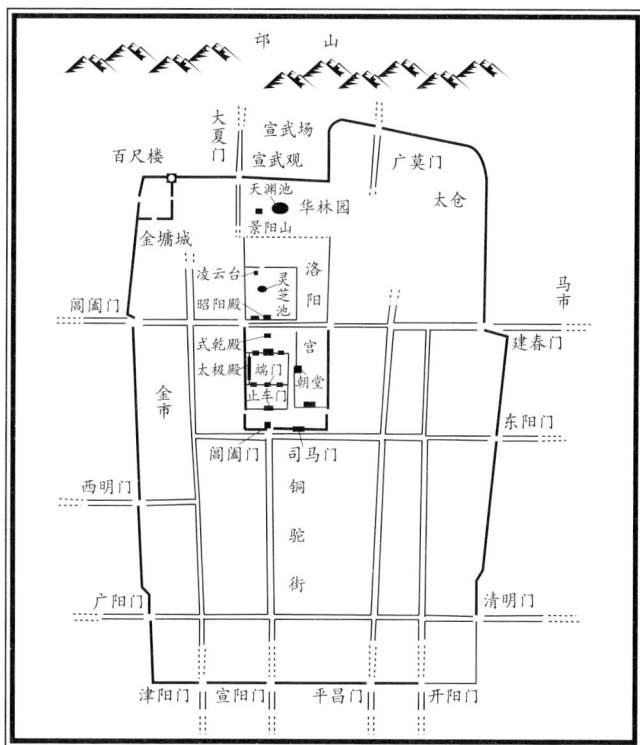

◎ 曹魏洛阳城平面图，张珍绘

这座故都开始重泛光辉。史载，曹操让工人砍伐濯龙园的大树，用来修建建始殿。可见，曹操晚年已经开始着手重建洛阳，有意还都洛阳。但天不假年，三个月后，南征返回的曹操一病不起，于建安二十五年（220年）正月庚子病逝于洛阳。仕于斯，终于斯，曹操的人生在洛阳完成了一道轮回。

曹操未了的心愿由曹丕赓续。是年，曹丕代汉称帝，并于十二月正式迁都洛阳。"立石表，西界宜阳，北循太行，东北界阳平，南循鲁阳，东界郯，为中都之地。"向天下昭示魏承汉的正统地位。

曹魏洛阳城在东汉洛阳城基础上重建，城垣规模没有太大变化。城门仍为十二座，但名称有异。西垣三门，从南到北依次为广阳门、西明门、阊阖门；北垣二门，从西至东依次为大夏门、广莫门；东垣三门，从北至南依次为建春门、东阳门、清明门；南垣四门，自东至西依次为开阳门、平昌门、宣阳门、津阳门。城门大都为二层城楼，门外有双阙，城墙上每隔百步修建一座楼橹。

洛阳城营建之初，曹丕暂住在东汉洛阳城北宫，以建始殿为正殿朝会群臣。建始殿之北有门，曰承明门，供朝臣入朝进出。曹植曾来洛阳朝见曹丕，回封国路上作《赠白马王彪》，首句"谒帝承明庐，逝将归旧疆"中"承明庐"指的就是这里。曹丕时期，洛阳城已经修筑了凌云台、嘉福殿、崇华殿、九华台、灵芝池等建筑和景观，但曹丕享国不长便崩逝，嗣位的魏明帝曹叡前期忙于应付蜀、吴的北伐，无暇顾及宫室建设。待到诸葛亮病故，自感大患已除的明帝遂着手大修洛阳宫。

据考古工作者对汉魏洛阳城的勘察推测，魏明帝大修洛阳城的时候，就已经实现了从多宫制向单一宫制的转化。曹魏洛阳城的宫城以东汉洛阳城北宫为基础，主殿为太极殿，是皇帝举办大型朝会等重要礼仪活动的场所，它建在高大的二层台上，面阔十二间，正面设左右两个升殿的踏步，殿内设有金铜柱四根。太极殿两侧有东堂、西堂，东堂是皇帝日常处理朝政、召见群臣的地方，西堂是皇帝日常起居之所。太极殿与东堂、西堂一字并列，这种布局一直延续到隋代。

太极殿北有式乾殿，为皇帝正殿。式乾殿北有昭阳殿，为皇后正殿。这些殿堂各自都有四门和廊庑围绕而成的巨大宫院。轴线两侧还有建始殿、崇华殿、嘉福殿等。太极殿向南通往宫城正南门阊阖门，阊阖门向南通往外城正南门宣阳门，宣阳门外正南方向的委粟山建有皇家祭天的圜丘。由此形成了一条贯穿圜丘、外城正门、宫城正门及主要宫殿的中轴线，这种城市规划中轴线的观念明显承袭自曹魏邺城，这也是该观念首次应用于帝制王朝国都。

曹魏洛阳城承袭邺城的另一个表现在金墉城的修建。魏明帝于洛阳城西北角建金墉城，它背靠邙山高地，处于全城地势最高的地方，在此可俯瞰洛阳城。金墉城的修建是加强宫城防御的重要措施之一。无论是它的功能还是位置，都能够明显看出对邺城三台的模仿。悲哀的是，在之后的历史长河中，金墉城不仅没有成为保护都城的城堡，反而成为历次宫廷斗争中囚禁皇族成员的监牢。魏废帝曹芳、曹奂，晋废帝司马衷，皇后贾南风、羊献容等都曾是这里的"囚徒"，金墉城和英国伦敦塔一样，见证着帝国辉煌背后的阴影。

魏明帝除了大兴土木兴建宫室，还派人从长安迁金人、铜驼、承露盘等各种前朝珍品于洛阳，其中最出名的就是一对汉武帝时的铜驼，相传是当年汉武帝为了纪念张骞开通西域而特意铸造的。魏明帝把这对铜驼安放在了阊阖门与宣阳门之间的中轴线两侧，在铜驼之后，依次排放着铜马、铜龙、铜龟、辟邪、麒麟、天禄等。这条大街后来就有一个响亮的名字：铜驼大街。

魏明帝原本是少见的明君贤主，但他统治后期大兴土木、耗费巨资修建宫室，让他在历史上毁誉参半。史载当时整个洛阳城的兴建盛况："百役繁兴，作者万数，公卿以下至于学生，莫不展力，帝乃躬自掘土以率之。"许多农民因为修建宫殿而耽误了农时。朝臣高堂隆、杨阜等人多次苦谏，明帝虽然态度宽和，但从来不听。

可惜明帝花了这样大手笔修建都城，却没有享受多久，就于三十六岁早逝。此后三少帝失政，司马氏代魏建立晋朝，仍定都洛阳。但西晋统一不久，就接连经历八王之乱、永嘉之乱。洛阳为匈奴所破，大批民众南迁，洛阳再度沦为战场。直到北魏时期，孝文帝从平城（今山西大同）迁都洛阳，洛阳再度振兴。孝文帝在曹魏洛阳城基础上又增筑了外城，使城市规模进一步扩大，洛阳著名的龙门石窟、永宁寺塔都是在北魏时期修建的。然而，随着北魏分裂为东魏和西魏，洛阳又一次遭受战火摧残。天平元年（534年），东魏权臣高欢挟皇帝迁都邺城，大拆洛阳宫殿，迁徙民众赴邺。至此，从东汉至北魏持续五百多年的汉魏洛阳城彻底沦为丘墟。

汉魏洛阳城遗址

汉魏洛阳城遗址在今河南省洛阳市区东十五公里。1954年夏，中国科学院考古研究所调查发掘团对汉魏洛阳城遗址进行初步勘察，认为"北魏宫城在洛阳城的正中"，城中央的"南北高起的地带，是宫城城垣和殿基的遗址"。1962年至1972年，中国科学院考古研究所洛阳工作队对汉魏洛阳城进行全面勘探和发掘，基本上确定了太极殿、阊阖门、铜驼街的位置与规模。

2001年至2002年，考古工作者对阊阖门进行发掘，全面揭露出城门台基、门前左右双阙、阙间广场及城门两侧院落的部分遗迹。考古工作者发现，阊阖门遗址是两层叠压的，上面是北魏时期，下面是曹魏时期的。经过发掘，又逐渐摸清了阊阖门的构造，它由双阙和城门建筑组成，双阙筑在宫城南墙缺口两端，长宽均为29米，是一对子母阙。阊阖门坐落在东西向大型长方形台基上，东西长44.5米，南北长24.4米。城门有三个门道，是一座面阔七间、进深四间的殿堂式建筑。

此后，考古工作者陆续发掘出太极殿遗址、铜驼大街遗址、内城东墙遗址、永宁寺塔基遗址等，使汉魏洛阳城尤其是北魏城址的平面格局更为清晰。经实测，整个遗址包括宫城、内城、外郭城三重城，东墙残长约3900米，西墙残长约3400米，北墙全长2700米，南墙因为洛河向北改道，被完全冲毁了，经复原有2460米。四边城墙加起来总长度约为13000米，规模非常庞大。1961年，汉魏洛阳城被列入首批全国重点文物保护单位。2014年，"丝绸之路：长安—天山廊道的路网"被列入《世界遗产名录》，汉魏洛阳城是中国境内二十二处遗产点之一。

如今，在这片被田埂包裹着的古城遗址上，考古人员的工作仍在继续，阊阖门、太极殿、永宁寺塔基已经初现轮廓，它们或许只是个土坑、土坡、夯土堆，但踏上这片土地，举目四望，你依旧能够在脑海中构建出这座城市昔日的盛景，以及在这里发生过的一幕幕历史剧。

◎ 汉魏洛阳城航拍图（由上至下依次为端门、东城垣、西城垣），
夏口文举摄

◎ 汉魏洛阳城铜驼大街航拍（由北向南），夏口文举摄

◎ 汉魏洛阳城东北角，赵前宽摄

◎ 几何纹方砖（左图）
东汉，洛阳偃师汉魏城南太学遗址出土，洛阳博物馆藏并供图

◎ 双界格云纹瓦当（中图）
东汉，汉魏洛阳故城内城西部出土，洛阳博物馆藏并供图

◎ 陶狗（右图）
三国魏，1956年洛阳市涧西区矿山厂曹魏墓出土，洛阳博物馆藏并供图

◎ 铁帷帐架
三国魏，1956年洛阳市涧西区矿山厂曹魏墓出土，洛阳博物馆藏并供图

　　该墓为明券的砖室墓，全墓由墓道、甬道、墓室、耳室组成，发掘时其墓室结构保存完好，随葬品较为丰富。铁帷帐架上发现有"正始八年八月"铭文，正始八年为公元247年，是魏帝曹芳在位时期，也是曹爽与司马懿激烈争权之时。该墓现已迁移至洛阳古墓博物馆保存展示。

2

建安春秋：许昌

位于豫州西部的颍川郡，在汉末三国绝对值得大书一笔。这里地势平坦，交通便利，土壤肥沃，河流密集，人口繁盛。颍川郡和邻郡汝南郡在东汉末年以人才辈出而闻名于世，时人称"汝、颍固多奇士"。桓灵时期在清流士人之中威望颇重的陈寔、荀淑、李膺、杜密等都是颍川人。曹操最为倚重的谋士荀彧就是荀淑之孙。在荀彧的引荐下，大批才俊进入曹操的帐下效力，其中颍川人有荀攸、钟繇、陈群、戏志才、郭嘉等，几乎占据"半壁江山"。

从建安元年（196年）开始，曹操讨平颍川、汝南一带的黄巾余部，将势力由兖州扩展到豫州。是年八月，汉献帝一行经过一年的坎坷波折，在洛阳与前来救驾的曹操相遇。此时洛阳残破，粮饷断绝，曹操采纳董昭的建议，将汉献帝迁徙至颍川郡许县，即今河南许昌东，在这里建设汉朝新的都城。汉献帝封曹操为司空、武平侯、假节钺、录尚书事，曹操"奉天子以令不臣"的生涯由此开始。

这一年，无论对于曹操，还是对于许县这座城市，都是里程碑式

第三章　名城要邑　　　　　　　　　　　　　　　　　107

的一年。而汉献帝没想到，这座城市将成为他新的"囚笼"，他将在这里度过二十五年煎熬而惊恐的岁月，而绵延四百多年的大汉王朝，也将在这里正式宣告它的终结。

汉魏更迭

曹操何以选择许县作为新都？

从经济角度考虑，许县周边沃野千里，适合进行农业耕种，可以为都城提供充足的粮食供给。汉末战乱以来，土地荒芜，人民流离，粮食短缺成为几乎所有割据势力的"老大难"问题。曹操在迁都许县的当年，即采纳枣祗、韩浩的建议，在许下屯田，广泛招募各地流民，以军事组织的形式将他们编为屯田民，由政府提供给土地和农具，获得的收成则由政府和屯田民按比例分成，这就是屯田制。屯田制施行后，一年就收获谷物百万斛，不仅满足了国都的需求，也为后来曹操的南征北战提供了稳定的粮食保障。

从政治角度考虑，许县位置偏南，距离袁绍所处的河北较远，可以减轻袁绍带来的威胁。起初，袁绍曾要求曹操迁汉帝至与河北接壤的鄄城，方便其控制朝廷，但曹操并没有依从。事实上，当时的曹袁关系已经出现裂痕，曹操控制了朝廷，并且有意远离袁绍，给袁绍带来了极大的政治压力。此后，袁绍为了袭取许都，不得不长驱官渡，拉长了补给线，暴露了自己的软肋。

曹操迁都许县后，采取了一系列的政治军事部署，即以夏侯渊为颍川太守，以满宠为许县令，使于禁屯颍阴，乐进屯阳翟，张辽屯长社。这些曹操的亲信将领将许都及其周边控制起来，朝廷完全被架空，曾护送献帝东归有功的杨奉、韩暹、董承等陆续为曹操剪除。以许都为根据地，曹操相继收降了宛城的张绣，平定了徐州的吕布，剿灭了淮南的袁术，并于建安五年（200年）在许都以北八十公里的官渡大败劲敌袁绍。许都本是无险可守的四战之地，而在曹操手上，它竟成了定鼎中原、一统北方的龙兴之地。

建安九年（204年），曹操攻克邺城，将统治中心移至河北，建立自己的"霸府"，留长史王必监守许都，许都朝廷实际上成为一个空壳。这种实际权力中心与名义权力中心相分离的局面，成为此后历代权臣篡政效仿的范例。然而汉献帝并不愿意心甘情愿地当傀儡，在建安五年董承"衣带诏"案、建安十九年（214年）伏皇后谋除曹操案及建安二十三年（218年）太医令吉本、少府耿纪、司直韦晃在许都发动的反曹政变背后，似乎都能看到汉献帝谋划的影子，然而这些反曹谋划不是胎死腹中，就是被血腥镇压，汉献帝身边的皇后伏寿、贵人董氏及大批汉臣均被曹操诛杀，他彻底沦为孤家寡人。

延康元年（220年）六月，刚即位不久的魏王曹丕在洛阳东郊举行了大规模的阅兵仪式，并且宣布挥师南征，南行到了曹氏的老家谯县，在这里大摆筵席，款待父老乡亲。随后，曹丕挥军北归，来到了距离许都很近的曲蠡（今河南临颍北）。直到这时候，人们才反应过来，曹丕大动干戈的真正意图，并不是真的要征讨孙权，而是向天下耀兵，震慑内臣与外敌，进而逼汉献帝尽快交出皇帝宝座。十月辛未日，一场禅让仪式在许都城南的繁阳亭（今河南临颍繁城镇）举行，汉魏交替在许都完成。

汉亡于许都，许都自然不适宜再作为新朝的国都。曹丕定都洛阳，改许县为许昌县。但许昌仍为曹魏"五都"之一，保留了原有的宫室和武库。由于许昌距离洛阳较近，因此成为皇帝经常巡幸驻足的地方。魏文帝曹丕在位七年，先后八次驾临许昌。魏明帝曹叡在位十三年，先后六次驾临许昌。曹叡大修洛阳宫室前，曾先用一年时间修许昌宫。在洛阳宫室大修期间，曹叡与百官大部分时间都住在许昌宫。除此之外，许昌还具有重要的军事地位，魏帝亲征东吴，往往先由洛阳至许昌，在此聚集军队、准备军械粮饷，再顺颍水而下即可入淮水，抵达伐吴前线。正始十年（249年）司马懿发动高平陵之变，控制洛阳。当时大司农桓范就劝曹爽兄弟挟天子移驾许昌，号令四方讨伐司马懿。但曹爽拱手而降，放弃了与司马懿抗衡的最后机会，最终身死族灭。

西晋末年，中原大乱，许昌沦为四战之地，在南北政权之间反复易手。南朝宋景平元年（423年）十一月，北魏将领周几击破宋颍川太守李元德，夺取许昌，将这座名城彻底毁弃。

汉魏许都故城遗址

汉魏许都故城在今许昌市区东南的张潘镇古城村、盆李村一带，据传张潘镇的名字来源于此处葬有汉献帝的张、潘二妃，因此汉魏故城又被称为"张潘故城"。驱车沿着237省道东行，就可以在路南看见一座仿汉式阙楼，上书"汉魏许都故城遗址"，这里便是故城的入口。

《北征记》载，许昌城方圆二十里，建有三重城，四面有门。城内布局沿用汉长安城旧制，宫城在南，市在北。许昌宫城规模可通过

◎ 汉魏许都故城航拍，马宏摄

◎ 毓秀台，成长摄

何晏、卞兰等时人所写的辞赋中略窥一二。许昌宫正殿为景福殿，为朝会所用，建于高台之上，面阔七间。景福殿之东为魏帝听政的承光殿，景福殿之西为游乐用的鞠室和听乐曲的教坊，宫城内办事机构有三十二个坊署，用干支编号。

1993年起，河南省、许昌市文物部门先后三次对汉魏许都故城遗址开展考古勘探，基本探明了内城城门、主要街道的位置。经过勘探发现，城址分为内城和外郭城两部分，内城系宫城，位于东南部，平面略呈正方形，城墙东、西、南三面已破坏，唯有北墙保存尚好，高出地面约3米。内城东西长1220米，南北宽1180米，每边各有一座城门，宽约6米。外城遗址仅有部分存留，东西长约2300米，南北宽约3000米。据调查，故城文化层堆积厚约6米左右，内涵丰富，上层为汉代文化层，出土有大量汉代陶器、铜器和少量石雕器物，中间为西周和战国文化层，发现有这一时期的灰陶、灰坑、灶壁等，下层为二里头文化层。

如今来到汉魏许都故城，目之所及皆是农田村落，故城唯一可见的地面遗存就是毓秀台了。毓秀台位于内城的西南角，其名为后人所起，相传为汉献帝祭天的高坛，台高15米，占地面积500平方米。台上早已没有古建筑，不大的空间已经修成庙宇，摆好香炉，供上诸神，成为周边的村民烧香祈福的场所。笔者探访时看到，毓秀台上东西两厢房供奉着鸿钧老祖、张天师、财神爷等各路神仙的塑像，正殿供奉着一位身披锦缎、头戴冕旒的帝王。当笔者以为这是汉献帝时，当地百姓却说，他们拜的是"老天爷"。昔日皇帝祭天之台，现在成为百姓的祈福之地，倒也物得其所。

汉魏许都故城遗址为第七批全国重点文物保护单位。

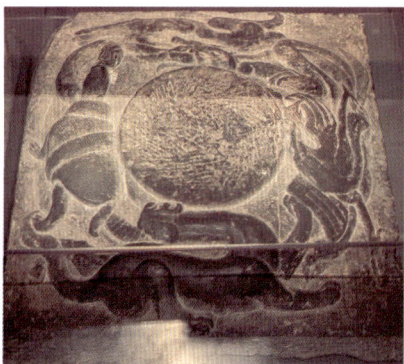

◎ 石辟邪（上图）

东汉，1988年许昌县（今许昌市建安区）榆林乡小张村征集，河南博物院藏，成长摄

石辟邪是古代贵族陵墓前放置的神兽，起到对墓主人护卫驱邪的作用。这件石辟邪长2米，高1.3米，是用整块石头雕刻而成的，体态矫健，雕刻精美，而且保存非常完整。

◎ 四神柱础（下图）

东汉，1984年许昌县张潘镇盆李村出土，河南博物院藏，成长摄

柱础青石质，长62厘米，宽63.5厘米，厚15.5厘米，中心有一直径28厘米的圆形平面，四周刻有青龙、朱雀、玄武、白虎四神的浮雕，工艺精湛，栩栩如生。这件四神柱础出土于汉魏许都故城，很可能就是汉献帝在许都所住宫殿的殿柱底座。

◎ 龙凤人物铺首衔环画像砖墓门（上图）

汉，汉魏许都故城出土，许昌博物馆藏，成长摄

◎ 阙楼画像砖（中图）

汉，许昌县尚集镇出土，许昌博物馆藏，成长摄

◎ 骑射画像砖（下图）

汉，汉魏许都故城出土，许昌博物馆藏，成长摄

◎ 董妃墓（上图）
位于许昌市魏都区八一东路贵妃苑内，袁光裕摄

　　董妃即汉献帝嫔妃董贵人，系车骑将军董承之女。董承谋除曹操事泄露，曹操将已有身孕的董贵人杀害。董妃墓为许昌市级文物保护单位。

◎ 伏皇后墓（下图）
位于许昌市建安区蒋李集镇冢刘村，成长摄

　　伏皇后名寿，琅琊东武（今山东诸城）人。董贵人死后，伏皇后忧惧，与父伏完密谋除曹。建安十九年，密谋泄露，曹操使尚书令华歆入宫收捕伏皇后，下暴室害死。伏皇后墓为河南省级文物保护单位。

◎ 愍帝陵（左图）
位于许昌市建安区张潘镇许昌惠民农机合作社院内，施鸥摄

　　汉献帝被废后，蜀中讹传其被曹丕所害，刘备为之发丧，谥号愍帝。汉献帝禅陵在今河南省修武县，许昌愍帝陵为其衣冠冢。愍帝陵为许昌市级文物保护单位。

◎ 徐晃墓（右图）
位于许昌市建安区张潘镇城角徐村，青史独行摄

　　徐晃，字公明，河东杨县（今山西洪洞）人，参与官渡、渭水、汉中、襄樊等诸多战役，屡立战功，被曹操评价为"有周亚夫之风"，官至右将军、封阳平侯。徐晃墓为建安区级文物保护单位。

◎ 贾诩墓（左图）

位于许昌市建安区尚集镇岗朱村东，施鸥摄

　　贾诩，字文和，武威姑臧（今甘肃武威市）人，初为董卓女婿牛辅部下校尉，向李傕、郭汜献策导致长安之乱，后投张绣，致使曹操淯水大败。建安四年，贾诩与张绣共投曹操，为曹操所重用，屡献奇策。世子之争中，贾诩支持曹丕。曹丕称帝后，拜贾诩为太尉，进爵魏寿乡侯，谥肃侯。贾诩墓为建安区级文物保护单位，墓曾遭破坏，出土双虎铺首衔环画像石墓门、墓楣、汉砖、瓦器、五铢钱等。

◎ 华佗墓（右图）

位于许昌市建安区苏桥镇石寨村西南石梁河畔，施鸥摄

　　华佗，字元化，一名旉，沛国谯县（今安徽亳州）人，汉末医学家，精通内科、外科、儿科、妇产科和针灸科，被后世称为"外科鼻祖"。相传他发明了麻醉药"麻沸散"，以及强身健体的"五禽戏"。建安年间，华佗为曹操所杀。华佗墓为河南省级文物保护单位。

◎ 王允墓（左图）
位于许昌市魏都区丁庄街道南堰口社区清潩河西岸，施鸥摄

　　王允，字子师，太原祁县（今山西祁县）人，汉献帝时任太仆、尚书令、司徒。初平三年，王允与吕布在长安诛杀董卓，但不久董卓旧部李傕、郭汜等攻入长安，王允被杀。据《后汉书》载，汉献帝迁都许县后，"思允忠节，使改殡葬之。"此墓即传为王允改葬之墓。王允墓为魏都区级文物保护单位。

◎ 马腾墓（右图）
位于许昌市建安区苏桥镇中许村，施鸥摄

　　马腾，字寿成，扶风茂陵（今陕西兴平）人。汉末，马腾联合韩遂等在三辅作乱，割据一方。曹操得关中，表其为前将军、槐里侯。建安十三年，马腾接受曹操册封为卫尉，徙全家往邺城居住。后其子马超在关西反曹，曹操将马腾并其三族诛灭。马腾墓为建安区级文物保护单位。

重返：三国现场

铜雀春深：
邺城

千百年的历史风云变幻，让城市的命运兴衰无常，许多历史上的名都大邑，如今都褪去了光芒，寂然无声。

这座城市曾为六朝古都，如今却湮没在冀豫两省交界处的田野之间，甚至连它的名字对于如今的人们来说都已显得陌生。如果不是考古工作者的发掘和维护，站在这片平整的华北平原之上，你很难想象这里昔日的雄伟和辉煌。

它就是邺城。

中轴之城

在太行山东麓有一处平原地带，这里北望燕赵，南通中原，处于南北大通道之中。相传上古五帝之一的颛顼的孙女女修之子大业被封在这里，此地遂得名为"邺"。春秋时，齐桓公九合诸侯，"筑五鹿、中牟、邺、盖、牡丘以卫诸夏之地"，邺城始兴。战国初年，魏文侯以西门豹治邺，西门豹到任破除了"河伯娶妇"的迷信，开凿十二条水渠，引漳河之水浇灌良田，一县大治，魏国遂雄踞列国之中。

两汉，邺县为魏郡治所。东汉末年，冀州州治由高邑（今河北柏乡北）迁至邺县。邺城从此迅速壮大起来，成为黄河以北的政治中心。

光和七年（184年）轰动天下的黄巾起义爆发，张角最初的计划就是将荆州、扬州而来的数万人聚集在邺城，在此举事，只因事机泄露才改变计划。初平二年（191年），渤海太守袁绍逼走冀州牧韩馥，豪夺冀州，在邺城建立了自己的统治中心，天下名士纷纷归附。袁绍一时间鹰扬河朔、傲视群雄。

然而，官渡一战，袁绍一统天下的大梦被曹操击了个粉碎。不久袁绍病逝，曹操趁袁氏二子不和，向袁家经营多年的冀州发起进攻。建安九年（204年）二月，曹操引大军将邺城团团围住，猛烈攻打，但邺城在审配的防守下坚固如磐。这场惨烈的围城战一直打了六个月，曹操先后动用了筑土山、挖长堑、引漳水灌城等各种手段，城中饿死者过半。最终，审配侄审荣开城投降，曹操终于攻克了这座河北重镇。

曹操自起兵以来，其政治中心经过多次变迁。起初，曹操被袁绍举为东郡太守，驻东武阳（今山东莘县南）。领兖州牧后，曹操又治鄄城（今山东鄄城北）。建安元年（196年），曹操迎汉献帝都许县，将主营西迁豫州颍川。攻克邺城后，曹操承袭了袁绍的政治遗产，将邺城打造成自己一统河北、兼取天下的"大本营"。

曹操首先向汉献帝交还兖州牧，领冀州牧，取得了名正言顺经营冀州的身份，随后亲自部署、规划和营造邺城。七十多年后，西晋才子左思在其《魏都赋》中这样描述曹操兴建邺城的场景：

> 爰初自臻，言占其良。谋龟谋筮，亦既允臧。修其郭郛，缮其城隍。经始之制，牢笼百田。画雍豫之居，写八都之宇。鉴茅茨于陶唐，察卑宫于夏禹。古公草创，而高门有闶；宣王中兴，而筑室百堵。兼圣哲之轨，并文质之状。商丰约而折中，准当年而为量。思重爻，摹大壮。览荀卿，采萧相。傃拱木于林衡，授全模于梓匠。

曹操所建邺城，即考古工作者在河北临漳县邺城镇发掘之邺北城遗址。如今，古城遗址几乎全部埋于地下，经过勘探挖掘，可知邺北城大致呈长方形，东西长2400—2620米，南北长1700米，城墙系夯土筑成，宽15—18米，这些与《水经注·浊漳水》所记载的"东西七里，南北五里，饰表以砖，百步一楼"基本吻合。

邺北城兴建时并非国都，因此规模上比汉魏洛阳城要小，但它的建成却带来了我国城市规划建设三大革命性的变革：

一是单一宫制。此前的秦咸阳城、西汉长安城、东汉洛阳城均为多宫制，宫城区域占到了整个都城的三分之二以上，这样，不仅宫内人员在诸宫之间往来极为不便，而且宫城将大量的平民排挤到城外居住，不利于城市进一步繁荣。而邺城采用单一宫制，宫殿区集中在北部的中央，位于金明门、建春门之间东西大道的北边。

二是功能分区。随着单一宫制的实行，城市分区更为合理。城北部突出政治功能，中央是宫殿区和办公衙署，西侧为皇家园林铜爵园及兼具卫戍与休闲功能的邺城三台，东侧为贵族居住的戚里。城南部突出经济和日常生活功能，平民根据里坊划分居住，有永平里、思忠里、吉阳里等。

三是中轴对称。考古发现，早在商代，我国城市规划就开始有了中轴对称的意识。两汉长安城、洛阳城的宫殿布局有轴线可循，但整座城市的规划依旧比较零散，轴线对城市格局影响较弱。而从曹魏邺北城的考古复原中可以看出，宫城的正殿文昌殿以及其正南方向的两道门端门、止车门处于一条南北轴线上，而这条轴线继续向南延伸，又与外城正南门中阳门相连，由此呈现出一条贯穿整座城市、恰好位于中央的南北轴线。邺北城是目前考古发现的最早的整座城市规划出现中轴线的实例，它对后来曹魏、北魏洛阳城，隋唐长安城，明清北

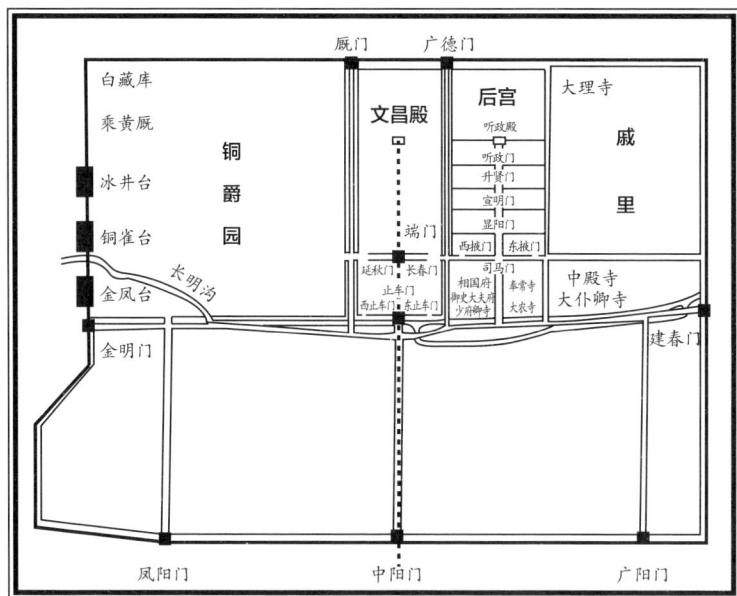

◎ 曹魏邺城平面图，张珍绘

京城乃至日本平城京（奈良）、平安京（京都）的规划建设都有着深远的影响，邺城因此也被誉为"中国古代都城建设之典范"。

魏武之基

邺城不仅是曹魏的政治中心，也是军事基地。曹操在邺城部署了自己的中军，他以邺城为基点，西征高干于壶关，东破袁谭于南皮，北讨乌桓于柳城，完成了对河北的统一。随后他又在邺城开凿玄武池，训练水军，为一统天下做准备。曹操还开挖了长明沟，将城北的漳河引入邺城，穿城而过，向东注入洹水，又重修白沟河，沟通了自漳水通向黄河的漕运水道。这样，邺城虽然位置偏北，却能够通过水运与中原相连，交通大为便捷。因而史书记载中常有"公还邺"的记录，即曹操每一次征讨结束，都要率领中军回到邺城进行休整和待命。

在曹操的经营之下，邺城的规模也越来越大。曹操占领冀州后，开始有规模地向邺城及其周边的魏郡辖地迁徙居民，以充实人口。这其中除了普通百姓，还有世代为兵的"士家"。当士兵在前线冲锋陷阵时，他们的家属都被安置在邺城居住，实际上充当着人质的角色。如果士兵有叛逃的行为，留在后方的家属则将遭受连坐之刑。至魏黄初时，邺城士家已有万家。在邺城为质的还有许多将领、豪族的家眷。豪族出身的大将李典曾将宗族部曲三千余家"自请愿徙诣魏郡"。出身草寇的大将臧霸也"因求遣子弟及诸将父兄家属诣邺"。马腾受封为卫尉后，也徙其全家到邺城居住，仅将马超留在关西。后来马超反曹，马腾一家被曹操处死于邺城。

可见，建安九年（204年）以后，曹魏的统治中心已经由许都北移至邺城，史学家称其为"霸府"。这种权臣与皇帝不同城，形式权力中心与实际权力中心相分离的特殊形态，让皇权进一步架空，为后来的汉魏禅代扫清了障碍。

建安十七年（212年），曹操将河内郡的荡阴、朝歌、林虑，东郡的卫国、顿丘、东武阳、发干，钜鹿郡的瘿陶、曲周、南和，广平郡的任城，赵国的襄国、邯郸、易阳共计十四个县划拨给魏郡，让魏郡的版图扩大了一倍。次年，曹操又通过复立九州的方式，将幽州、并州和司州的河东、河内郡都并入冀州。为魏郡和冀州"增肥"后，曹操迫使汉献帝册封自己为魏公，以冀州十郡为魏公国的封地。三年后，曹操又晋升为魏王。曹操在邺城立宗庙，置尚书、侍中、六卿等官职及行政机构。可以说，曹操在邺城已经做好了汉魏禅代的所有准备工作。

到黄初元年（220年）十月曹丕代汉称帝，邺城作为曹魏政权中心已经整整十六年。曹丕定都洛阳，对魏郡进行削弱，割魏郡东部为阳平郡，西部为广平郡。但邺城仍为曹魏五都之一，是河北的政治中心。略具讽刺意味的是，司马氏当政后，将曹魏宗室全部迁往邺城软禁，以防其作乱。魏末帝曹奂被废后，也被迫迁往邺城居住，在此度过余生。邺城孕育了曹魏的兴盛，也见证了曹魏的倾颓。

到了西晋末年，五胡南下，北方再度硝烟四起，邺城的战略位置又一次体现了出来。从十六国到南北朝，先后有后赵、冉魏、前燕、东魏、北齐五个王朝在邺城建都。东魏天平二年（535年），高欢在曹魏邺城基础上增筑南城，邺南城东西宽2800米，南北长约3460米，比邺北城大数倍，成为由宫城、内城、外郭城构成的三重结构都城。北齐时，邺城的辉煌达到了顶峰，在邺城遗址出土了大量北齐时佛教造像，发掘了佛寺塔基遗址，证明在北朝时期邺城的佛教十分兴盛，文化极度繁荣。

随着北齐为北周所灭，邺城的辉煌终于落幕。北周大象二年（580年），隋公杨坚为了防止河北反杨势力死灰复燃，下令将邺城焚毁，迁其民于安阳。这座辉煌的都城被埋于黄土之下，成为永恒的历史。

邺城三台

从1983年开始，中国社会科学院考古研究所与河北省文物考古研究所组成邺城考古工作队，对邺城遗址进行全面勘察、发掘和研究，取得了一系列重大成果。邺城遗址被列入第三批全国重点文物保护单位。尽管这座曾经雄伟的城市已烟消云散，但它当年的"制高点"却残存着部分遗迹，这就是著名的邺城三台。

邺城三台，即铜雀台、金凤台、冰井台三座高台，位于邺城的西北角。据文献记载，三台先后建于建安十五年（210年）、十八年（213年）、十九年（214年），南北而立，中间以浮桥相连。三台均高大巍峨，铜雀台高达十丈，金凤台、冰井台也有八丈之高。铜雀台上有屋101间，金凤台上有屋109间，冰井台上有屋140间，并设有冰室，室内有数口深达十五丈的深井，用来保存冰块、墨炭，以供居住在这里的曹氏贵戚们享用。对于三台的功能，学者们推测，一是为了供居住在这里的曹丕、曹植等曹氏贵族游览享乐，二是作为保卫邺城的军事堡垒与瞭望塔，三是为邺城进行战略物资储备，这里可能储藏了大量的粮食和军备，以备不时之需。

邺城三台的建成引发了当时和后世许多文学家的歌咏。曹操之子曹植有文采，但曹操一直怀疑他的诗作有人代笔。铜雀台落成当日，曹操大宴群臣，令诸子登台，现场作赋。曹植援笔立成，让曹操大为惊喜，这就是著名的《登台赋》：

> 从明后而嬉游兮，登层台以娱情。见太府之广开兮，观圣德之所营。建高门之嵯峨兮，浮双阙乎太清。立中天之华观兮，连飞阁乎西城。临漳水之长流兮，望园果之滋荣。仰春风之和穆兮，听百鸟之悲鸣。天云垣其既立兮，家愿得而获逞。扬仁化于宇内兮，尽肃恭于上京。惟桓文之为盛兮，岂足方乎圣明！休矣美矣！惠泽远扬。翼佐我皇家兮，宁彼四方。同天地之规量兮，齐日月之晖光。永贵尊而无极兮，等年寿于东王。

左思《魏都赋》里这样赞颂邺城三台之伟：

> 飞陛方辇而径西，三台列峙以峥嵘。亢阳台于阴基，拟华山之削成。上累栋而重溜，下冰室而沍冥。

随着后世对曹操形象的贬损，铜雀台又成为曹操掠夺美女供自己享乐之地。唐人杜牧在《赤壁》一诗中称："东风不与周郎便，铜雀春深锁二乔。"可见在唐朝，曹操欲夺大乔、小乔藏于铜雀台的说法就已广泛流传。

虽然"铜雀春深锁二乔"于史无据，但铜雀台却留下了中国文学的一段浪漫时光。曹丕、曹植兄弟作为当时的文坛领袖，经常在此组织友人宴饮、赋诗、游艺、清谈，一时间海内才子齐聚邺下，如陈琳、王粲、徐干、阮瑀、应玚、刘桢、蔡琰、吴质、邯郸淳、繁钦、路粹、丁仪、丁廙、杨修、荀纬等，因为当时年号是建安，文学史上称这一现象为"建安文学"，或"邺下文学"。在他们的诗作中，经常出现他们聚会的场所——铜爵园（又称西园）。如曹丕《芙蓉池作》："乘辇夜行游，逍遥步西园。"曹植《公宴》："清夜游西园，飞盖相追随。"

如今的三台遗址位于临漳县三台村之西，邺镇村之北。三台之中，位于最南的冰井台由于漳河改道，已经彻底为河水吞噬，居中的铜雀台破坏严重，仅存4—6米的夯土台基。保存比较完好的是最北的金凤台，台基南北120米，东西71米，高12米，台基西侧立面夯土陡峻，能够观察到约12厘米厚的夯层。

在金凤台下还存有83米长的洞道，可供游人于其中穿行。据传，此为曹操时期转军洞的残存，原通道长约6公里，可以从邺城之内秘密将军队转至城外讲武城。无独有偶，据考古发掘，邺城的确曾设计有一座潜伏城门，位于南墙垣凤阳门东侧400米处，通道宽3米，高约3.7米，从城内一直通向城外，现存有地面路土、砖砌墙壁、券顶、门槛石、门槛砖和排水暗沟等遗迹，建筑年代推测为三国曹魏时期。这种潜伏城门在中国古代都城中尚属孤例。

◎ 金凤台遗址，成长摄

◎ 邺城曹操像，成长摄

重返：三国现场

◎ 青石螭首（上图）

汉魏，1986年临漳邺城铜雀台遗址南侧出土，中国社会科学院藏，成长摄

　　螭首是古代高台建筑使用的构件，一般用于台基顶部、围栏下部，属于石质围栏的重要部件。这件青石螭首全长191厘米，前半部雕刻成龙头形状，圆目双睁，大口龇咧，造型夸张，线条富有动感。

◎ 文字刻石残块（下图）

汉魏，1984年临漳邺城金凤台遗址东侧出土，中国社会科学院藏，成长摄

　　可辨认的文字为："台东面北头第四……南北长六丈三尺……大者如四五斗……"书体为汉隶，推测为曹操时期筑城遗存。

◎ 讲武城遗址，成长摄

　　讲武城遗址位于磁县讲武城镇讲武城村，处于邺城三台的正西方，距离仅五公里。《汉书·地理志》《水经注》载邺城有武城。曹操占据邺城后，曾在此练兵习武。唐代之后，古城废弃。宋代以后，即有讲武城之说。

　　考古发掘显示，讲武城遗址文化堆积较厚，上为东汉文化层，下为战国文化层，出土有板瓦、筒瓦等建筑构件和豆、罐、盆等生活用品，从遗物上看，此城是战国至汉代古城。因南部被漳河冲毁，讲武城遗址仅存东墙和西墙的部分残段，东墙残存200米，西墙尚存920米，墙址残高2至9米，上宽6.5米，墙基宽为17至26米。讲武城遗址为第六批全国重点文物保护单位。

　　　　　　　　　　　　　　　　　　　　重返：三国现场

◎ 曹奂墓，成长摄

　　曹奂是曹操之孙，燕王曹宇之子，原名璜，封常道乡公。甘露五年（260年），司马昭弑曹髦，立曹奂为傀儡皇帝。曹奂在位仅六年，即为司马炎所废，降为陈留王，居于邺城，卒于晋太安元年（302年），时年五十八岁，谥元皇帝。

　　在临漳县习文乡赵彭城村西南的田埂上，有一座高大的封土堆，北距邺城三台遗址约5里。当地据明清县志记载，将此处认作曹奂之墓。河北省一度还将曹奂墓列为文物保护单位。但2002年邺城考古队经过勘探发掘证实，这座封土堆并非曹奂墓，而是东魏北齐时期的大型佛寺遗址。

　　笔者探访时看到，原封土堆前曹奂墓"省保"碑已被撤除，另立了邺城遗址"国保"碑，这是考古研究者对传说遗迹进行纠错的一个生动案例。

◎ 甄妃墓，成长摄

　　甄妃，即魏文帝文昭甄皇后，中山无极（今河北无极）人，汉太保甄邯之后。甄氏初嫁袁绍子袁熙。曹操克邺城后，甄氏为曹丕纳为妻，生魏明帝曹叡及东乡公主。曹丕称帝后，宠郭氏，对甄氏感情冷淡。黄初二年（221年）六月，甄氏为曹丕赐死，葬于邺。明帝即位后，思念生母，追谥文昭皇后，立庙以祀。甄氏貌美善良，有才情，但命运坎坷，引得后世许多人同情。

　　甄妃墓位于安阳市北关区柏庄乡西灵芝村，与邺城相距不远。据史载，甄氏初葬于邺，太和四年（230年）十一月，魏明帝派甄氏之侄、虎贲中郎将兼太尉甄像，持节赴邺城，将甄氏以皇后之礼改葬朝阳陵。因此，今灵芝村的甄妃墓究竟是迁葬之前的旧墓，还是迁葬之后的朝阳陵，尚无法判断。笔者探访时看到，因为年久失修，再加上不断遭到人为破坏，甄妃墓仅存2米高、周长20余米的封土一座，杂树丛生，一片萧索，与甄氏的命运一样凄凉。

　　甄妃墓为河南省文物保护单位。

4

襄阳 天下腰膂：

襄阳是三国时代的地理中心。而随着天下三分，襄阳又恰好位于魏、蜀、吴三国的夹心地带。因而，没有任何一座城市可以像襄阳一样，成为三国纷争之间解不开的"结节"，也没有任何城市可以像襄阳一样，在未来一千多年循环往复的南北分裂时期，始终作为"天下腰膂"，牵一发而动全身。

铁打的襄阳

襄阳在东汉隶属南郡，位于汉水中游。从襄阳逆汉水而上，可以抵达汉中而入巴蜀，从襄阳顺汉水而下，可入长江而至江东。而从与襄阳一水之隔的樊城北上，则可由陆路通往京畿之地洛阳。如此绝佳的区位优势，让襄阳在两汉迅速成为南来北往、水陆交通的枢纽之地。

东汉初平元年（190年），荆州刺史王叡为孙坚所杀，董卓控制的朝廷委派宗室刘表赴荆州任职。当时荆州山头林立、盗贼横行，刘表无法前往荆州治所江陵，便"单马入宜城"，获得了荆州本土大族蒯氏、蔡氏等支持，很快就在荆州站稳脚跟。刘表将荆州治所迁到了大族云集、商业繁荣的襄阳，襄阳从此成为荆州乃至整个江汉地区的政治中心。

刘表坐镇荆州长达十九年，在北方战火频仍、民不聊生的时候，荆州却是一派安定祥和的景象。刘表"开土遂广，南接五岭，北据汉川，地方数千里，带甲十余万"，他还在襄阳兴办教育，弘扬儒学，让襄阳文化氛围日渐浓厚。这一时期，大批北方士人为躲避战乱南迁，来到襄阳居住，其中包括诸葛亮、王粲、徐庶、司马徽、梁鹄、杜夔等，襄阳俨然成为名士们在乱世中的避风港。

只可惜，刘表晚年安于自保，在政治上缺乏进取之心，坐观曹袁相争，错失北上的大好时机。建安十三年（208年），曹操亲率大军南下征讨荆州，刘表发病而死，其子刘琮在众臣劝说下拱手将荆州献给曹操，襄阳从此落入曹操之手。赤壁之战后，刘备、孙权趁胜瓜分荆州城邑，曹仁被迫退守襄阳。这样，襄阳就成为曹魏的南大门，若襄阳再失守，中原便门户洞开。

建安二十四年（219年），关羽从江陵提兵北上，试图突破襄阳防线，与汉中的刘备形成呼应，襄樊之战爆发。之所以称为襄樊之战，是因为襄阳、樊城是夹汉水而立的两座城池，互为犄角之势。关羽北上，借助天降暴雨、汉水上涨的良机大败于禁，斩庞德，围吕常于襄阳，围曹仁于樊城，连日强攻。但曹仁、满宠等将以必死之心为将士鼓舞，再加上两城城墙坚固、易守难攻，关羽久攻不克，士气大衰。

不久，曹军援兵抵达，关羽又被吕蒙袭取了后方，只能败退。

　　关羽败亡后，襄阳对面的敌人又变成了吴国人。魏吴对峙时期，吴将朱然、诸葛瑾等多次北上欲袭取襄阳，都铩羽而归，双方的边界线始终没有太大的变化。晋吴对峙时期，晋征南大将军羊祜督荆州，驻襄阳，他在这里发展生产、减免赋税，实施仁政，在百姓中有很高声望。他一方面与吴将陆抗友好往来，留下"羊陆之交"的美谈，一方面积极备战，多次向晋武帝上书伐吴。羊祜死后不久，他的继任者杜预就实现了灭吴一统的千秋之业。襄阳百姓为纪念羊祜，在郊外的岘山为其建庙立碑，称为羊公碑。因为祭拜者莫不堕泪，又称为堕泪碑。

　　堕泪碑为襄阳的三国时代画上了句号，但作为控扼南北的战略要

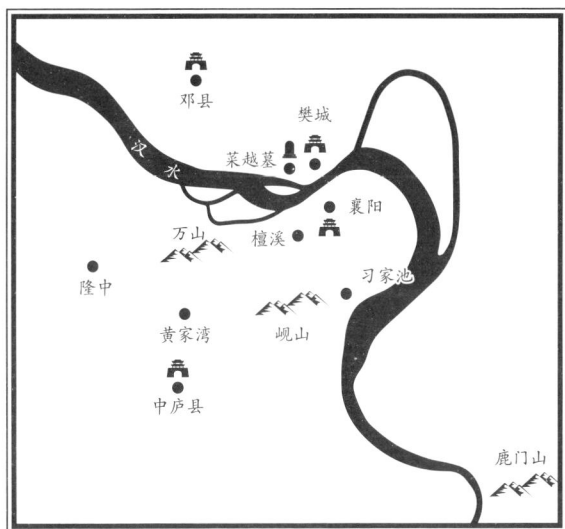

◎ 襄阳周边形势图，张珍绘

地，襄阳的故事才刚刚开始。无论是金庸小说里"郭靖守襄阳"的江湖传奇，还是历史上在这里发生的无数次惨烈的攻防战，"铁打的襄阳"的确不虚此名。

襄阳古城与刘表墓

襄阳城始建于汉，宋元之战遭毁。今存襄阳城墙为明初重建，原有六门，现仅存临汉门、拱宸门和震华门三座城门。二十世纪九十年代，当地复建了仲宣楼。仲宣楼是为了纪念"建安七子"之一王粲（字仲宣）所建，他曾在襄阳依附刘表，居荆州十余年，作《七哀诗》《登楼赋》等诗赋。襄阳城墙被列入第五批全国重点文物保护单位。

襄阳古城垣几乎完全叠压在如今襄阳市区之下，这为考古发掘带来很大难度。目前襄阳城区已发现早到西周晚期的文化遗存，但西汉晚期到西晋时期的地层堆积和遗迹尚难以确定，只能判断汉末刘表所筑襄阳城在今襄阳古城偏西的位置。

1994年，襄樊市博物馆（今襄阳市博物馆）在襄阳古城内东街发掘了一座汉末至三国初年的大型砖室墓，该墓虽多次被盗掘，但规模仍存，整个墓室全长17.8米，由甬道、东西耳室、前室、中室、后室等部分组成，甬道及耳室与甬道间的过道和后室均采用双层券顶，耳室采用穹隆顶，前、中室采用四隅券进式穹隆顶。墓内残存四具人骨架。随葬器物所剩无几，仅在前室、中室和甬道发现陶瓮、罐、盆、樽和瓷罐残片以及铜部件、贴有金箔的铜器残片、铁刀、铅镰、残玉片，还有较多的五铢铜钱等。

◎ 襄阳古城，黎云帆摄

据叶植等学者推断，从该墓的年代与规格来看，很可能是刘表墓。史载，刘表墓本在襄阳城东门外。晋太康年间，刘表墓就已被盗掘，此后襄阳城曾多次向东扩大，从而导致原本在城外的刘表墓出现在了城内。该墓现已回填，无法参观。

青铜马

菜越墓是襄阳一带发现的大型砖室墓，前室和后室均采用了四隅券进式穹隆顶，与刘表墓相似，可判断为东汉晚期至三国时期。墓中出土文物丰富，随葬器物共206件（套），包括浮屠祠陶楼、羊脂玉猪、青白玉瑗、金手镯、金饼等。墓中后室出土两具木棺，推测为夫妻合葬墓，棺内随葬有铁刀、剑、铜弩机等，可判断男主人为高级武官。

　　青铜马长、高均为163厘米，重360千克，几乎与真实的马1:1大小。青铜马呈昂首站立状，圆睁双目，张口露齿，颈部与臀部线条自然弯曲，十分优美，将这匹青铜马勾勒得体态丰腴、身姿健硕。该马是国内迄今为止出土时代最早、体型最大的青铜马。据专家研究，这匹青铜马采用了先分体铸造、后合范包铸的技术，代表了当时高超的技术水平。

　　关于青铜马的主人，即樊城菜越墓的墓主人，学者叶植推测可能是汉末骠骑将军张济。张济出身凉州，是董卓旧部，参与李傕、郭汜讨伐王允的战争。因关中饥馑，张济率军南下荆州掠夺，在攻打穰城时中流矢而死。张济死后，其旧部为侄子张绣接管。学者从青铜马的

◎ 青铜马

东汉，2008年襄阳市樊城区菜越墓出土，襄阳市博物馆藏并供图

◎ 绿釉陶楼

东汉，2008年襄阳市樊城区菜越墓出土，襄阳市博物馆藏并供图

　　通高104厘米、进深31厘米、宽33厘米，重20.07千克。陶楼由门楼、院墙和二层楼阁组成，通体绿釉，造型雄伟，制作工艺精巧。值得注意的是，陶楼正脊、垂脊上都有叶形鸱尾，顶部正中立有宝刹，门扇上堆塑有羽人，这些都显示了很强的佛教元素。《三国志》《后汉书》记载汉末笮融在徐州营造浮屠祠（佛教寺庙）"垂铜槃九重，下为重楼阁道""上累金盘，下为重楼"，这些描述与这件陶楼的造型惊人契合。

体态推测，它可能来自凉州，是墓主人生前所用战马的化身，而墓中出土的铜盘上发现有"张氏作""董府敬"等字样，这些都与张济的身份和履历契合。

◎ "严是作" 铜锁（上图）

东汉，2008年襄阳市樊城区菜越墓出土，襄阳市博物馆藏并供图

　　长13.2厘米、宽6.6厘米、厚3.1厘米。锁为一对，形似门扇，正面铸有隶书铭文"严是作"。这对锁出土于墓主人夫妻两棺之间，专家推测其可能并非实用器具，而是具有"同心相连"的象征意义。

◎ 透雕花纹 "四神" 铜熏炉（下图）

东汉，2008年襄阳市樊城区菜越墓出土，襄阳市博物馆藏并供图

　　通高11.8厘米，口径7.4厘米，重187克。这件熏炉手柄为龙形，盖顶捉手为凤鸟形，盖面又通过镂空透雕了白虎和玄武的图案，巧妙地将"四神"的形象汇于一器之上。

◎ 瑞兽铜灯座（上图）

东汉，2008年襄阳市樊城区菜越墓出土，襄阳市博物馆藏并供图

通高9.5厘米、长8.6厘米、宽8厘米，重253克。瑞兽呈站立回首状，四足伸展，形态生动，中脊立圆管，内插灯柱，兼具观赏性与实用性。

◎ "长宜子孙"鎏金铁镜（下图）

东汉，2008年襄阳市樊城区菜越墓出土，襄阳市博物馆藏并供图

直径16.5厘米，重317克。四叶纹钮座，四叶间各有一字铭，合为"长宜子孙"。两汉时期，镜子主要为铜铸。到了汉末三国，由于战乱频仍，铸铜业遭到破坏，而铁资源更为丰富，冶铁技术更加普及，铁镜作为铜镜的替代品便多了起来。

水镜庄

位于湖北省襄阳市南漳县城南蛮河南岸，相传为东汉末年名士司马徽隐居之处。

司马徽，字德操，颍川阳翟人，号"水镜"，他寄寓荆州，隐居乡野，与庞德公为友。司马徽清雅有知人之鉴，曾称庞统为"南州士之冠冕"。刘备向司马徽询问天下大势，司马徽推辞说"识时务者在乎俊杰，此间自有伏龙、凤雏"，向刘备举荐了诸葛亮和庞统。

水镜庄始建于清代，为乾隆七年（1742年）南漳知县徐彦所建，立"汉水镜栖隐处"石碑。如今水镜庄景区内有白马洞、荐贤堂、水镜祠、司马草庐等景点，是湖北省文物保护单位。

黄家湾

位于湖北省襄阳市襄城区黄家湾路258号，相传为诸葛亮岳丈黄承彦故里。

黄承彦为沔阳名士，娶襄阳大族蔡讽长女，与荆州牧刘表是连襟。黄承彦曾对诸葛亮说："闻君择妇，身有丑女，黄头黑色，而才堪相配。"诸葛亮当即允诺，于是将黄承彦的"丑女"娶回家中。乡里之人作民谚调侃："莫作孔明择妇，正得阿承丑女。"正史对黄氏记载甚少，但民间却流传着诸葛亮与黄氏的故事，有的说她虽其貌不扬，但才思敏捷，是诸葛亮的贤内助，还有说黄氏擅长机械发明。

黄家湾景区有阿丑湖、三星殿、月老祠、听涛阁、黄公祠等景点。

◎ 水镜庄，黎云帆摄

◎ 黄家湾，黎云帆摄

徐公祠

位于今湖北省襄阳市南漳县小东门外，传为三国名士徐庶居住之地。

徐庶，原名福，字元直，颍川人，少年时好击剑任侠。中原兵乱，徐庶与石韬南迁，寄寓荆州，与司马徽、诸葛亮等友善，常共论天下大事。刘备屯新野后，徐庶前往投靠，推荐诸葛亮，促成了"三顾茅庐"的佳话。当阳之战，徐庶之母为曹军所获，徐庶至孝，不得不辞别刘备北投曹操，后在魏国担任右中郎将、御史中丞。

徐庶祠始建于清嘉庆元年（1769年），当时清军健锐营翼长富廉追击白莲教义军至此获胜，以为有神灵相助，闻听此处曾是徐庶居所，便在此地为其修庙。因《三国演义》中将"单家子"讹误为徐庶易姓为"单"，当地便名单家庄，此庙最初也叫作单公祠。嘉庆十七年（1812年），又在此处立"汉徐庶故里"碑，清同治四年（1865年）重修，改为徐公祠。如今的徐公祠主体建筑为二十世纪八十年代复建，为湖北省文物保护单位。

习家池

位于今湖北省襄阳市襄城区凤凰山（又名白马山）南麓，前身为东汉襄阳侯习郁所建私家园林。习郁因功被汉光武帝封为襄阳侯，他效法范蠡养鱼之法，在白马山下引泉水建池养鱼，后人遂称之为习家池。

◎ 徐公祠，黎云帆摄

◎ 习家池，杨锦摄

襄阳习氏为汉晋时豪族。三国时，习祯之妹嫁庞统之弟庞林，习祯随庞统入蜀，官至广汉太守，其孙习隆官至步兵校尉。关羽失荆州后，习珍、习宏兄弟据守零陵，抵抗东吴。习珍子习温历吴、晋两朝，官至选曹尚书、广州刺史。东晋时，习凿齿撰有《汉晋春秋》五十四卷，以蜀汉为正统叙述，增补了大量蜀汉史料。

习家池曾毁于兵灾，南宋嘉定年间又重建。明正德、嘉靖年间，当地官员又建习凿齿、杜甫两公祠，后又多次重建修葺。明代造园家计成在其著作《园冶》中论述园林的择地构筑时写道："谅地势之崎岖，得基局之大小，围知版筑，构拟习池。""构拟习池"就是指构筑郊野园林，要效法习家池。如今的习家池为1992年后重修，景区内恢复有六角亭、荷花池、溅珠池、半规池等景点，为湖北省重点文物保护单位。

天府之土：
成都

　　"天府"原本是用来形容关中的。西汉初建，张良劝刘邦定都长安："关中左崤函，右陇蜀，沃野千里……此所谓金城千里，天府之国也。"而到了东汉末年，诸葛亮在著名的"隆中对"中将"天府"的名号安在了位于大西南的益州，其语言与张良几乎如出一辙："益州险塞，沃野千里，天府之土，高祖因之以成帝业。"

　　实际上，当年刘邦虽然领有巴蜀，但并未南下巴蜀腹地成都，而是以汉中为跳板实现了对关中的反攻。倘若当年刘邦真的入驻成都，以蜀中之安逸与闭塞，他或许不会有与项羽争夺天下的雄心，未来的历史将会被重新书写。

　　谁又能想到，刘邦之后四百年，天下形势风云变幻，原本富饶的关中一片残破，反倒是重山叠嶂之间的成都平原宛若一片净土，让以高祖苗裔自居的刘备看到了兴复汉室的希望之光。

大城与少城

　　成都的建城史可上溯至公元前500年左右的古蜀国。扬雄《蜀王本纪》载："蜀王据有巴蜀之地，本治广都樊乡，徙居成都。"秦惠文王时，苴、蜀二国相互攻打，都来向秦国求援，秦王派张仪、司马错、都尉墨率军从金牛道灭蜀吞苴，蜀地尽归于秦。

　　秦并蜀后，行郡县制。秦惠文王二十七年（前311年），首任蜀郡郡守张若仿照咸阳城，在成都平原营造了成都、郫邑、临邛三个互为掎角的城市（一说张仪亦有参与兴建）。其中成都城"周回十二里，高七丈"。同时，秦国从秦地迁徙平民万家至蜀地，充实这里的人口。

　　秦成都城分为东西两个部分，东部为大城，为蜀郡治所，西部为少城，为成都县治所。两城均南北广，东西狭窄，为不规则的长方形。两城互为倚靠，即大城的西城垣就是少城的东城垣。这样独特的双城设计，可能源于大城需要突出政治军事需要，而郫江（今府河）、检江（今南河）从成都城西南流经，西南部商业与交通繁茂，故而少城的建设更为突出其商业功能。少城置有盐、铁、市等机构之长、丞，从秦地迁徙而来的百工也多在少城。秦昭襄王时，蜀守李冰在成都西北修建了著名的水利工程都江堰，引岷江之水灌溉成都平原，让蜀地成为秦国的大粮仓。秦并天下，蜀亦有大功。

　　两汉时期，蜀地经受战乱较少，社会相对稳定，农业、商业、手工业都十分繁荣，成都虽然与政治中心长安、洛阳相隔遥远，但也成为当时数一数二的大都会。2010年11月，成都市中心天府广场东御街在施工中发现两块汉代石碑，碑文上有"巍巍大汉""列备五都"等字样，佐证了《汉书·食货志》中长安之外有"五都"（洛阳、邯郸、临淄、宛、成都）的记载，体现了成都在汉代的经济地位。

当然，相对封闭的地理环境也让成都平原成为乱世时割据者的天堂。新莽年间，导江卒正（蜀郡太守）公孙述在成都称帝自立，自号"白帝"，但仅维持十二年就被刘秀大将吴汉所灭。东汉末年，汉室宗亲刘焉听信董扶"京师将乱，益州分野有天子气"的谶语，向朝廷求为益州牧，进而在乱世割据巴蜀。刘焉死后，其子刘璋继续统治益州，但他为人暗弱，非守土之人，以成都人张松为首的一批臣僚开始为益州寻觅新的统治者。他们选中了刘备，而刘备也早想吞并益州。建安

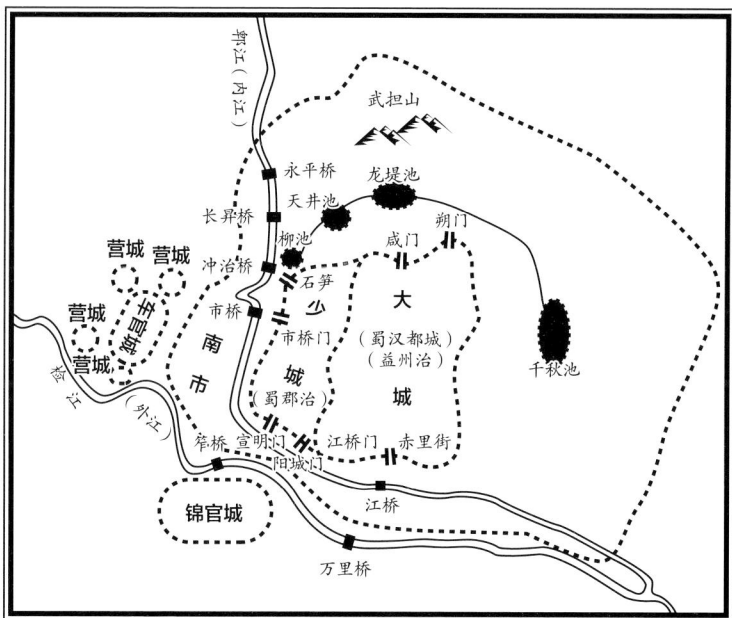

◎ 汉晋成都城平面图，张珍绘

十九年（214年），刘备攻克雒城，兵围成都数十日。当时城中尚有精兵三万人，谷帛可支撑一年，但刘璋不忍百姓受苦，决定开城出降，益州遂为刘备所得。

刘备先取荆州，后夺益州，贯彻的是诸葛亮在"隆中对"中为他规划的战略蓝图。坐拥益州的刘备，才有了与曹操、孙权鼎足而立的底气，成都则成为蜀汉政权的政治中心。

锦官城与车官城

章武元年（221年），刘备在成都武担山之南登基称帝，致使炎汉不绝于蜀。刘备在成都"置百官，立宗庙，袷祭高皇帝以下"，但刘备即位不久，即发兵东征，旋即病故于白帝城。后主刘禅即位后，政事全部委以丞相诸葛亮。诸葛亮内修政理，外结东吴，平定南中，蜀汉气象焕然一新。成都的安稳让他不再有后顾之忧，可以倾注全力开展北伐大业。

蜀汉的成都城基本因循秦汉大城、少城二城制。汉成都城门可考者，大城北面有咸门、朔门，南面有江桥门；少城有九门，南面三门，最东为阳城门，次西为宣明门。郫江、检江双流城南，两江上有七座桥，分别为：冲治桥、市桥、江桥、万里桥、夷里桥（笮桥）、长昇桥、永平桥。由于桥梁众多，当时成都一带设置里坊，多以桥命名。《华阳国志》载成都本地老人传言："李冰造七桥，上应七星。"商业区本在少城南部，两汉时期由于西南夷道路的开通，商业繁荣，故而商业区已经向城外发展，在西南二江之间发展成为南市，大致在今成都西较场、青羊宫一带。

两汉三国时的成都城，相比秦城有两个明显的变化。一是增添了锦官城，在笮桥南岸，即今成都西较场外锦江南岸一带。锦官是主管织锦的官署，据李膺《益州记》载，锦官为蜀汉时期所置。若此说属实，锦官城应为诸葛亮所建。诸葛亮治蜀时大力发展丝织业，鼓励人民种桑、养蚕、织锦。左思在《蜀都赋》里这样描述当时成都纺织业的盛况：

> 阛阓之里，伎巧之家。百室离房，机杼相和。贝锦斐成，濯色江波。黄润比筒，籝金所过。

纺织业成为蜀汉的支柱产业，蜀锦远销魏、吴，为蜀汉带来源源不断的收入。诸葛亮甚至感叹："今民贫国虚，决敌之资，唯仰锦耳。"蜀汉灭亡时，蜀库尚存锦绮彩绢各二十万匹。后来，锦官城更是成为成都的别名。杜甫有诗云："晓看红湿处，花重锦官城。"

二是增添了车官城。车官城位于锦官城之西，是一座专门营造运输工具的小城。成都作为益州的中心，商旅往来不绝，但蜀道艰险，对运输工具的要求很高，车官城的应运而生正说明了成都的交通枢纽地位。车官城应建于西汉，据《华阳国志》载，其城东西南北皆有军营垒城，可见此城亦有军事目的，很可能是诸葛亮北伐期间制造运输车辆的场所。

不过在诸葛亮的心目中，成都只是蜀汉暂时的都城。他在《出师表》中直言，北伐曹魏的目的是"兴复汉室，还于旧都"，《后出师表》也说"汉、贼不两立，王业不偏安"。诸葛亮的理想是北伐成功后，将国都迁回天下之中的洛阳，因此在他执政期间，成都城并没有进行大兴土木的建设，其规模也与曹魏洛阳城不能相比。

但是，左思在《蜀都赋》中，用华丽的辞藻赞颂了蜀汉成都宫室的辉煌：

> 营新宫于爽垲，拟承明而起庐。结阳城之延阁，飞观榭乎云中。开高轩以临山，列绮窗而瞰江。内则议殿爵堂，武义虎威。宣化之闼，崇礼之闱。华阙双邈，重门洞开。金铺交映，玉题相晖。外则轨躅八达，里闬对出。比屋连甍，千庑万室。亦有甲第，当衢向术。坛宇显敞，高门纳驷。庭扣钟磬，堂抚琴瑟。

从赋中可知，左思所见的成都宫室均为蜀汉新建，比拟洛阳的"承明庐"亦不逊色。这里面固然有文学夸张的成分，但可以推测，这样的大兴土木应当发生在诸葛亮死后，是后主刘禅所为，这对于原本国力薄弱的蜀汉无疑是雪上加霜，加速了蜀汉的衰败。

蜀汉炎兴元年（263年），魏将邓艾兵临城下，蜀汉君臣束手无策，成都城再一次不战而降。但这一次，在战乱年代安逸许久的成都却没有能够逃过"血光之灾"，钟会、姜维欲联手起兵，然机事不密，为监军卫瓘所诛，邓艾亦为仇家所杀。乱兵趁机劫掠城中军民，成都终未能幸免一劫。

自刘备平蜀到刘禅出降，成都作为蜀汉政权的政治中心整整五十年，蜀汉王朝的政治实践，以及成都平原独特的地缘优势，给了后来

◎ "勿相忘寿万年"铺地砖（上图）
汉，2012年成都天府广场东侧工地出土

◎ "宜宫堂宜弟兄"铺地砖（中图）
汉，2012年成都天府广场东侧工地出土

◎ 延熙十六年文字砖（下图）
蜀汉，成都武侯祠博物馆藏

历朝历代割据者以极大的启迪。蜀汉之后四十余年，寳人李雄在蜀地建立成汉政权；成汉之后五百余年，王建、孟知祥先后割据蜀地，建立前蜀、后蜀政权；后蜀之后不足三十年，宋初起义军首领李顺又在蜀地建立大蜀政权；三百七十年后，元末起义军首领明玉珍在蜀地建立大夏政权；二百七十余年后，明末起义军首领张献忠又在蜀地建立大西政权。以上割据政权均定都于成都，成都作为西南中心的地位两千多年不变。然而，这些割据政权没有一个能够将疆域开拓到巴蜀以外，也没有一个持续时间超过刘备建立的蜀汉王朝。

成都三国遗迹寻踪

由于历代成都城均规划于同一区域，没有易址而建，因而如今的成都城已成为不同朝代叠压起来的"城叠城"。两汉三国时期的成都城深埋在市区之下，给考古发掘带来了很大困难。

四川省文史研究馆编纂的《成都城坊古迹考》对秦汉城垣的轮廓和宫室位置进行了考证：大城南垣所至约在上南大街，西北垣所至约在人民南路四川科技馆后子门附近，西垣所至当在后子门之西南方，即今东城根中街一线，东垣约在今青石桥、鼓楼街一线附近；少城东垣与大城西垣同，西垣在今长顺街一线，南垣约在今文庙西街一线附近，北垣当在今东门街以南，即长发街一线附近。蜀汉皇宫，应在大城北部，即今四川科技馆稍东一带。诸葛亮之相府及益州牧府，按体制应在宫门之南，即今人民南路北段。

成都市内及近郊三国遗迹颇多，如武侯祠与惠陵（详见本书第五

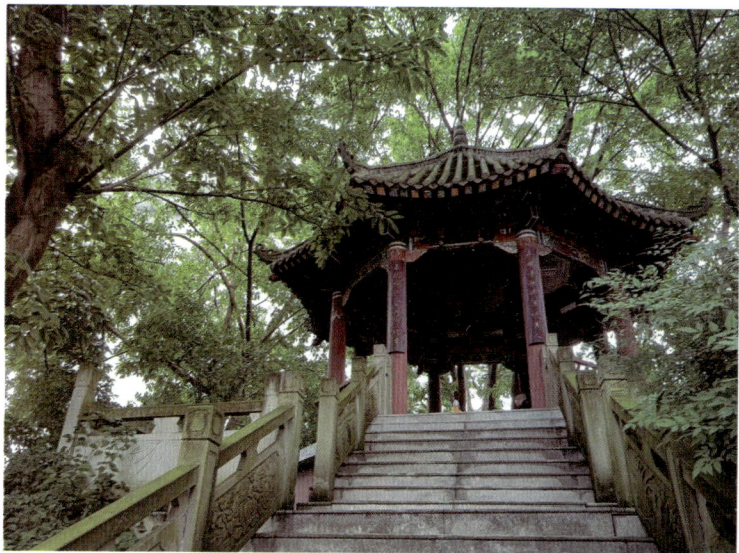

◎ 武担山

位于成都市青羊区江汉路29号新华宾馆院内，施鸥摄

　　《华阳国志》载，古蜀国时期，武都有一男子化为女子，容貌十分美艳，实则为山神。蜀王开明氏纳其为妃，后妃子因水土不服而死去，蜀王哀之，派五位大力士到武都担土，为爱妃作冢，此即武担山的由来。《三国志·先主传》载，刘备"即皇帝位于成都武担之南"，因此武担山对于蜀汉政权有着特别的意义。唐代诗人王勃、杜甫均有诗词吟咏。如今武担山有望月亭、武担塔、石镜等景观，均系现代重修。

章第一节、第二节）、武担山、古娘娘庙、九里堤遗址、八阵图遗址、马超墓志碑（详见本书第五章第六节）、石经寺、都江堰、赵云墓（详见本书第五章第五节）、望羌台、石象寺、慈云寺等。

◎ 都江堰

位于成都西北的都江堰市，夏口文举摄

　　都江堰为公元前256年由秦蜀郡太守李冰父子修建，主要由鱼嘴、飞沙堰、宝瓶口三部分组成。都江堰将岷江之水分隔成外江和内江，外江排洪，内江引水灌溉，内江水经过宝瓶口流入成都平原，灌溉农田，农业生产大获其利。蜀汉时期，诸葛亮进一步完善都江堰的管理制度，置堰官一职，征调一千二百兵丁专职负责维护都江堰，为蜀汉对曹魏的数次用兵提供了充足的粮食保障。如今，都江堰是世界文化遗产、世界灌溉工程遗产、第二批全国重点文物保护单位。景区入口道旁立有诸葛亮像，诸葛亮像附近还有一株银杏古树，相传为张松亲手种植。

重返：三国现场

6

虎踞龙盘：
建业

赤壁之战后，刘备使诸葛亮赴京城（今江苏镇江）拜会孙权。诸葛亮经过秣陵，望见秣陵的山岗，不禁感叹了一句："钟山龙盘，石头虎踞，此帝王之宅。"

这则史料出自《太平御览》引张勃《吴录》。但在正史中，未见诸葛亮出使京城的记载，反倒是刘备曾前往京城与孙权相约盟好，求借荆州。而在《三国志》注引《江表传》里，如出一辙地写道："刘备之东，宿于秣陵，周观地形，亦劝权都之。"

而更早的时候，孙权谋士张纮也发表过同样的观点。他认为秣陵"地有其气，天之所命，宜为都邑"。

诸葛亮、刘备、张纮，为何不约而同地将目光投向长江下游的这座不起眼的小城？

从秣陵到南京，这座城市历经千年沧桑，而从县城到帝都，它只需要一个三国。

建业开宏图

南京的建城史可上溯至春秋末期吴越相争时。越灭吴，在今秦淮河南岸长干里一带修筑越城。越城据传为范蠡所建，"周回二里八十步"，即周长约942米，规模很小，可见仅仅是越国的一个军事据点。周显王三十六年（前333年），楚威王灭越，在今南京清凉山上修建金陵邑，但这仍是一个小型军事城堡。

金陵第一次进入帝王的视野是秦始皇东巡的时候。史载，秦始皇在江乘渡江的时候，望气的方士说："五百年后，金陵有天子气。"始皇恶之，派人在这里凿山挖渠，以破坏其地脉，并改金陵为秣陵，"秣"是喂马的草料，这是个十足的恶名。始皇以为这样一来就可以阻断金陵的王气。

到了汉末乱世，汉室宗亲刘繇成为扬州牧，驻曲阿（今江苏丹阳），使薛礼屯秣陵，笮融屯县南，割据江东。孙策渡江后，首先攻下秣陵，大破薛礼、笮融等，收其余众，从而席卷江东。但孙策平定江东诸郡后，将治所置于较为繁华的吴郡吴县（今江苏苏州），秣陵仍未得到重视。

吴县位于三吴腹地，毗邻太湖，而远离长江，适合自保而不适合对外扩张。建安十三年（208年），即赤壁之战的同年，孙权将治所北迁至长江南岸的北固山之下，筑京城，后世又称铁瓮城，即今江苏镇江。

但孙权在京城仅待了四年，到了建安十六年（211年），便徙治所于七十公里外的秣陵。次年，改秣陵为建业，向天下宣示要在这里"建帝王之大业"。

　　　　　　　　　　　重返：三国现场

◎ 镇江铁瓮城
位于镇江市京口区北固山前峰，成长摄

　　铁瓮城（京城）始建于东汉建安年间，史书称"京"或"京城"，孙权以之为治所四年。孙权定都建业后，京城成为拱卫京师的军事重镇，孙权使宗室孙韶镇守京城数十年，后又设京下督。东晋京城称京口，谢玄据京口而创建北府军。经考古勘探，铁瓮城依山而建，城址平面近圆形，周长约1100余米，现存六朝时期城垣夯土、军事甬道及南城垣门墩等遗迹。

　　孙权选择建业，看重的是它独特的地缘优势。建业西北两面均被长江所包裹，但两面沿江之处又多隆起的丘陵，让建业近水却又不为水而迫，进可攻，退可守。建业东边是海拔四百多米的钟山（又名蒋山），据此可居高临下，一览无遗。而在长江与钟山之间，则是一大片平坦的土地，适合兴建大城。建业向南则有广阔的太湖平原作为战略纵深和钱粮供给。随着孙吴政权在长江以南的巩固，建业的地位前所未有地凸显出来，时代将这座小城推向了"江南首邑"。

孙权徙治建业之初，先在楚金陵邑故址上建石头城，以为军事要塞。因忙于应对魏、蜀战事，尚未进行大规模的城市和宫殿建设，后又为加强对荆州的控制而都武昌（今湖北鄂州）。黄龙元年（229年）四月，孙权在武昌登基称帝，九月再次迁都建业，并开始大规模都城建设。

　　建业城选址在石头城的东面。据《建康实录》载，东吴建业城"周二十里一十九步"，即周长约7.8公里，接近石头城的三倍。东吴建业城分宫城和都城两重，宫城在都城中间偏北，延续两汉多宫制的布局，包括太初宫、昭明宫、南宫、苑城等。

　　太初宫初名建业宫，在讨虏将军府的原址上兴建。东吴赤乌十年（247年）三月，孙权认为建业宫"材柱率细，皆以腐朽，常恐损坏"，下诏拆除武昌宫殿，将木材和瓦片运到建业增筑宫室。当时有大臣提出，武昌宫也已经建成二十八年之久，材料恐不能再用，建议砍伐新的木材来兴建皇宫。但孙权认为战事尚未平息，百姓赋税较重，如果大兴伐材会加重百姓负担，影响农桑劳作，仍坚持将武昌宫拆除取材。建业宫重修后更名太初宫，方三百丈，开八门，南面正中为公车门，东侧为升贤门和左掖门，西侧为明扬门和右掖门，东西北三门分别以苍龙、白虎、玄武命名。正殿为神龙殿，另有内殿、临海殿。

　　建业城有着较为明显的功能划分，秦淮河以北是宫殿区，内城仅开一门，即正南门宣阳门，从宣阳门向南有一条长达七里的御道，两侧分布着众多官署和军营。居民区和商市则密集分布在秦淮河沿岸的长干里和大市一带。据学者考证，从东吴至南齐高帝建元元年（479

年）以前，建业城的城墙和城门都用竹篱围成，此后才改筑为夯土城墙，足见与中原名都相比，建业虽为国都，但形制仍逊色不少。

孙权还在建业周边推行军屯、民屯，鼓励耕种，大规模兴修水利。孙权在建业周围开凿了多道运河，建立了四通八达的水上运输线路。赤乌八年（245年），孙权开凿沟通了从句容到云阳的破岗渎，连接云阳到吴郡、会稽的水道，西北与运渎接连，使吴越的船只可直达建业仓城。东吴在建业立都长达半个世纪，除了孙皓时期曾短暂迁都武昌外，建业始终是江南地区的政治、经济中心。

吴宝鼎二年（267年），末帝孙皓在太初宫东侧又兴建了昭明宫（晋避司马昭之讳改为显明宫），与其祖父倡导节俭不同，孙皓穷奢极欲，竟下令二千石以下的官员全部入山监督工人砍伐树木，昭明宫方五百丈，大大超过了太初宫的规模。孙皓又在建业"大开园囿，起土山楼观，穷极伎巧，功役之费以亿万计"。左丞相陆凯多次进谏劝阻，孙皓不听，终于埋下了亡国的种子。

吴天纪四年（280年）三月，晋龙骧将军王濬所率舟师直抵石头城下，孙皓自缚双手出降，吴亡。唐人刘禹锡有诗云："王濬楼船下益州，金陵王气黯然收。千寻铁锁沉江底，一片降幡出石头。"然而，金陵的"王气"此时不过是暂时收敛了光芒。仅仅三十多年后，天下再度崩裂，晋室皇族与士族衣冠南渡，当年孙权苦心经营的建业城，反成为晋朝的新都，为司马氏延续了国祚。

晋更建业为建邺，又避晋愍帝司马邺讳改建康。东晋在东吴都城的基础上扩建建康城，形成宫城、内城和外郭区环绕的三重城形式。此后宋、齐、梁、陈四朝都以建康为都城。

东吴到陈前后持续达三百余年，从《禹贡》中的"厥田唯下下"，到鱼米丰饶、城市繁荣、人口稠密、文化昌盛、百业兴旺。这是江南地区脱胎换骨的三百年。中国经济重心悄然开启了南移的大幕，而作为六朝都城的建康城更是成为这一历史长河中璀璨的星火。

隋开皇九年（589年），隋将韩擒虎、贺若弼攻破建康，陈亡。隋文帝为破除江南王气，将建康城荡平为农田。"六朝旧事随流水，但寒烟衰草凝绿"，自此以后，这座城市仍将在繁华与悲壮的二重奏中跌宕前行。

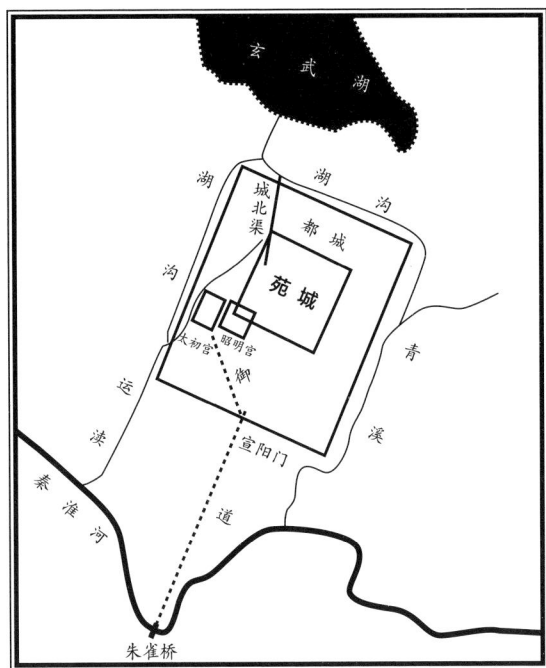

◎ 东吴建业城平面图，张珍绘

六朝建康城与石头城遗址

六朝建康城如今已经完全叠压在南京市市区地下，其遗址的考古工作开展得极为困难。2002年开始，南京市博物馆为配合城市基本建设，在今南京大行宫地区进行了多次考古发掘，发现大量和六朝建康城有关的遗迹遗物，包括城墙、城壕、道路、桥梁、夯土建筑基址、砖构房址以及砖砌排水设施和砖井等。今南京六朝博物馆负一层"六朝帝都"展厅内，存有一段长25米、宽10米的六朝夯土墙遗址，这是考古工作者于2008年在地下两米深处发掘出来的，经考证为六朝建康宫城遗址。

◎ 南京六朝夯土墙遗址，成长摄

◎ 建业宫木简

三国吴，南京仙鹤街"皇册家园"工地出土，南京市博物总馆藏，成长摄

简牍出土地为六朝至隋唐时期秦淮河河岸的一处重要渡口遗址。简牍虽是残片，但在上面依稀可见"附载之建业宫"的墨字，这是南京地区出土考古材料中首次提及东吴建业宫名。据考古发现的线索及近年的研究，吴都建业宫（太初宫）约在今南京市新街口东南侧一带。

石头城是孙权在建造建业城之前就率先修筑的一座军事要塞，用来贮藏军械物资。孙权正式定都建业后，又在石头山下建石头大城，周长"七里一百步"（约合3194米）。石头城自建成之后，在历次战事中都担任着拱卫南京城的任务。魏文帝曹丕东征孙权，出广陵，吴人故布疑阵，一夜之间在石头城到江乘城这一段沿江城塞上布设了木桩和草人，曹丕隔江远望，看见城头旌旗招展、布满兵丁，大惊失色，留下一句"彼有人焉，未可图也"，撤军而去。后来，石头城就成为南京的别称之一。

石头城遗址位于今南京城西清凉山一带。二十世纪九十年代起，考古工作者陆续对石头城遗址进行考古勘探和发掘，发现六朝时期的

◎ 南京石头城遗址，成长摄

◎ 南京石头城"鬼脸照镜"，成长摄

◎ 玄武湖，成长摄（上图）

　　玄武湖原名秣陵湖、蒋陵湖。东吴时，孙权修建建业城，引玄武湖湖水入宫苑。因为玄武湖在太初宫之北，又称"北湖"。又传孙权曾在湖中操练东吴水军，故玄武湖又称"练湖"。

◎ 乌衣巷，成长摄（下图）

　　孙权定都建业后，在秦淮河北岸置卫队戍守石头城。由于卫队身着乌衣，此地遂名乌衣巷。东晋衣冠南渡，王、谢等高门大族都住在乌衣巷，乌衣巷遂成为豪门贵戚居住的"富人区"。唐人刘禹锡《乌衣巷》诗云："朱雀桥边野草花，乌衣巷口夕阳斜。旧时王谢堂前燕，飞入寻常百姓家。"

城墙、砖砌护坡等。据测算，石头城北垣长约1100米，东垣长约650米，西垣长约820米，南垣长约450米，周长约3000多米，与史载较为接近。如今石头城原址已被辟为石头城公园、南京国防园，园中保留了一段较为完好的明代石头城城墙，南北长约3000米。石头城城墙下半部分的墙基由赭红色卵石堆砌而成，岩墙之上则有历朝历代增砌的城砖。特别有意思的是，在其中的一段城墙上，由于长年的风化，一块椭圆形赭红色水成岩从砖墙中突显出来，表面坑洼不平，远远望去，如同一张面目狰狞的"鬼脸"，而它的下方恰有一片水池，"鬼脸"投射在池中，仿佛在照镜子，这一特别的景观被称为"鬼脸照镜"。

上坊孙吴墓

2005年12月，南京江宁科学园在道路施工中发现了一座砖室墓，南京市博物馆、江宁区博物馆联合对该墓葬进行抢救性发掘，发掘历时八个多月，经判断为一座东吴大墓。该墓位于江宁区上坊镇（现已并入东山街道），因此被称为上坊孙吴墓。

考古人员经过清理发掘发现，上坊孙吴墓为前后室，均为四隅券进式穹隆顶结构，从中央向两侧斜砌成倒"人"字形，穹隆顶是由一层层带花纹的青砖垒砌而成，砖和砖之间严丝合缝，两侧共有四个耳室。这座墓的规模较大，砖室部分全长达20.16米，排水系统也非常发达，排水沟长达106米，而在此前已知的六朝墓葬中，只有东晋和南朝帝陵的排水沟达到100米左右。此外，上坊孙吴墓前室、后室四个角落距离地面约1.4米处均嵌一白色牛首形石雕，推测为灯台，这在考古中是首次发现。

上坊孙吴墓被盗掘严重，出土文物包括青瓷器、青瓷俑、铜器、铁器、漆木器、金银器等，其中出土的青瓷器有一百多件，不仅数量多，器形丰富，而且多数釉质莹润，制作工艺精湛。如青瓷毛笔、青瓷书刀、青瓷柱形器均为首次发现。墓中后室还发现有六件石棺座，呈前后两排整齐排列，可判断其是垫在三具木棺之下的底座，以防止棺木浸水受潮。石棺座长1.46米，宽0.24至0.26米，高0.26米，两端雕凿有虎首和虎的前爪，虎首的牙齿、胡须都清晰可见。这样的虎首状石棺座在国内的墓葬中十分罕见。以虎垫棺，恰与南京"虎踞"的地势特征形成了呼应，相信应不是巧合。

◎ 上坊孙吴墓航拍，孙征吴摄

重返：三国现场

◎ 上坊孙吴墓内景，李曼瑞摄

◎ 虎形石棺座

三国吴，2006年江苏南京江宁上坊孙吴墓出土，南京市博物总馆藏，成长摄上坊孙吴墓的规模超过马鞍山朱然墓、湖北鄂州孙将军墓、马鞍山宋山东吴墓，据此专家推测其墓主人应为孙吴王侯级贵族，乃至可能为一座帝陵。但是由于缺乏直接证据，目前其身份仍然在探索之中，诸说并存。贺云翱根据大墓曾遭人为破坏的痕迹，推测墓主人可能是孙亮时期权臣、丞相孙峻。史载孙休时曾"发孙峻冢而剖其棺，斮其尸"。王志高、马涛、龚巨平根据墓中出土的青瓷堆塑罐将该墓时代推定为孙皓晚期，并推测该墓所在位置为孙皓时期规划的一个陵区，该墓为孙皓一受宠的宗王之墓。王宁邦则考证上坊孙吴墓为孙坚高陵的迁葬墓。

上坊孙吴墓是第七批全国重点文物保护单位，当地已为墓址搭建保护建筑，并规划建设遗址博物馆。尽管目前墓地尚未对外开放，但部分出土文物可在南京市博物馆（朝天宫）、六朝博物馆参观。

武昌 以武而昌：

"宁饮建业水，不食武昌鱼；宁还建业死，不止武昌居。"

吴末帝孙皓年间，一则童谣在武昌城的坊间不胫而走，传得沸沸扬扬。左丞相陆凯为此向皇帝孙皓上书劝谏，认为这是"翼星为变，荧惑作妖"，因为皇帝做了荒唐的事情，惹怒了上苍。

所谓的荒唐事，即甘露元年（265年）孙皓强行将都城从建业迁到了武昌，但武昌土地贫瘠，且位于上游，都城所需供给全部都要从下游富庶的三吴地区逆流而上运输，百姓的负担大大加重，才有人编出了那句怨声载道的童谣：哪怕喝建业的水，也不要吃武昌的鱼！

虽然迁都武昌遭到百姓厌恨，但"武昌鱼"却因此第一次被记载在正史上，并从此名传千年，成为湖北的金牌美食。武昌，即今湖北省鄂州市，这里曾两度为东吴国都，"武昌"这一地名也寄托了孙权的勃勃雄心。

胜利之城

汉代武昌为鄂县，属江夏郡。汉武帝曾封其长女于鄂县，称鄂邑公主。但这一时期，鄂县不过是长江中游一个普通小城。东汉末年，刘表部将黄祖统治江夏郡，孙权三次西征，斩黄祖而得江夏。但不久曹操大军南下，刘备兵败当阳，东奔江夏，驻军鄂县樊口，在这里与孙权达成同盟，共抗曹操。赤壁战后，曹操北归，包括鄂县在内的江夏诸县逐渐为孙权所据。

孙吴政权的统治中心一直在长江下游，但是随着孙刘双方在荆州所属权上的争夺不断升级，孙权开始将战略中心向长江中游转移。建安二十四年（219年），吕蒙夺取江陵，擒杀关羽，孙权亲赴公安（今湖北公安）督战。刘备称帝后，孙权由公安再迁治所至鄂县，取"以武而昌"之意，改名为武昌。

武昌的地缘形势与建业颇有相似之处，它位于长江南岸，有樊水可通船只，有樊口以屯水师，西有山，南有湖，山水相依，矿藏丰富。同时，在武昌周围还有虎林、邾城等军事重镇作拱卫，尤其是位于武昌上游的夏口（今湖北武汉），恰好位于汉水入长江之处，能够同时面对长江和汉水上游两个方向的来敌，成为武昌坚实的屏障。孙权以武昌为中心打造了一套完备的中军体系，既可以就近支援荆州地区的战事，也可以快速沿江而下，策应下游。

孙权刚在武昌定都，就面临一场大战考验，蜀主刘备大起川中之兵东征。孙权在武昌拜陆逊为都督，而陆逊不负众望，在夷陵大破蜀军。同年，孙权使用黄武年号，以与魏蜀分别。不久，魏主曹丕三路伐吴，战线从长江中游的江陵延伸到下游的洞口，孙权在武昌居中指挥，分遣将领御敌，迫使魏军撤退。黄武七年（228年），东吴又取得了石亭之战的大捷，这场胜利让东吴彻底摆脱曹魏的威胁，促成了孙权迟来的称帝。

黄武八年（229年）四月丙申，孙权在群臣拥立之下，于武昌南郊登坛燎祭，即皇帝位，改元黄龙，东吴终于取得了与魏、蜀平起平坐的身份。由于此时东吴与蜀汉已经二次结盟，东吴的军事中心重新向下游转移，于是在称帝当年的九月，孙权即从武昌迁都建业。

虽然武昌作为吴国的都城仅有八年，但孙权在武昌期间，多次取

◎ "黄武元年" 铜罐
三国吴，1977年湖北鄂州鄂钢古井水出土，鄂州市博物馆藏并供图

罐肩刻有"黄武元年作三千四百廿八枚"字样，罐身刻有"官"和"武昌"字样，可知这件铜罐是黄武元年武昌官邸作坊所铸造。一次性能够生产三千多件铜罐，可见当时武昌城铸造业规模之大。

◎ 青瓷骑马俑（左页上）

三国吴，2008年鄂州鄂钢技改工程郭家垴一号墓出土，鄂州市博物馆藏，成长摄

◎ 东吴战船复原模型，鄂州博物馆藏，成长摄（左页下）

　　东吴以水师立国，造船业十分发达。《水经注》载孙权所造"长安"号大船在武昌樊口以北的河湾下水，被称为"大舶"，可以"载坐直之士三千人"。左思《吴都赋》赞颂孙权"飞云""盖海"等大船雄伟壮观，"弘舸连舳，巨槛接舻"。东吴造船业的发达让东吴船队远航辽东、夷洲、东南亚成为可能。

◎ "童子史绰"木牍（上图）

三国吴，1978年鄂州鄂城水泥厂一号墓出土，鄂州市博物馆藏并供图

　　长24厘米，宽3.2厘米，上书"童子史绰再拜 问起居 广陵高邮字浇瑜"。有学者认为，"童子"的称呼或与道教有关。而在湖北武昌任家湾东吴墓曾出土写有"道士郑丑"字样的简牍，据此可一窥东吴治下荆州一带道教的发展。

得对魏、蜀作战的胜果，扭转了东吴的不利局面，完成了从吴王到皇帝的过渡。他在武昌增筑城池，修筑宫殿，设置烽戍，迁徙人口，开矿冶铁，建造大船，让武昌成为长江中游的名城大都。

孙权迁都后，留太子孙登驻武昌，上大将军陆逊辅佐，陆逊管辖的范围包括荆州及豫章、鄱阳、庐陵三郡。此外，诸皇子与尚书九官也均留在武昌，武昌实际上成为陪都。孙权去世后，辅政太傅诸葛恪曾派人重修武昌宫室，欲迁都武昌，但未及实施即身亡。十二年后，吴末帝孙皓听从步阐建议，将迁都武昌付诸实践，引起本文开头那一幕朝野巨大的反对浪潮，于是孙皓不得不在次年重新将都城迁回建业，武昌第二次成为东吴国都仅仅一年多。

此后，武昌的军事地位连同东吴的国运一同衰败了下去，在晋灭吴之战中，武昌竟不堪一击。在后来的历史长河中，武昌虽为长江重镇，但其区域中心地位逐渐被上游的江夏所取代。以至于到了辛亥革命以后，"武昌"之名也被武汉"借"走了。

鄂州吴王城遗址

六朝武昌城，俗称吴王城，位于鄂州市区。根据多年来的考古勘探，考古工作者确定了武昌城的规模和结构。武昌城城址平面呈长方形，东西长约1100米，南北长约500米，周长3300米，东垣北起江边窑山，南迄陈家湾，依窑山东缘自然地势蜿蜒而建；南垣东起陈家湾，西迄韦家墩，因地势低洼，以夯土城墙为主；西垣从韦家墩至濠口一线，依寿山冈阜地形而建；北垣紧临长江，依陡峭江岸而建。现

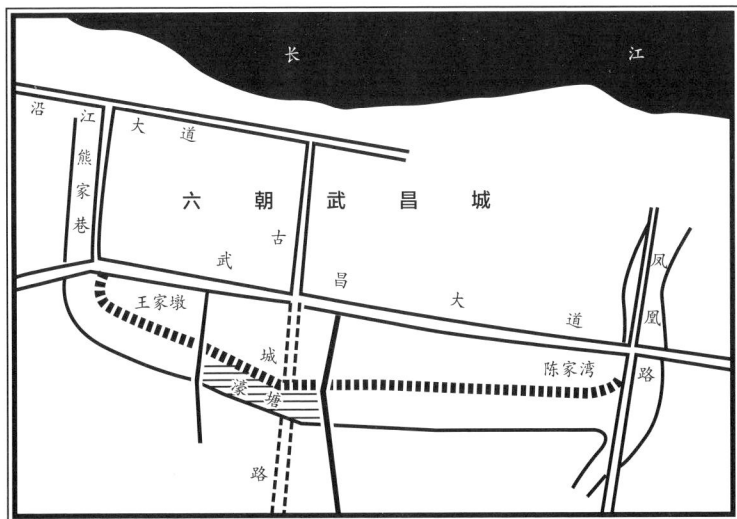

◎ 六朝武昌城平面图，张珍绘

残存东城垣、南城垣、西城垣局部及城壕，城垣基宽22—30米，城壕宽60—90米。在东城垣和南城垣发现城门遗迹。

受到周围的地形和水文条件所限，武昌城的规模在三国都城中并不大。但考古工作者在城内清理出众多六朝时期水井，出土有青瓷碗、壶、罐、铜釜、铜钱等，反映了当时武昌城内的繁盛与富庶。

鄂州吴王城遗址为第七批全国重点文物保护单位。当地政府对吴王城遗址南垣共500米部分进行修复保护，并植被绿化，即今古肆北街从江家东巷至濠塘西巷一段路北侧。在城北临江一带的江滩公园，建有一座孙权像，已成为鄂州城市地标。

淮右襟喉：
合肥

　　建安十三年（208年）的冬天，当赤壁火光冲天、凯歌高奏之时，孙权并不在现场。他率领着一支水师自濡须水北上，进入一片浩渺的巢湖。他的计划是，趁着曹操主力被牵制在荆州一线时，从巢湖北上，进而拿下淮南重镇寿春，像一把尖刀，直插中原腹地。如果这一计划能够顺利实施，孙权将很有可能实现他兄长孙策"阴袭许都"的未竟之志。

　　然而，当孙权在巢湖岸边走下舷梯，望见眼前一座固若金汤、旌旗林立的城堡时，他怔在了那里。这里凭空出现了一座叫合肥的坚城，彻底阻挡住孙权北上的道路。更让他无法料到的是，未来七十余年，他和他的后继者屡屡兴师动众跨江而上，却一次次地在这座城下铩羽而归。合肥，竟成了东吴永远的噩梦。

合肥战史

中国古代的大江大河大多呈东西流向，因而南北通行尤为不利。秦汉之时，南北水道主要有东西二途，东边是吴王夫差时期开通的邗沟，汉时称中渎水，可沟通长江与淮河两大河流，但中渎水道及沿途湖泊较浅，受季节和雨量影响，时有干涸淤塞，不适宜大规模行船。西边为汉水，从夏口溯汉水可直上襄阳、樊城，但汉水水流较大，适合顺水而下而不利于溯水而上，且从樊城北上南阳、洛阳，仍需舍舟登陆。

孙吴政权立业于江东后，就一直谋求跨江北上。对于擅长水战的东吴而言，自然是尽可能多地利用水路。这时，第三条南北通途就浮出了水面，那就是走濡须水—巢湖而至合肥。合肥以西的将军岭是肥水的发源地，肥水向北而行傍寿春入淮河，合肥以西又有鸡鸣山，是施水的发源地，施水东下注入巢湖。夏季河水暴涨，施水常与肥水连通，即"施合于肥"，这就是合肥之名的由来。可见，这条路连通江淮，几乎可以实现全程水路，而无论是由淮至江，还是由江至淮，合肥都是枢纽之地。

合肥之名始见于《史记·货殖列传》："合肥受南北潮，皮革、鲍、木输会也。"可见最初是一座以商贸为特点的城市，军事价值尚未凸显。东汉末年，孙策杀曹操所置扬州刺史严象，有北上江淮之意。曹操当时正准备与袁绍决战，无暇南顾，遂以刘馥为扬州刺史，稳定淮南。刘馥就任后，敏锐地意识到合肥的战略价值，"单马造合肥空城"。他在合肥抚贼寇、聚流民、立学校、广屯田，"数年中恩化大行，百姓乐其政，流民越江山而归者以万数"。同时，刘馥还"高为城垒，多积木石，编作草苫数千万枚，益贮鱼膏数千斛，为战守备"。

于是到了建安十三年（208年）冬，当孙权来攻合肥时，合肥已经是一座坚城，孙权围城百余日不得克，又中蒋济之计，误以为曹操援军将至，只得悻悻退军。

然而，这场战事只是曹孙双方在江淮漫长拉锯战的启幕。从建安十四年（209年）开始，曹操曾四次抵达合肥、巢湖一带，与孙权对峙。据学者宋杰统计，东吴在七十年的时间内总共向北方的曹魏、西晋政权发动过三十四次进攻，合肥—寿春一方向的进攻就有十二次，占35%，其中包括六次国君亲征（孙权四次，孙皓两次）、三次权相亲征（诸葛恪、孙峻、孙綝各一次）。但合肥始终未被攻克。孙权亲征兵力动辄十万之众，但结果无不为坚城所阻。

其中最为人熟知的是建安二十年（215年）八月那场合肥之战。当时曹操远在汉中，孙权率十万之众围合肥，留守合肥的张辽、乐进、李典只有七千余人。面对敌众我寡之势，张辽主动出击，亲率八百名敢死之士突出城外，杀数十人，斩二将，甚至一度逼近孙权麾下。经此一战，吴军士气大挫，围城十余日不得下。孙权在退兵时，又被张辽袭击于逍遥津，幸得甘宁、凌统等将死战才得脱。曹丕称帝后追念此役，称："合肥之役，辽、典以步卒八百，破贼十万，自古用兵，未之有也。"

汉末三国其实有两座合肥城。魏明帝青龙元年（233年），督扬州诸军事的满宠两次上疏，以合肥旧城迫近巢湖，不利防守，求移城内之兵西迁三十里，以山险筑新城。这一提议在朝堂上经过反复辩论，最终得到批复，合肥新城拔地而起。

　　果然，合肥新城建好的当年，孙权就亲自率兵来攻，当他发现合肥新城距巢湖较远，在船上迟疑了二十余天都不敢下船。满宠派兵在城外埋伏，等到吴军上岸耀兵时，突然杀出，斩首数百。经此一败，孙权很不甘心，于次年（234年）又自号十万大军，卷土重来。此战

◎ 逍遥津公园，成长摄

　　逍遥津公园位于合肥市庐阳区寿春路16号，相传是建安二十年（215年）张辽围困孙权之处。逍遥津本为古肥水一处津渡，原在合肥城外，五代筑罗城，宋代筑斗梁城，逍遥津逐渐被纳入城内，失去了与北方河流的连接，成了积雨的水池。明万历年间，福建左布政使窦子偁买下了逍遥津这块地，建了自己的私人别墅，水池也被改称为窦家池。清康熙年间，窦家池又被一王姓翰林买去，易名"斗鸭池"。到了光绪年间，该地又易业主为龚照瑷、龚心钊的私家花园。民国以后，逍遥津由私家园林逐渐转变为市民公园。昔日战场，如今已是合肥市民常去的游憩之处。

魏明帝亲往寿春督战。魏军奋勇作战，火烧吴军攻城战具，射杀孙权之侄孙泰，彻底扼杀了孙权北上之梦。孙权死后，辅政太傅诸葛恪依然对北伐不死心，他于魏嘉平五年（253年）统兵二十万北伐，围合肥。当时合肥城内仅有籍籍无名的低级将领张特、乐方及三千人，但他们

◎ 合肥张辽墓，成长摄

　　张辽墓在今合肥逍遥津公园内西侧，有今人复建之门阙、墓道兽及碑亭，碑书"魏故晋阳侯张辽之墓"。另有一"张辽衣冠冢"，在逍遥津公园东侧湖中孤岛之上。

　　张辽，字文远，雁门马邑（今山西朔州）人。初为吕布部将，曹操破下邳后，张辽率众归降，为曹操重用。张辽随曹操南征北讨，降昌豨、斩蹋顿、略江淮、守合肥，战功卓著，历任荡寇将军、征东将军、前将军，封晋阳侯，名列曹魏"五子良将"之首。曹丕赞之为"古之召虎"。张辽于征吴中病逝江都（今江苏扬州），谥刚侯。

凭借着坚固的城池，让诸葛恪围城百日不能克。吴军又一次在合肥城下望城兴叹，撤军而还。

三国之后，合肥在历朝历代始终是通络江淮、勾连南北的兵争要地，有"江南唇齿、淮右襟喉"之称，成为诸多定鼎天下之战的见

◎ 古教弩台（明教寺），成长摄

　　位于合肥市庐阳区淮河路步行街44号，距离逍遥津公园南门仅两百米。据传此地原为曹操所筑教弩台，曹操四临合肥，"教强弩以御吴舟师"。南北朝时，梁武帝于此建寺庙，为铁佛寺，不久荒废。唐代宗时诏令重建寺院，定名"明教院"，明代更名"明教寺"，沿用至今。唐代诗人吴资有诗云："曹公教弩台，今为比丘寺。东门小河桥，曾飞吴主骑。"如今明教寺仍为宗教场所，对公众开放。临街的台基壁上刻有"古教弩台"四个大字，显示着其与三国的渊源。

◎ 明教寺屋上井，成长摄（左页上）

"屋上井"在明教寺内，因井口高于教弩台下民房屋脊而得名。传该井是曹军为汲水所凿，西晋时得到整修，井西侧外壁刻有"泰始四年殿中司马夏侯胜造"隶书十二字。泰始四年为公元268年，尚在晋、吴对峙之时，距今已有一千七百余年。在井口还能看到二十多条深沟，据说是长时间用绳索汲水而磨出来的痕迹。

◎ 李典墓，成长摄（左页下）

李典，字曼成，山阳钜野（今山东巨野）人，早年率众随曹操，从征黄巾、袁术、吕布、袁绍、高干等，数有战功，与张辽、乐进等守合肥，破孙权，官至破虏将军，谥愍侯。李典不仅是一名武将，还"好学问，贵儒雅""军中称其长者"，在治民方面亦有建树。

李典墓位于合肥市肥西县紫蓬山内，应为纪念性的衣冠冢。1999年，当地政府对李典墓进行了重修，墓规格较小，无碑，仅有一方影壁记载了李典生平。紫蓬山上有西庐寺，传说前身为李典为其七世祖李陵所建"李陵庙"。

证者。1949年3月，邓小平、陈毅率总前委进驻合肥肥东县撮镇瑶岗，在此指挥了著名的渡江战役，使神州复归一统。

合肥新城遗址

合肥新城遗址位于合肥市西北郊十五公里的庐阳区三十岗乡，南临肥水故道，西距鸡鸣山约两公里，北为起伏连绵的岗地，与《三国志·满宠传》中"其西三十里，有奇险可依"的描述吻合。从二十世纪八十年代开始，考古工作者多次对城址进行了勘探与发掘，基本测定了城址的范围。

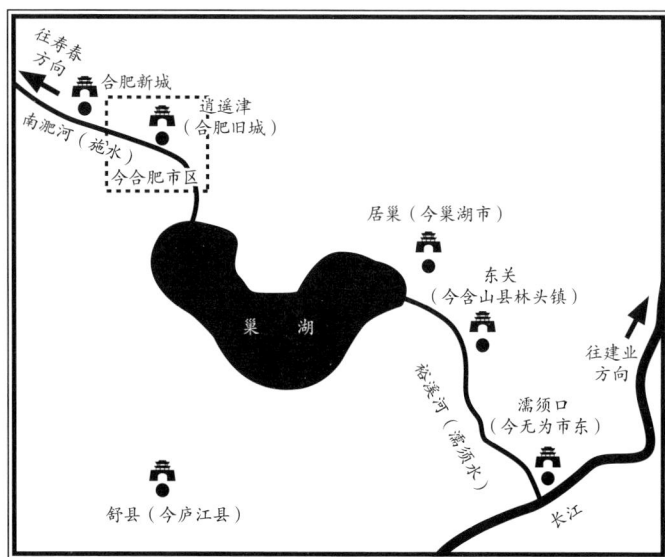

◎ 合肥旧城、新城形势图，张珍绘

重返：三国现场

合肥新城遗址呈不规则的长方形，南北长360米，东西长240米，城墙为夯土版筑，墙外有护城壕。目前显露出地表的有十余个土墩，其中以四角和南北两边中间的六个土墩最大，推测应为望楼、马面的遗迹。对城址城垣的调查发现，四面墙体内均有比较明显的分层夯筑，每层厚约0.25米，可见城垣均有增筑加厚的痕迹，主体墙底宽10.5米，残存高达3.1米，当时的工人采用黄土和较纯净的白土相间夯筑，分为若干层次，极有规律。由此可见，这些都是三国时期合肥新城多次抵御吴军、加固城防留下的痕迹。

　　由于合肥新城在建设之初就是一座军事要塞，其城门设置也与同时期其他城池的规划不同。经过考古勘探，合肥新城只设三个城门，

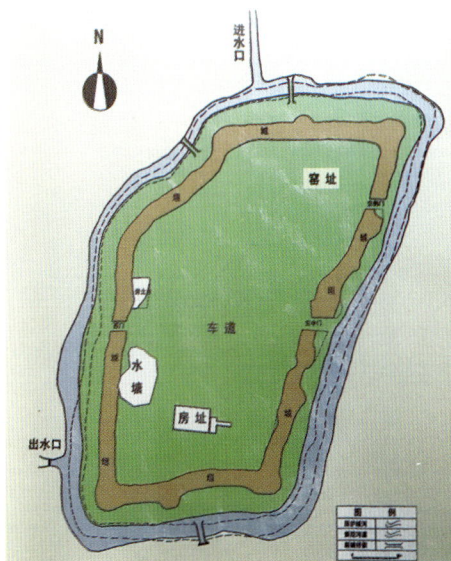

◎ 合肥新城平面图（合肥三国新城遗址公园）

即东墙中段、东墙北段和西墙中段各一门。在西门内北侧约十米处，考古工作者还发现了一处长32米、宽20米、高0.6—0.8米的夯土台，推测为练兵用的指挥台。在城内东北部还发现有约50平方米的红烧土堆积，内含大量炼铁渣、木炭和炉灰，推测为铸造兵器的作坊遗址。虽然合肥新城总面积只有8万多平方米，但城内至少有2000多平方米都是空旷场地，推测为当时的练兵场。

合肥曹魏新城遗址现为第八批全国重点文物保护单位，已辟为遗址公园面向公众开放，部分出土文物在园区内"三国文物陈列馆"展出。

◎ 合肥三国新城东侧门遗址，成长摄

重返：三国现场

◎ 合肥新城夯土城墙遗址，成长摄

◎ 合肥新城屯兵营遗址，成长摄

◎ 礌石（上图）

三国魏，2004年合肥新城遗址出土，合肥庐阳董铺湿地公园管理处藏，成长摄

在合肥新城遗址的出土文物中，除了建筑材料和日常生活用品外，发现最多的是兵器。在东侧门门道内侧发现了堆放整齐的礌石几十枚，它们多为青灰石，少数为红砂石，直径14至30厘米，重达5.4公斤，表面凹凸不平。专家推测，它们很可能就是我们经常在影视剧中所见抛石机所掷石块，是古代战争攻城、守城的利器。

◎ 撞车头（下图）

三国魏，2004年合肥新城遗址出土，合肥庐阳董铺湿地公园管理处藏，成长摄

在合肥新城遗址东中门及护城河遗址内发现撞车头十余枚，重量为3.2至5.1公斤不等。撞车头安装于撞车之上，主要用于撞击城门、捣毁攻城云梯。

第四章

曹魏开国

枭雄的归宿：
曹操高陵

2009年12月27日，北京亚洲大酒店举办了一场考古新发现的发布会。这场发布会似乎是一刹那间，就将考古推向了公众领域，舆论对于这座墓葬和墓主人的讨论异常激烈。这一切源于这场发布会上的一则重磅消息：安阳发现了曹操墓！

2020年11月，笔者来到安阳市安丰乡西高穴村这座大墓现场，这里正在进行遗址博物馆的建设，工地上一派繁忙的景象。在主管单位的允许下，我有幸在大墓正式对外开放之前进入墓地，沿着甬道一直下到了墓门之外。尽管未能进入墓室，在这座神秘的地下宫殿之外，触摸着冰冷的砖石，我依然能够感受到来自一千八百年前属于那个传奇英雄的丝丝寒风。这世间已经流传了太多他的传说，而这座大墓揭开的，将很可能是他真正的人生，哪怕只有那冰山一角。

◎ 安阳西高穴 M2（曹操墓），成长摄

◎《衮雪》刻石（拓本），汉中市博物馆藏并供图

　　刻石原在汉中褒谷口石门摩崖上，1970年因修建石门水库被整体切割移藏汉中市博物馆，为"石门十三品"之一。"衮雪"二字据传为曹操建安二十四年（219年）驻兵汉中时所书，是曹操传世唯一手书真迹，亦有学者据其字体认为系后人伪托。

疑冢之谜

河南省安阳市安阳县安丰乡西高穴村，是位于漳河南岸的一座普通的农村，与河北省磁县隔河相望，东去河北省临漳县亦不太远。漳河两岸都属于古邺城的近郊，故而这一带常有关于曹操墓的传说。

这其中，尤以"七十二疑冢"影响最大。从宋代开始，就有曹操临终前遗命在漳河之上修建七十二座疑冢的传说，此后由于曹操形象不断被贬损，"七十二疑冢"之说遂广为传播，频繁出现在诗文之中。《三国演义》七十八回载："（曹操）又遗命于彰德府讲武城外，设立疑冢七十二：'勿令后人知吾葬处，恐为所发掘故也。'"《三国演义》的影响之大，几乎坐实了"七十二疑冢"之说，也加深了人们对曹操狡诈多疑性格的认知。

所谓"七十二疑冢"，分布在今河北磁县城南和西南、漳河与滏阳河之间的平原和西岗一带，二十世纪二三十年代，随着京汉铁路的修建，这里的墓葬遭到大量盗掘。到了1980年，该地区的古墓已被发现了一百余座，根据考古发掘的资料，它们都属于东魏、北齐时期贵族墓葬，特别是此后还发现了如东魏茹茹公主墓、兰陵王墓等北朝名人墓葬，更加证实了这一墓群与曹操毫无关联，"七十二疑冢"之说不攻自破。

实际上，关于曹操墓的规制和位置，史料记载得十分清晰。因为曹操在生前就对自己的身后事有过两次细致的安排。

一次是建安二十三年（218年）六月，曹操颁布了一条《终令》：

> 古之葬者，必居瘠薄之地。其规西门豹祠西原上为寿陵，因高为基，不封不树。《周礼》冢人掌公墓之地，凡诸侯居左右以前，卿大夫居后，汉制亦谓之陪陵。其公卿大臣列将有功者，宜陪寿陵，其广为兆域，使足相容。

这是曹操预感自己年寿将尽，提前安排了自己的丧葬事宜，选择西门豹祠西原上为自己的陵墓，并提出了"因高为基，不封不树"的薄葬的要求。

二是在建安二十五年（220年）正月临终之前，曹操又下了一封《遗令》，其中对丧葬要求如下：

> 敛以时服，葬于邺之西冈，上与西门豹祠相近，无藏金玉珠宝。

《遗令》要求以随身所穿的衣着入葬，不得随葬金玉珍宝。这是曹操薄葬理念的集中体现，这也是中国丧葬制度由两汉的厚葬转入魏晋的薄葬的一个重要分界点。曹操主张薄葬，一方面源于战乱导致的国力困窘，一方面也来自对盗掘的防范。汉末乱世，曹操亲眼所见大批汉代陵墓遭遇盗掘，帝王陵寝亦不能幸免。甚至曹操自己也曾被陈琳所作的檄文指控，曾在军中设"摸金校尉""发丘中郎将"，专事盗掘陵墓。此说真假暂且不论，但厚葬易遭盗掘的残酷现实势必会让曹操在自身的丧葬制度上进行反思。曹操之子曹丕后来在其《终制》中说得更为明确："自古及今，未有不亡之国，亦无不掘之墓也。丧乱以来，汉氏诸陵无不发掘，至乃烧取玉匣金缕，骸骨并尽，是焚如之

◎ 建武六年勒柱刻石，邺城博物馆藏，成长摄

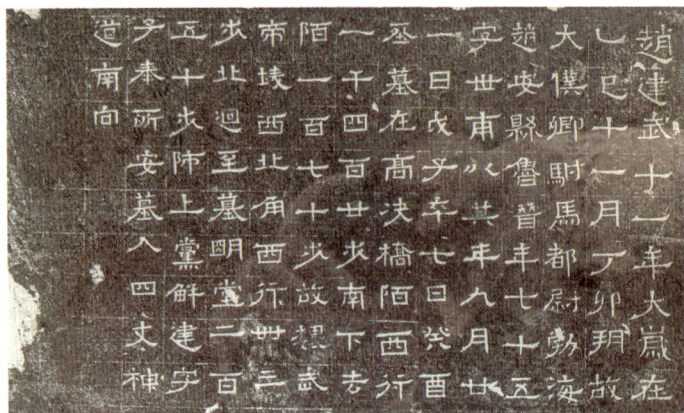

◎ 鲁潜墓志，成长摄

重返：三国现场

刑，岂不重痛哉！祸由乎厚葬封树。"魏晋以降，帝王与贵族陵墓均采取薄葬，乃至于许多帝陵因为没有封土，至今难以确定位置。

据《三国志》载，曹操去世后，于当年二月丁卯日葬于邺城郊外的高陵。高陵的位置在相当长的历史时期内比较清晰，唐太宗东征高丽时，曾前往高陵祭祀曹操，并写下《祭魏太祖文》。唐人李吉甫《元和郡县图志》则比较明确地记载："西门豹祠在（邺）县西十五里，魏武帝西陵在县西三十里。"这与曹操《终令》《遗令》中提到陵墓近西门豹祠相吻合。今安阳县安丰乡北丰村东107国道旁发现了一处西门豹祠遗址，并在此附近发现有后赵建武六年（340年）勒柱刻石，铭文与《水经注》记载相符。西门豹祠成为确定曹操墓的重要坐标，而在它以西7.5公里，正是安阳县西高穴村。

无独有偶，1998年，在西高穴村西发现了一块十六国后赵官员鲁潜的墓志，鲁潜墓志中提到了曹操墓位置的关键信息："故魏武帝陵西北角西行四十三步，北回至墓明堂二百五十步。"鲁潜去世距离曹操下葬仅一百二十五年，其内容可信度应较高。曹操墓在西高穴村一带的可能性又大为增加了。

发现西高穴大墓

2006年，西高穴村村民在村里发现一处盗洞，这一消息被正在固岸墓地进行考古发掘的领队、河南省文物考古研究所副研究员潘伟斌得知。潘伟斌来到西高穴村实地调查，初步判断是东汉晚期王侯级别的大墓，已遭盗墓贼洗劫。河南省文物考古研究所就此向上级单位提出了抢救性发掘的申请，但出于种种原因未获批复。到了2007年，西高穴大墓再次被盗，公安机关抓获了一批盗墓贼，从他们手中收缴了被盗的三块画像石残块，经过比对，刚好能够拼成一块，具备东汉画像石的特征。2008年11月，国家文物局正式批准对西高穴大墓进行抢救性发掘。

2008年至2009年，河南省文物考古研究所、安阳市文物考古研究所、安阳县文化局等单位联合对西高穴大墓进行发掘清理，共发现两座墓葬，编号M1、M2。两墓相距40米。

M1位于M2北部，坐西向东，墓室为长方形，自下而上夯筑而成。墓室发现六个盗洞，盗扰严重，仅出土一把铁剑，推测为M2的附葬墓。

M2坐西向东，平面呈甲字形，是一座带斜坡墓道的双室砖券墓。

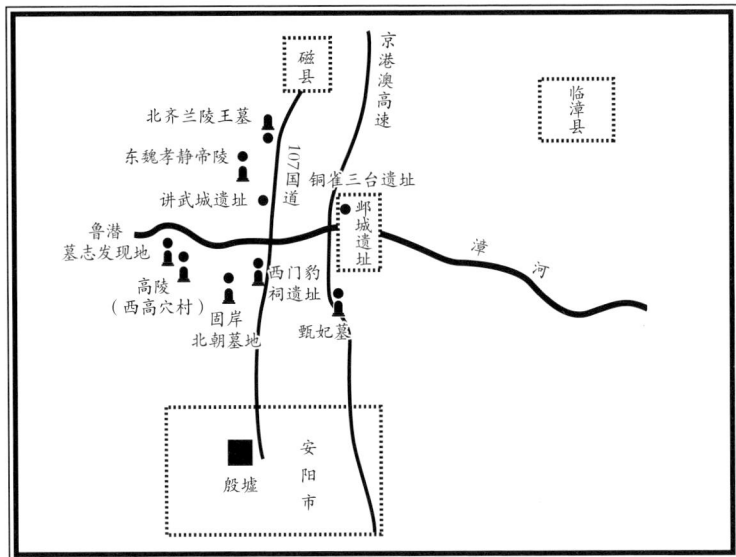

◎ 安阳高陵位置示意图，张珍绘

墓道长39.5米，宽9.8米，最深处距地表15米。墓室为砖室结构，分为前后两室，前室呈方形，四角攒尖顶，有南北两个侧室，其中南侧室为弧形券顶，北侧室为四角攒尖顶。前后室之间有甬道相连，后室亦呈方形，四角攒尖顶，有南北两个长方形侧室，均为弧形券顶。四个侧室均有石质墓门，从出土的石质墓门残块上来看，部分墓门上有精美的画像。

根据专家论证，四角攒尖式的墓室顶部结构是东汉中期以后才出现的。在此之前，考古发掘的汉代诸侯王墓有近五十座，其中属于东汉晚期的有河北定州中山穆王墓、江苏徐州土山汉墓，其结构均由墓道、前室、后室和左右耳室（侧室）组成。可见，西高穴二号墓结构

◎ 曹操高陵遗址博物馆，成长摄

与东汉晚期诸侯王墓的结构相似，却也略有差别，呈现东汉到魏晋过渡的特点。结合已发现的三国时期的南京上坊大墓、安徽马鞍山宋山墓、安徽马鞍山朱然墓来看，多墓室砖室墓是这一时期高等级贵族墓葬的重要特征。

M2被发现时已经被多次盗扰，墓室损坏严重，尤其是后室顶部有两个盗洞，后室墓顶遭到破坏，大量文物也被洗劫。

考古工作者在墓室中发现了大量遗骨残块，包括人的头骨、股骨、肋骨、盆骨、趾骨等，由于多次被盗，人骨架破损较严重，而且被移离原始位置。经专家研究分析，这些遗骨属于三个个体，可判断该墓为三人合葬墓。对头骨的鉴定表明，墓主人为一名男性与两名女性，男性年龄六十岁左右，身高1.56米，女性年龄分别为二十岁左右和五十岁左右。男性头骨年龄与曹操去世时六十六岁的年龄相近，女性或为其妻妾，但年龄与文献中曹操妻武宣卞皇后七十岁去世的记载有所偏差。三具头骨的面部都遭到了损毁，据专家判断是盗墓者有意为之的报复性行为。据推测该墓最早在西晋末年即遭盗掘，这种毁尸行为也很可能就发生在那一时期。

西高穴二号墓虽然经过多次盗扰，但还是出土了约400件文物，包括陶制明器、铁甲、铁剑、玉珠、刻铭石牌等。相比那些富丽堂皇的汉代诸侯王墓来说，这座同等级墓葬中出土的文物无疑略显寒碜，陪葬器皿以陶器为主，即便是金银器也是比较小型的饰品，以往帝王陵墓常见的玉圭、玉璧也为石圭、石璧所代替，这或许可视为曹操力行薄葬的佐证。

墓中出土的一组刻铭石牌对推断墓主人身份起到了关键作用。这组石牌共62块，分为两类：一类为圭形，尖部穿孔；一类为六边形，上部中间穿孔。据推断，这些石牌都是当时陪葬品的"标签"，上面书写着汉末流行的八分书，如"丹文直领一白绮裙自副""三尺五寸两叶画屏风一"等，此类形制的石牌，在后来发掘的洛阳西朱村曹魏大墓中也有出土，是曹魏时期墓葬的佐证。

令人惊奇的是，部分石牌铭文中出现了"魏武王"的字样，如"魏武王常所用挌虎大戟""魏武王常所用挌虎短矛"。多数专家认为，这里的魏武王指的就是曹操，因曹操下葬时，曹丕尚未称帝，曹操只能以魏武王相称。但也有部分学者持怀疑态度，认为曹魏存续时期称呼"武王"不必加"魏"字，根据"魏武王"铭牌推测墓主人即是曹操证据不足。

随葬品中也发现了一些与曹操个人生活有联系的信息，如一块刻铭石牌有"香囊卅双"字样，这和曹操生前常用香的记载吻合。墓中出土了大量兵器，也发现了书案、陶砚等器具，可以推测墓主人文武兼长的特点，与曹操契合。公安机关还追缴回一件盗墓者由西高穴大墓中盗出的石枕，其上有"魏武王常所用慰项石"字样，专家推测，曹操生前患有头风病，这可能是曹操生前理疗头颈所用的石枕。

此外，在墓前和南侧发现有建筑基址遗存，说明该墓之上原本建有享殿，后被毁弃。而据载，曹操高陵前原本确有享殿、陵屋等建筑，魏将于禁被吴国放归后，曹丕就曾派人在陵屋内画于禁向关羽投降的壁画，于禁拜谒高陵看到后，惭愧至极，发病而死。黄初三年（222年），曹丕下诏以先帝"躬履节俭"为由，拆毁高陵祭殿，地面建筑遂不存。

在发现安阳西高穴大墓之后，考古人员相继又在河南洛阳发现了

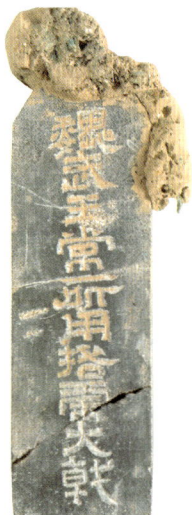

◎ "魏武王常所用挌虎大戟"石牌

东汉，安阳西高穴 M2出土，河南省文物考古研究院藏，潘伟斌供图

孟津曹休墓（详见本书第四章第四节）、西朱村曹魏大墓（详见本书第四章第五节）两座曹魏高等级墓葬。它们无论从墓葬结构还是出土文物，都与安阳西高穴大墓存在着很高的近似度。它们的发现对安阳西高穴大墓墓主身份的研究提供了更多线索和依据。

　　曹操去世距今已经超过了一千八百年，他一生极富传奇色彩，死后又给后人留下了诸多谜团。尽管安阳西高穴大墓从种种迹象都指向了曹操，但还有诸多问题等待着去解答，考古专家对它的探索和研究仍在继续。不过，这不妨碍我们站在漳河之畔的乡野之间，回忆这位曾经在这片土地上叱咤风云的英雄人物。曹操的一生，留给后人的是一段鲜活的历史记忆。2023年4月，曹操高陵遗址博物馆正式对外开

◎ "香囊卅双"石牌（左图）
东汉，安阳西高穴 M2出土，河南省文物考古研究院藏，潘伟斌供图

◎ 白瓷罐（右图）
东汉，安阳西高穴 M2出土，河南省文物考古研究院藏，潘伟斌供图

　　高13.4厘米，口径8.7厘米，四耳，其肩部及腹上部各有一道水波纹，胎体呈白色，施半釉，釉层薄，呈玻璃质，腹下部及底胎裸露。四耳罐是三国时代的典型器形之一。这件瓷罐的独特之处在于其全身为白瓷。此前，传统上认为中国最早的白瓷是北齐范粹墓出土的白瓷。这件白瓷罐的出现将中国白瓷烧造历史提早了三百多年。

放。每个人都可以走近这座大墓，"遇见"自己心中的曹操，构想一个属于自己的三国时代。

◎ 直柄刀

东汉，安阳西高穴 M2出土，河南省文物考古研究院藏，潘伟斌供图

钢质，直柄，单刀，弧形刀尖，通长34.7厘米，刀身长19厘米。

在西高穴 M2中出土了大型刀四件，中型刀两件，小型刀十二件。这把刀属于大型刀。无独有偶，在比邻该墓的 M1也出土了一把铁刀，因其带有刀鞘，形状不详，但根据暴露出来的柄部特征，可判断与 M2的刀为同类。

两墓中出土同类铁刀绝非偶然。有学者认为这就是史书所载的百辟刀。曹操生前曾铸造五把百辟刀，他在《百辟刀令》中说："往岁作百辟刀五枚适成，先以一与五官将。其馀四，吾诸子中有不好武而好文学，将以次与之。"又曹植《宝刀赋》中曾言："建安中，家父魏王命有司造宝刀五枚，三年乃就，以龙、虎、熊、乌、雀为识。太子得一，余及余弟饶阳侯各得一焉，其余二枚，家父自仗之。"

所以，在西高穴大墓中出土的这两把铁刀，很可能就是曹操自留的那两把百辟刀。有学者据此猜测，西高穴 M1可能是曹操为其长子曹昂所建墓冢，因曹昂殁于战事，尸骨无存，因此只能将曹操所藏宝刀一枚下葬，以示纪念。

2

汉魏禅代：

舜禹之事，

吾知之矣

2020年11月5日，豫中大地已入深秋，却并不寒冷。路上旅人稀少，更不会有多少人像我这样，专程从北京来到河南的一座乡村里探访古迹。但是，当我沿着240国道来到河南省临颍县繁城镇，循着导航抵达一处被村舍与田埂围裹的"大土包"下时，心绪久久难平。这里叫作受禅台，白云苍狗，岁月流转，距离那场盛大的禅让仪式已经过去了整整一千八百年。

汉献帝延康元年十月辛未日（220年12月11日），许都城南的繁阳亭旌旗蔽空、人头攒动，所有人仰着脖子，望向一座高台的顶端，在那里，历史的车轮将向前迈出关键的一步。这是东汉王朝的最后一天，也是曹魏王朝的第一天，仅仅几个时辰，两大政权的更替以一种和平的方式完成——禅让。

禅让制度源自上古传说时代。尧舜二帝推位让国，传贤不传子，这种理想的政治图景让后世的道德君子们仰慕不已。但是，那些试图

◎ 受禅台，成长摄

位于临颖县繁城镇，距许昌市区仅12公里。曹丕受禅于颖阴县繁阳亭，后升亭为县，改名繁昌县，唐朝废县始称繁城。现存上圈下方的三层夯土台基，高9.3米，面积约2500平方米。台上平阔，原有殿、亭及天禄、辟邪等建筑，今已不存，仅余荒丘杂草。

受禅台是第五批全国重点文物保护单位。

实践尧舜禅让的人，却无一例外地"翻车"了：燕王哙禅位相国子之，反而导致燕国内乱。王莽披着禅让的外衣窃取国祚，复古改制，弄得天怒人怨，数年间便身死国灭，天下又复归于刘氏。

到了东汉末年，天下崩裂，群雄混战，汉室已经名存实亡。正所谓"郡郡作帝，县县自王"，每个割据势力都幻想着称王称帝，但他们都知道迈出这一步的代价，所以不得不谨小慎微。只有袁术盲目自大，公然僭号，便立即成了天下公敌，下场极为凄惨。

曹操"奉天子以令不臣"，以再造汉家江山的功臣自居，翦灭袁绍、吕布诸雄，统一北方，并逐次进位魏公、魏王，加九锡，权倾朝野，距离帝位已经一步之遥。但是最后这一步，他也很难迈出去。他曾经毫不谦逊地说："设使国家无有孤，不知当几人称帝，几人称王。"但当群臣劝进，甚至孙权都以谦卑的语气劝他称帝时，曹操却笑着说："若天命在吾，吾为周文王矣。"

周文王三分天下有其二，仍臣事于殷。这当然是曹操给自己贴金的话。周文王死后，其子周武王是通过战争来推翻殷商的，而曹操死后，其子曹丕显然没有必要这么做。此时满朝已是魏臣，刘备新败，孙权称藩，内外形势都十分有利于禅让，唯一所缺的就是一套合理的说辞。

因此在曹丕继承王位后，各地官员就开始不断制造各种祥瑞，如"黄龙见于谯"，为曹丕称帝制造舆论氛围。盛行于东汉的"五德终始说"又被捧了出来。经过魏臣们的论证，曹氏的祖先出自颛顼，与舜同祖，为土德。尧舜禅让，就是舜的土德继承了尧的火德，如今汉为火德，曹氏代汉也就是顺理成章的事情。

从曹丕元月嗣位到十月登基，前后经历了长达九个月漫长而烦琐的工作，汉献帝先后四次下诏禅让，群臣数十次上表劝进，曹丕则一而再，再而三地推托。直至十月庚午日（二十八日），曹丕终于撕下伪装，在"登坛受命表"上批下了"可"字。

史书上这样记载这场禅让仪式："辛未，魏王登坛受禅，公卿、列侯、诸将、匈奴单于、四夷朝者数万人陪位，燎祭天地、五岳、四渎。"曹丕建号大魏，改元黄初，废汉帝为山阳公，大赦天下，完成了汉魏禅代的所有流程。清代史家赵翼说："古来只有征诛、禅让二局。"禅代这一和平移交权力的形式，固然有其虚伪的一面，但它将改朝换代的杀戮与流血降到最低限度，某种程度上更符合中国古代的仁政精神和礼治原则。此风一开，遂为后世帝王所效尤。仅仅四十五年后，司马炎就用同样的方式实现了魏晋禅代。

有意思的是，曹丕升坛礼毕后，对群臣说了一句话："舜、禹之事，吾知之矣。"作为禅让的最大受益者，曹丕心里清楚：哪有什么禅让，那些都是披着精致谎言外衣的政治斗争罢了。巧合的是，仅仅六十年

◎《历代帝王图·魏文帝曹丕》
唐，阎立本绘，美国波士顿艺术博物馆藏

重返：三国现场

后，汲郡人不准盗掘魏襄王墓，发现了一大批战国古书，即后世所称的《竹书纪年》，其中赫然写着"舜囚尧于平阳，取之帝位"，完全颠覆了尧舜禅让的故事。

所以，历史的真相到底是什么呢？

受禅二碑

距离受禅台不远的汉献帝庙内，至今存有两通汉魏古碑，一为《公卿将军上尊号奏碑》，一为《受禅表碑》，它们是汉魏禅代这一历史大事的真实见证者。

《公卿将军上尊号奏碑》又称《劝进表》，碑阳22行，碑阴10行，满行49字，部分文字已经漫漶不清。其内容是四十六位公卿将军向曹丕劝进称帝所上的奏章，正文与《三国志·文帝纪》裴注《献帝传》所载群臣最后一次劝进的表章大体吻合，一面宣扬汉室已衰，一面夸耀曹操、曹丕父子的功绩，并引尧舜禹禅让的故事和各种祥瑞之兆，劝曹丕尽快择吉日以登大统，昭告天地。

《公卿将军上尊号奏碑》的一大价值在于，在全文首尾完整罗列了上表劝进的四十六位公卿将军的官爵与姓名，基本涵盖了当时魏国所有头面人物，其职爵与排序可补正史之阙，对研究汉魏禅代时期的政治生态有重要的意义。

这四十六位公卿将军按排序依次为：

"相国安乐乡侯臣歆"，即华歆。

"太尉都亭侯臣诩"，即贾诩。

◎ 受禅二碑，夏口文举摄

"御史大夫安陵亭侯臣朗"，即王朗。

"使持节行都督督军车骑将军陈侯臣仁"，即曹仁。

"辅国将军清苑乡侯臣若"，即刘若。

"虎牙将军南昌亭侯臣辅"，即鲜于辅。

"轻车将军都亭侯臣忠"，即王忠。

"冠军将军好畤乡侯臣秋"，即杨秋。

"渡辽将军都亭侯臣柔"，即阎柔。

"卫将军国明亭侯臣洪"，即曹洪。

"使持节行都督督军镇西将军东乡侯臣真"，即曹真。

"使持节行都督督军领扬州刺史征东将军安阳乡侯臣休"，即曹休。

"使持节行都督督军征南将军平陵亭侯臣尚"，即夏侯尚。

"使持节行都督督军徐州刺史镇东将军武安乡侯臣霸"，即臧霸。

"使持节左将军中乡侯臣郃"，即张郃。

"使持节右将军建乡侯臣晃"，即徐晃。

"使持节前将军都乡侯臣辽"，即张辽。

"使持节后将军华乡侯臣灵"，即朱灵。

"匈奴南单于臣泉"，即呼厨泉。

"奉常臣贞"，即邢贞。

"郎中令臣洽"，即和洽。

"卫尉安国亭侯臣昱"，即程昱。

"太仆臣夔"，即何夔。

"大理东武亭侯臣繇"，即钟繇。

"大农臣霸"，即袁霸。

"少府臣林"，即常林。

"督军御史将作大匠千秋亭侯臣照"，即董昭。

"中领军中阳乡侯臣楸"，推测为夏侯楸。

"中护军臣陟"，失考。

"屯骑校尉都亭侯臣祖"，推测为郭祖。

"长水校尉关内侯臣凌"，即戴陵。

"步兵校尉关内侯臣福"，推测为任福。

"射声校尉关内侯臣质"，推测为吴质。

"振威将军湟乡亭侯臣题"，失考。

"征虏将军都亭侯臣触"，推测为焦触。

"振武将军尉猛亭侯臣当"，失考。

"忠义将军乐乡亭侯臣生"，推测为温生。

"建节将军平乐亭侯臣圃"，即阎圃。

"安众将军元就亭侯臣神"，失考。

"翼卫将军都亭侯臣衢"，推测为赵衢。

"讨夷将军成迁亭侯臣慎"，失考。

"怀远将军关内侯臣巽"，即傅巽。

"绥边将军常乐亭侯臣俊"，推测为李俊。

"安夷将军高梁亭侯臣晷"，失考。

"奋武将军长安亭侯臣丰"，失考。

"武卫将军安昌亭侯臣褚"，即许褚。

《公卿将军上尊号奏碑》的书法以"方整峻丽"著称于世，书体呈现由隶向楷的转变，传为梁鹄或钟繇书丹。

《受禅表碑》碑阳22行，满行49字，详细记叙了曹丕受禅的全部过程，包括受禅时间（"黄初元年冬十月辛未"）、立碑的目的（"以昭德彰义"）、曹丕称帝的资质（"体乾刚之懿姿，绍有虞之黄裔"）、上天所降之祥瑞、曹丕如何推辞、公卿如何劝进以及最终曹丕应允，筑坛设祭，完成了隆重的禅让仪式。文中还详细论述了天命、历数的周转和政权更替的关系，强调魏当代汉的理论根据。

《受禅表碑》无书者姓名。唐代李绰说此碑"王朗文，梁鹄书，钟繇镌字，谓之三绝"。颜真卿则认为是钟繇所书。康有为认为是卫

◎《公卿将军上尊号奏碑》，成长摄

    高3.22米，宽1.09米，碑厚0.32米，圭形碑额，有碑穿，无螭首。

◎《受禅表碑》，成长摄

    高3.22米，宽1.09米，碑厚0.28米，圭形碑额，有碑穿，无螭首。

觊所书。《受禅表碑》书体亦处于汉隶到楷书的过渡期，上承《熹平石经》，在笔法上有所突破，具体表现在落笔逆锋减少，而变之以单刀直入，收笔重顿后迅速提起使成方波，已有楷书雏形。清人杨守敬评价称："下笔如折刀头，风骨凌厉，遂为六朝真书之祖。"

《受禅表碑》与《公卿将军上尊号奏碑》均为第五批全国重点文物保护单位。值得一提的是，两碑所处的献帝庙，原本是当地为曹丕所建的"魏王庙"。到了明代，曹魏已成为篡逆的形象。弘治年间，许州知州邵宝将魏王庙改为献帝庙，并为汉献帝立"汉愍皇帝之神位"碑。于是，被曹丕取而代之的汉献帝刘协在千年之后，在当年的屈辱之地将曹丕"踢"出了祠庙，狠狠"报复"了他。

曹植：
帝国的囚徒

　　"陈王昔时宴平乐，斗酒十千恣欢谑。"在大诗人李白的笔下，陈思王曹植似乎永远是那个诗兴与酒兴齐飞的倜傥公子。这是诗人与诗人之间的惺惺相惜，却不免掺杂了太多的浪漫色彩。

　　受封陈王的时候，曹植已经四十一岁，在此之前，他在数年间多次被迫迁徙封地，从临淄侯到鄄城王，到雍丘王，到浚仪王，再到东阿王，频繁的迁徙让曹植心力交瘁，而所居之地又都不是什么富庶的地方。他曾在文中写道："号则六易，居实三迁。连遇瘠土，衣食不继。"朝廷给予藩王的待遇又很差，"寮属皆贾竖下才，兵人给其残老，大数不过二百人"。而因为此前的罪过，曹植各项待遇又都减半。

　　曹植的后半生，与其说是一名亲王，不如说是一名高级的囚徒。他的兄长魏文帝曹丕、侄子魏明帝曹叡从来没有放松对他的猜忌和监视，尽管这时候的曹植早就失去了对皇位的威胁。

　　曹植，字子建，是曹操与卞夫人所生的第三子，他少有才气，出口成章，极受曹操喜爱，常被曹操带在身边征战四方。曹植许多激昂奋进的诗作都是在这一时期创作的，比如《白马篇》中"仰手接飞猱，俯身散马蹄"的游侠健儿，很可能就是曹植自己从军的写照。最后几句"名编壮士籍，不得中顾私。捐躯赴国难，视死忽如归"也正是曹植在长期的戎马生涯中为自己立下的志向。然而，诗人所特有的天真烂漫，在与冰冷的政治相撞时，总会落得头破血流的下场。曹植多次贪杯误事，还曾违令擅闯司马门，令曹操大感失望。而曹丕却在贾诩的指点之下，用谦恭和朴素来装点自己，展现出一个政治家的稳重与成熟，最终获得了曹操的认可。曹植曾经"几为太子者数矣"，而命运却跟他开了一个玩笑。

曹操去世时，曹植二十九岁，他的人生在这里被劈成了两段。在此之前，曹植过着悠游闲适、风流自赏的贵族生活，与他的文人好友们吟诗作赋、醉饮寻乐。而在此之后，他饱受猜忌与提防，在失意落寞中度过余生。他的诗文风格也随之一变，于是我们看到《怨歌行》中被猜忌的周公，看到《七哀诗》中被遗弃的妇人，看到《赠白马王彪》中微凉的秋风、孤鸣的寒蝉，看到《洛神赋》中缥缈的神女、哀恸的别离。他也曾上书朝廷，请求戴罪立功，为国效力，但换来的却是冷漠与提防。曹植的孤寂与落寞全部都化作了他的才情，写进了那一首首流传于后世的诗赋之中。

曹植墓

太和三年（229年），曹植被徙为东阿王，在此居住三年。《三国志》

载："初，植登鱼山，临东阿，喟然有终焉之心，遂营为墓。"曹植在生前就为自己选好了东阿鱼山这一长眠之地。

东阿即今山东省东阿县，鱼山在县城南郊的黄河北岸。1951年6月，平原省（1949年置，1952年撤销）文物管理委员会对鱼山曹植墓进行清理发掘。当时的曹植墓已经荒废已久，掩映在荒烟蔓草之间，而且遭到了严重的盗扰，可谓一片狼藉。根据考古勘探，曹植墓墓室为砖结构，大致呈东西向，平面呈"中"字形，由外甬道、前室、后室组成。尸体安置在云母片上，已腐朽，仅存部分骨骼。随葬器物摆置在棺木左右两侧，左侧是陶井、陶车和陶鸡、鸭、鹅、狗等家畜家禽俑；右侧是陶灶具和餐具，如陶灶、陶案、陶壶、陶罐、陶盆、陶耳杯等。此外，还有玛瑙坠珠、玉璜、石圭、石璧和铜铺首等。从初步发掘来看，该墓墓室简陋，出土文物价值不高，而且并没有佐证

◎ 东阿曹植墓，成长摄

◎ 石圭、石璧

三国魏，1951年东阿县鱼山曹植墓出土，东阿县文物管理所藏，成长摄

◎ 陶耳杯

三国魏，1951年东阿县鱼山曹植墓出土，中国国家博物馆藏，成长摄

◎ 东阿曹植墓出土"陈王陵"字砖拓本

墓主人身份的直接证据，是否是曹植墓尚有争议。

1977年3月，东阿县文物部门再次清理曹植墓，意外地在墓室前门道高约3米处的墓壁发现一块铭文墓砖。该砖的三面刻有铭文，一面为"太和七年三月一日壬戌朔十五日丙午兖州刺史侯□遣士朱周等二百人作"，一面为"里陈王陵各赐休二百日"，一面为"别督郎中王纳主者司徒从掾位张顺"。连读可得出一段重要的信息，即太和七年（233年）三月一日至十五日，兖州刺史派朱、周两姓士家二百人去修建"陈王陵"，作为补偿，每人享有二百日免除服役的待遇。太和七年即曹植去世的次年，而"陈王陵"也与曹植的身份匹配，东阿曹植墓的真实性得以证实。

东阿曹植墓现为第四批全国重点文物保护单位，并辟为景区。墓内复建有山门、碑亭、碑林、子建祠等建筑。其中存有一通刻于隋文帝开皇十三年（593年）的墓碑，碑高2.57米，碑文共931字，书体为楷书，兼用隶篆。此碑早年曾湮没在大清河（今黄河）中，到清代始捞出，还置于墓前并建碑楼保护。

在曹植墓旁还有一处梵音洞，以及一座梵呗寺，这都与曹植创作梵呗的传说有关。根据佛教典籍记载，曹植在鱼山曾经听到空中飘来

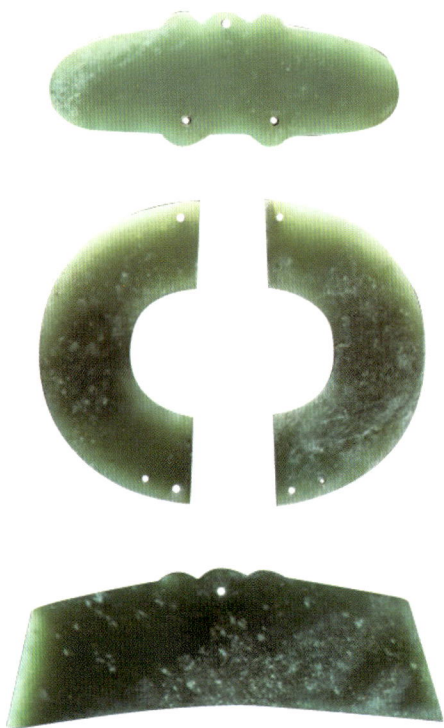

◎ 组玉佩

三国魏，1951年东阿县鱼山曹植墓出土，中国国家博物馆藏

　　这套组玉佩一套四件，云头形玉珩位于最上端，中间是两件相向排列的玉璜，梯形玉饰位于最下端。整体优美，光素无纹。在玉器上发现有穿系的透孔，据专家推测，四件玉佩应是与玉珠、玛瑙相串联在一起的，很可能是曹植生前佩戴之物。

　　组玉佩兴起于新石器时代晚期，兴盛于西周时期，至西汉趋于衰落。东汉末年，组玉佩制度一度被废弃。曹操统一北方后，出于维护统治的需要，推行了新的礼仪佩玉制度。"建安七子"之一的侍中王粲"识旧佩，始复作之"，在汉明帝"大佩"的基础上，创制出一套新式样的组玉佩。曹植墓出土的这套组玉佩，就是目前所见王粲新创玉佩制度最早的实例。

的"梵天之响"，他感悟佛法，文思如泉，于是就写下了中国最早的汉地佛教音乐——梵呗，曹植也被誉为中国佛教音乐鼻祖。

此外，在河南淮阳、河南通许、安徽肥东亦存有曹植墓，应为纪念性质的衣冠冢。

《洛神赋图》

黄初三年（222年），曹植进京朝拜曹丕，在返回的路上经过洛水，"感宋玉对楚王神女之事"，写下了名传千古的《洛神赋》。洛神相传为上古伏羲之女，又名宓妃，溺亡于洛水，化而为洛水之神。曹植所作《洛神赋》，描写的正是他在途经洛水时与洛神相会，思恋不已而终至人神相隔的奇妙经历。

曹植在《洛神赋》中用华丽的辞藻描绘了洛神的惊鸿之美。"髣髴兮若轻云之蔽月，飘飖兮若流风之回雪""体迅飞凫，飘忽若神。凌波微步，罗袜生尘""转眄流精，光润玉颜。含辞未吐，气若幽兰"……对美人的赞美与歌咏在这里被曹植推向了极致。当洛神离去的时候，诗人无限怅惘悲苦之情也溢于言表。

曹植为何要写《洛神赋》？南宋尤袤刻本《文选》引唐人李善注称曹植爱恋嫂嫂甄氏，求而不成。甄氏死后，曹丕将其遗物玉镂金带枕送给曹植，曹植在归途中思念甄氏而作《感甄赋》，后魏明帝改名为《洛神赋》。此说流传甚广，令后世津津乐道，但真实性较为可疑，史家多不从此说。一般认为，曹植歌咏洛神与屈原歌咏宓妃、湘夫人类似，都是借神话人物表达自己政治失意、怀才不遇的愁苦之情。

◎ 东阿曹植墓梵音洞，成长摄

　　曹植的《洛神赋》文字本已十分优美，在他身后近两百年的东
晋，这篇名赋被创作成了千古名画《洛神赋图》。一般认为《洛神赋图》
的作者是顾恺之。画作根据曹植文意布局，分为二十二段设色，通过
山水、人物、龙鱼、车马、神物等元素，描绘了从曹植行临洛水、与
洛神在梦中相会到他与洛神恋恋不舍、最终洛神无奈离去的情景。《洛

◎《洛神赋图》（局部）

东晋，顾恺之绘，宋摹本，纵27.1厘米，横572.8厘米，辽宁省博物馆藏

神赋图》开创了中国传统绘画长卷的先河，为历代论者尊为画中上品。

《洛神赋图》原作早佚，现存摹本六种（一说九种），分藏于故宫博物院、辽宁省博物馆、美国弗利尔美术馆等地。辽宁省博物馆馆藏宋人摹《洛神赋图》是公认时代最早的摹本，画中人物形象高古，风格灵动飘逸。虽为宋人摹本，但画风仍存六朝遗韵。

4 ▼

曹休：吾家千里驹

邙山是位于洛阳城北一片较为低缓的山脉，平均海拔二百五十米左右，东西横亘两百余公里。由于洛阳地区常为王朝定都之所，位于上风上水的邙山就成为古人理想的"营茔之所"。民谚称"生在苏杭，死葬北邙"，唐代诗人白居易有诗云："贤愚贵贱同归尽，北邙冢墓高嵯峨"。据统计，今天的洛阳邙山之上，古代墓葬竟有数十万之多，其中已经探明的帝王陵寝就有二十余座，无怪乎当地有邙山"无卧牛之地"的说法。

东汉、曹魏、西晋定都洛阳，三朝的帝陵大多位于邙山之上。在洛阳市孟津区送庄镇三十里铺村东南连霍高速北侧，就有一座高大的封土堆，当地人称"大汉冢"，据专家推测应为邙山陵墓群中一座东汉帝陵，其墓主人身份学术界有明帝显节陵、安帝恭陵、光武帝原陵等诸说，由于尚未进行发掘，莫衷一是。

2009年初，为配合连霍高速改扩建工程，洛阳市文物考古研究院

224

 重返：三国现场

◎ 曹休墓航拍，洛阳市考古研究院供图

◎ 曹休墓全景（由西向东），洛阳市考古研究院供图

对"大汉冢"东南九百米一座大型墓葬进行抢救性发掘。经过发掘清理，考古工作者发现，这座墓东西长50.6米，南北宽21.1米，深10.5米，整个墓葬由长斜坡式墓道、甬道、前室、耳室、北侧室、南双侧室、后室组成，各墓室全部采用砖券拱顶。然而，该墓发掘时已被严重盗扰，在墓室及甬道上方共发现从唐宋到近代六个盗洞。陪葬品被盗掠殆尽，甚至连墓室地砖都被撬走，这为考古工作者判断墓主人身份造成了很大困难。

根据墓葬规制，考古工作者初步判断其为东汉晚期墓葬，或为"大汉冢"的陪葬墓。但随着一枚重要物证的出现，墓主人身份之谜瞬间柳暗花明。考古工作者在后室北侧偏东的位置发现了一枚印章，印章出土时锈蚀严重，经清理后露出"曹休"二字，从而直接将墓主人锁定在三国曹魏名将曹休身上。

◎ 曹休铜印

三国魏，2009年孟津曹休墓出土，洛阳市考古研究院藏并供图

铜制，边长2.4厘米，高2厘米，桥纽，篆书白文可释读为"曹休"二字，推测是墓主人生前所用之私印。这是考古所见第一枚三国名人的私人印章，弥足珍贵。

曹休，字文烈，是曹操族子。与其他曹氏宗族成员活跃于北方不同，他的祖父曾担任吴郡太守，中原战乱时，他携老母渡江，在吴郡生活多年。曹操起兵后，曹休变易姓名，辗转自荆州北归，加入曹操麾下。曹操见之大喜，称其为"吾家千里驹"，待他如亲儿子一般。曹休担任曹军精锐虎豹骑宿卫，数战有功，尤其是在下辩一战，曹休担任曹洪参军，大破蜀将吴兰、张飞。

曹丕称帝后，曹休凭借战功以及与曹丕的私交，官爵不断晋升。曹休是曹魏高级将领中唯一在江东生活过、熟悉江东地情之人，因此曹丕任命曹休为征东大将军，假黄钺，拜扬州牧，负责对东吴战线的战事。曹叡即位后，曹休又晋升大司马，成为曹魏军界的头号人物。曹休屡挫吴军，战果颇多，也成了吴人的眼中钉。太和二年（228年），吴鄱阳太守周鲂诈降，诱使曹休深入吴地。曹休在石亭为陆逊、全琮、朱桓伏击，大败，不久因痈疽复发而死，谥壮侯。

曹休安葬之地史无记载，但根据1984年发现的东吴左大司马朱然墓位于国都建业郊外判断，同为大司马的曹休墓地极有可能位于曹魏都城洛阳郊外。孟津曹休墓的发现无疑证实了这种推测。此外，该墓没有封土，且墓室坐西向东，均与同一区域的东汉墓不同，这体现了曹魏时期墓葬规制上的新变化，对同一年发掘的安阳西高穴大墓也有着对比与佐证的意义。

考古工作者在曹休墓前室、后室以及北侧室发现了散落的人骨，经鉴定属于一男一女两个个体，男性约五十岁，女性约四十岁。附近出土有铜铺首、铁棺钉和铜帽钉等与棺椁有关的器物，初步推测墓葬内埋葬了三个个体，可能为曹休与两名妻妾。在曹休墓中，

◎ 鎏金铜带钩

三国魏，2009年孟津曹休墓出土，洛阳市考古研究院藏并供图

　　长12厘米，宽2.5厘米。钩首为一兽首，双目圆睁，钩身浮雕一鸟首人身怪兽，双手抱鱼，头两侧双耳竖起，顶端卷曲为花瓣状，造型十分精美。推测该物可能为曹休生前所用。

　　同类带钩在各地已经发现有十多件，如1993年安徽马鞍山出土一枚形状相似铜带钩，据背面刻字"丙午"可推断为吴黄武五年所制，与曹休下葬仅相差两年。2019年，两枚来自魏国和吴国的带钩共同出现在《三国志》特展现场，实现了一次跨越时空的重逢。

考古工作者还发现了两百多块写有朱色文字的扇形砖，文字中有"急""就""奇""觚""与"等字样，恰与东汉时期童蒙读物《急就章》的开篇契合，经推测，这些文字是当时的工匠写在墓砖之上用以记录其位置的。这一细节的补充，也让我们对三国时期的社会生活有了新的了解。

　　目前，曹休墓已进行了加固和保护，并有专人值守，暂未向公众开放。

公主之殇：
西朱村曹魏墓

5
▼

　　中国古代因为医疗条件的落后和疫病频发，婴幼儿的夭折率很高，即使贵为帝王之家也概莫能外。曹操生有二十五子，人们多关注曹丕、曹彰、曹植等长大成才者，实际上，包括曹冲在内的九子都无法避免"早薨"的厄运。文帝曹丕九子中有四人都死在了父亲的前头。明帝曹叡更为不幸，所生三子尽皆早夭，最终只能从宗室里收养子于宫中，立为储君。

　　对曹叡打击最大的是爱女之殇。太和六年（232年）二月，曹叡之女曹淑"涉三月而夭"，曹叡悲痛不已，追谥其为平原懿公主，葬于南陵。为了表达对女儿特别的爱，曹叡做了许多逾越礼制的行为，比如在洛阳为其立庙，取母家甄氏夭折的从孙甄黄为其配冥婚，以夫人郭氏从弟郭悳承其香火，甚至还以成人之礼为其下葬，要求举朝上下都要素衣送葬，朝夕哭泣，而曹叡自己竟也亲自前往送葬。要知道，他的父亲曹丕和他的祖母卞太后去世时，他都没有前去送葬。因此，这一系列举动引起了陈群、杨阜等朝臣的激烈反对，但曹叡根本不听。

这还不算，曹叡还请当时天下最一流的文学家、他的叔父曹植为曹淑写了一篇诔文，以托哀思之情。曹植也曾经历女儿夭折，作《行女哀辞》，对曹叡丧女之痛自然感同身受。于是他受命所写的这篇《平原懿公主诔》就格外动情："何图奄忽，罹天之殃。魂神迁移，精爽翱翔。号之不应，听之莫聆；帝用吁嗟，呜咽失声……"父亲对女儿的款款深情流淌在文字中，令人读之动容。

以上这些故事，原本只是文献中的记载，然而洛阳一座曹魏大墓的发现，让这段一千七百多年前的公主之殇似乎一下浮现在了我们的眼前。

西朱村的未解之谜

河南省洛阳市东南郊的万安山，原名大石山，自古就是洛阳南面的屏障，当年孙坚与董卓军大战的大谷关就在这里。魏明帝曹叡曾在大石山射猎，一只老虎突然逼近了曹叡的车驾，尚书孙礼投鞭下马，欲奋剑斩虎，为曹叡所嘉许。

2015年7月，万安山北麓的寇店镇西朱村村民在迁坟过程中，意外发现了一座古墓葬。洛阳市文物考古研究院随即派工作人员进行现场勘查。

考古人员经过大面积的考古钻探，在西朱村一带发现了三座墓葬，其中 M1、M2 相距较近，仅 405 米，且处在同一水平线上。从 M1 向西 2.5 公里，就是一座被当地人称为"禹宿谷堆"的山丘。据学者段鹏琦考证，这里就是曹魏时期"营洛阳南委粟山为圜丘"的圜丘遗址。圜丘是古代帝王祭天之处，而神奇的是，这处圜丘遗址又与正北方向20公里处的汉魏洛阳城太极殿、阊阖门处在同一南北轴线上，这条线再向南，即对应着万安山两座主峰之间的豁口，这正契合了古人"表山为阙"的营建理念。西朱村大墓与圜丘遗址、汉魏洛阳城太极殿在地图上恰好构成了一个直角，这绝非巧合，应是当时的规划者有意为之，这座大墓与曹魏政权之间隐隐存在着某种联系。

考古发掘也逐渐证实了这一点。考古人员在对西朱村大墓M1清理后发现，这座墓为长斜坡墓道明券墓，东西向，由墓道、甬道、前室、后室组成，墓室由条形砖和扇形砖砌筑。墓葬共发现三个盗洞，

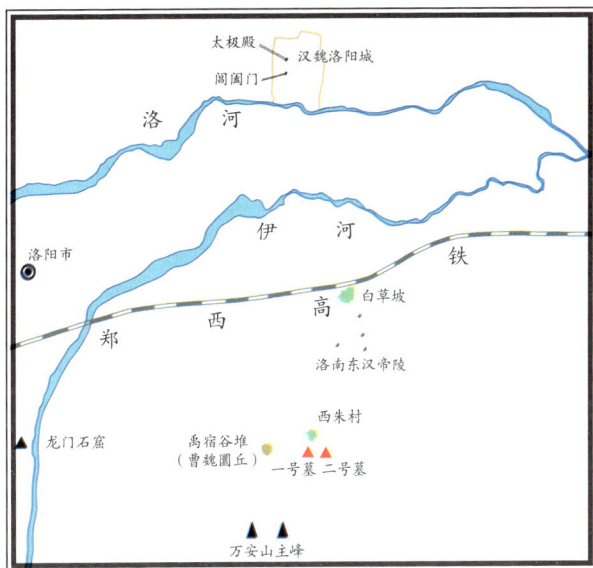

◎ 西朱村曹魏墓、曹魏圜丘与汉魏洛阳城位置示意图，洛阳市考古研究院供图

严重的盗扰使得封门被破坏，顶部大面积坍塌，顶砖、壁砖和铺地砖被大量盗取，随葬品被盗取也很严重。尽管如此，墓葬形制依然保存较好。通过形制可以发现，它与此前在洛阳孟津发现的曹休墓以及安阳西高穴大墓十分相似，可判断为曹魏时期墓葬。而西朱村目前发现的三座大墓均未发现封土痕迹，其周边也未发现建筑遗址，与文献中曹魏时期"不封不树"、不设陵寝的记载相符。

西朱村 M1所用墓砖的大小与形制和孟津曹休墓的墓砖也非常接近，而且还出现相同的戳印文字内容，如"澂泥""沈泥"，可以判断两墓建造时间相距不远。从规模上比较，曹休墓的墓道西宽东窄，最宽有9米，窄的一端只有5米左右。而西朱村 M1的墓道两端宽度相等，宽度为9至9.4米。西朱村 M1墓圹修建得更为规整，墓室砖壁的厚度也较曹休墓更厚，也就意味着其级别可能高于曹休。曹休已经位极人臣，那么西朱村 M1的墓主人等级很可能达到了帝王级别。

考古人员在发掘西朱村 M1的同时，对附近的 M2也进行了勘探。勘探发现，M2地势更高，规模更大，且位于最东侧，应为陵区内最主要的墓葬。据《水经注》载："（来儒之水）其水又西南迳大石岭南，《开山图》所谓大石山也。……山在洛阳南。……山阿有魏明帝高平陵。"《读史方舆纪要》也同样有魏明帝高平陵在大石山（万安山）地区的描述。因而经专家推测，未发掘的西朱村 M2应为魏明帝曹叡的高平陵，M1则是高平陵的袝葬墓，墓主人与曹叡的身份应当十分密切。

尽管西朱村曹魏大墓 M1的出土文物中没有发现像曹休铜印那样可以直接指向墓主人身份的信息，但令人惊喜的是，从墓中出土了300多枚铭文石牌，它们均为平首斜肩六边形，长约8.3厘米，宽4.6至

◎ 西朱村曹魏墓M1墓室（自西向东），成长摄

◎ 西朱村曹魏墓M1墓室内，成长摄

◎ 西朱村曹魏墓M2（魏明帝高平陵）远眺，成长摄

4.9厘米，阴刻隶书文字。它们无论从尺寸还是书写内容，都与安阳西高穴大墓出土的石牌极为相似。此类石牌目前仅见于这两座墓葬，可见它应是曹魏时期丧葬的一种特有的制度。

石牌上的文字为墓葬随葬品的清单，考古人员试图通过这些文字来推断墓主人的身份。石牌文字有"玄三縹二""绛九流（旒）一"，显示墓主人与天子有密切关系。石牌文字中既有"袿袍""蔽结""叉"（钗）等明显的女性服饰和饰品，又有"武冠""平上黑帻""黑介帻""剑一"等男性服饰和佩饰，显示该墓可能为男女合葬墓。这一点从墓中后室出土的四块铁片也得到佐证。这些铁片为垫在棺椁底部的支座，从他们的间距来看，后室原先应当并列放置着两副棺椁。

负责西朱村曹魏墓发掘工作的洛阳市文物考古研究院研究员王咸

秋发现了两块特别的石牌。一块上书"银鸠车一",鸠车是古代幼儿常玩的玩具。晋人杜夷《幽求子》载:"年五岁有鸠车之乐,七岁有竹马之欢。"在洛阳涧西区一处汉墓中,也曾出土过一件铜鸠车,从而能够推断墓主人为夭折的儿童。此外,从墓中出土了一件精美的琥珀小儿骑羊串饰,似乎也将墓主人的身份进一步缩小在儿童的范围内。另一块石牌上写着"七奠蔽结"。"蔽结"即"蔽髻",是魏晋时期流行的一种假髻。《晋书·舆服志》载:"长公主、公主见会,太平髻,七镮蔽髻。"这一石牌又将墓主人身份指向了公主。

根据以上线索推断,一个名字已经呼之欲出,那就是曹叡早夭的爱女平原懿公主曹淑。王咸秋认为,从文献来看,曹叡对平原懿公主

◎ "银鸠车一"石牌

三国魏,2015年洛阳西朱村曹魏墓 M1 出土,洛阳市考古研究院藏并供图

的葬礼屡屡逾越礼制，因此他将爱女之墓建造得堪比帝王，并将其作为自己陵寝高平陵的祔葬墓，也就不意外了。曹植《平原懿公主诔》中所写的"爱构玄宫，玉石交连；朱房皓壁，皓曜电鲜"，也许描述的正是我们面前的这座墓室。而"长埏缮修，神闱启扉；二柩并降，双魂埶依"也正契合了后室中的两座棺椁，棺椁里面躺着的很可能就是曹淑和甄黄两名不幸早夭的孩童。

西朱村曹魏墓现已成为第八批全国重点文物保护单位，如曹休墓一样，当地对墓址进行了加固保护，并制定了建设万安山考古博物苑的方案。

2021年10月，我机缘巧合地走进了这座曹魏大墓之中。我知道，

◎ 琥珀小儿骑羊串饰

三国魏，2015年洛阳西朱村曹魏墓 M1 出土，洛阳市考古研究院藏并供图

考古是一门严谨的科学，在没有发现直接的证据时，所有的推论也只是推论。学术界对于西朱村曹魏墓墓主人身份的猜测仍有多个观点，甚至，我们可能永远不会得到一个确凿的答案。但站在墓室里的那一刻，面对这座从三国历史中"醒来"的地下宫殿，我依然会想到那个"女儿奴"皇帝曹叡，想到他不顾众臣阻拦、执意身着缟素为爱女送葬的那个悲伤的日子。历史因现场而清晰，又在现场被凝固成了永恒的记忆。

书法的革新时代

从汉末而至魏晋，书法迎来了转折与革新的大时代。盛行了四百年之久的隶书走向巅峰，草、行、楷等新的书体则从隶书中脱胎并日臻成熟，一大批书法名家接踵而至。从传世的碑帖之中，我们得以感受到三国时代的文脉悠悠。

《熹平石经》与《正始石经》

东汉末年，汉隶八分书正盛，最享有盛名的书家是蔡邕。蔡邕，字伯喈，陈留圉县（今河南杞县南）人，汉灵帝时为议郎。他博学多才，书法隶篆皆工，且好辞章、术数、天文、音律，是一位全才。董卓专权时，对蔡邕十分敬重。董卓被杀后，蔡邕有同情之色，被王允打入牢狱，死于狱中。

蔡邕在书法方面最大的贡献，就是主持刻制了《熹平石经》。

两汉独尊儒术，天下读书人均以研习儒家经典为要义。但在东汉，儒学经典只能依靠手抄来传播，难免出现讹误与误解。汉灵帝时，担任议郎的蔡邕就发现，学子们手中的经籍"去圣久远，文字多谬，俗儒穿凿，疑误后学"。熹平四年（175年），蔡邕与五官中郎将堂溪典，光禄大夫杨赐，谏议大夫马日磾，议郎张驯、韩说，太史令单飏等联名向灵帝提案，奏请正定"六经"文字。灵帝虽然在政治上昏聩无能，但在文化上颇有见地，他很快就批准了这项提案，中国历史上第一场浩大的刻经工程就此展开。

　　此次刻经由蔡邕主持，选定《周易》《尚书》《诗经》《礼记》《春秋》《公羊传》《论语》七部儒家经典正本，据《后汉书》载，这些经籍先由蔡邕书丹，再由工匠刻石。不过据如今流传的残石文字来看，字体不像出自同一人，书丹可能由蔡邕与多人合作完成。其文字是标准的八分隶书，字体方正，沉稳大气。据载，石经共刻碑46座，每碑宽约1.4米，高约3米，全部碑文约20万字。刻经工作从熹平四年一直持续至光和六年（183年），历时九年方完工。石经刻成后，被立于京师洛阳开阳门外太学（遗址在今河南省偃师市佃庄镇）讲堂东侧，供天下士子誊抄校正。石经的刊刻在当时引发了极大的轰动，史载"其观视及摹写者，车乘日千余辆，填塞街陌"。石经成为天下学子的"标准教科书"。因为石经刻于熹平年间，故称《熹平石经》。

　　汉代经学有今文经学与古文经学之分，今文经学专讲微言大义，而古文经学却注重训诂复古。《熹平石经》全部采用隶书书写，属今文经学，为官方所推崇。到了曹魏正始二年（241年），当时的朝廷为了平衡今古经学，下诏再次刻经。此次刻经仅刻《尚书》《春秋》

◎《熹平石经》拓片（碑阳、碑阴）

东汉，1929年洛阳汉魏太学旧址出土，西安碑林博物馆藏并供图

碑阳高31厘米，宽66厘米，厚约16厘米，刻《周易·下经》中"家人"至"小过"二十六卦部分文字，存28行，可识246字，碑阴刻《周易·系辞》下传及"文言""说卦"两传部分文字，存20行，可识191字。

1931年，著名书法家于右任购得此石。1936年，于右任将此石捐归陕西公有。因时局动荡，时任西安碑林管理委员会主任委员张鹏一将此石密藏于碑林东院，后为躲避日机轰炸，又转藏至富平董南堡家中。解放战争中，残石又辗转运至三原于右任侄于期家中。新中国成立后，残石历尽坎坷，才复归西安碑林，一直陈列在碑林第三展室。

◎《正始石经》残石（拓本）

三国魏，1922年河南偃师佃庄乡大郊村（今太学村）出土，洛阳博物馆藏并供图

与部分《左传》，共35座碑（一说25座），每碑高2米，宽近1米，立于太学讲堂西侧，是为《正始石经》。与《熹平石经》不同的是，此次刻经同时采用篆文、古文、隶书三种字体书写，篆文即秦小篆，古文即秦之前所用古字，又称"蝌蚪文"。因此这一系列碑刻又叫"三体石经"。《正始石经》的书写者，有邯郸淳、卫觊、嵇康诸说，王国维等学者认为应为曹魏书法家多人书写。

《熹平石经》与《正始石经》自刊立于洛阳后，便屡遭战乱损毁。董卓焚烧洛阳，太学荒废，《熹平石经》开始遭到破坏。北魏之初，冯熙、常伯夫相继为洛州刺史，竟取石经为建筑石料。东魏时期，权臣高澄将两部石经迁往邺城，但途中至河阳（今河南孟州）逢河岸崩塌，部分石碑坠入水中，至邺城已不到半数。隋朝定都长安，又将《熹平石经》迁往长安，期间多有遗失损毁，有的石经甚至被用去当作础柱。到了唐太宗时，魏征收集残存的两部石经，已是十不存一。

民国至今，陆续有石经残石出土，散佚各处。据统计，如今《熹平石经》残石共存9000余字，散存于中国国家博物馆、国家图书馆、西安碑林博物馆、上海博物馆、河南博物院、日本东京书道博物馆等地。《正始石经》残石共存2500余字，散存于中国国家博物馆、故宫博物院、河南博物院、洛阳博物馆等地。

楷书之祖

三国魏的书法家里，钟繇可谓首屈一指。钟繇，字元常，颍川长社（今河南长葛东）人。钟繇出身颍川名门，曹操辅政后，钟繇为荀或所推荐，以侍中领司隶校尉，持节督关中诸军，为曹操稳定西方，安抚马腾、韩遂，立有大功。曹操封王，钟繇任大理、相国。曹丕称帝后，钟繇迁太尉，封平阳乡侯。曹丕称赞他和华歆、王朗"此三公者，乃一代之伟人也，后世殆难继矣"。明帝时，钟繇官至太傅，位极人臣，去世后，明帝素服临吊，谥成侯。

钟繇被后世尊为"楷书之祖"，其书法体现着隶书到楷书的过渡。张怀瓘《书断》评价他的书法："点画之间，多有异趣，可谓幽深无际，古雅有余。秦、汉以来，一人而已。"其真迹至东晋时已亡佚，后世所见钟繇书法多为临摹，现传世有"五表"：《宣示表》《荐季直表》《贺捷表》《调元表》《力命表》。钟繇书法对后世影响深远，王羲之书法便上承钟繇，后世将二人并称"钟王"。钟繇之子钟会亦善书，尤擅模仿他人笔迹伪造书信。

魏晋另一大书法世家是河东卫氏。卫觊官至魏尚书，觊子卫瓘官至晋太保，瓘子卫恒，恒侄女卫铄，祖孙四代皆善书，卫恒作有《四体书势》，论述古文、篆书、隶书、草书四种字体的发展变迁，是我国存世最早的书法理论作品。卫铄又称卫夫人，是王羲之的授业恩师，撰有《笔阵图》。

三国蜀汉无书家记载，亦无书法作品传世，传《远涉帖》为王羲之摹诸葛亮书，但多认为是伪作。三国吴的书法，本书第六章第六节《吴碑四种》另叙。

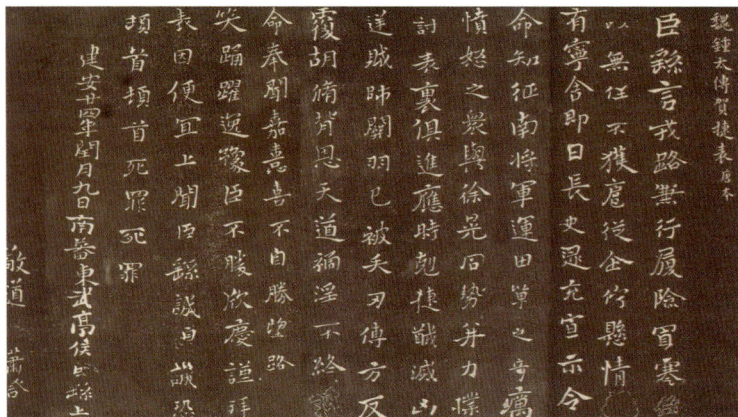

◎《贺捷表》

《贺捷表》又名《戎路表》，三国魏钟繇书，小楷，共十三行，全文如下：

臣繇言戎路兼行，履险冒寒。臣以无任，不获扈从，企仰悬情，无有宁舍。即日长史逮充宣大令，命知征南将军运田单之奇，厉愤怒之众，与徐晃同势，并力扑讨。表里俱进，应期克捷，馘灭凶逆。贼帅关羽，已被矢刃。傅方反覆，胡修背恩，天道祸淫，不终厥命。奉闻嘉憙，喜不自胜。望路载笑，踊跃逸豫。臣不胜欣庆，谨拜表因便宜上闻。臣繇诚惶诚恐，顿首顿首、死罪死罪。建安廿四年闰月九日，南蕃东武亭侯臣繇上。

《贺捷表》记载了建安二十四年（219年）关羽兵败襄樊的重大历史事件。当时钟繇受魏讽谋反案牵连，遭免官在家，闻听捷报，即向魏王曹操上此表。钟繇在表中盛赞了征南将军曹仁在此次战事中的表现，将他守城却敌之举比拟为战国以火牛击退敌人的田单。在庆贺关羽覆败的同时，钟繇也嘲讽了南乡太守傅方、荆州刺史胡修投敌身死的下场。《晋书》载司马懿曾向曹操谏言傅方、胡修才不堪用，不可守边，曹操不听，二人果然降关羽，但未记载二人下落。《贺捷表》可补史传之阙。钟繇作《贺捷表》，除了向曹操贺捷外，可能也有希冀再度出山做官的意图。不久曹丕即位，钟繇遂官复原职。

此表是楷书，但还保留较浓的隶书笔意。如字形多呈扁方，横画、撇画、捺画伸展得很长。《贺捷表》是现存钟繇书作中最能体现其风格的作品。

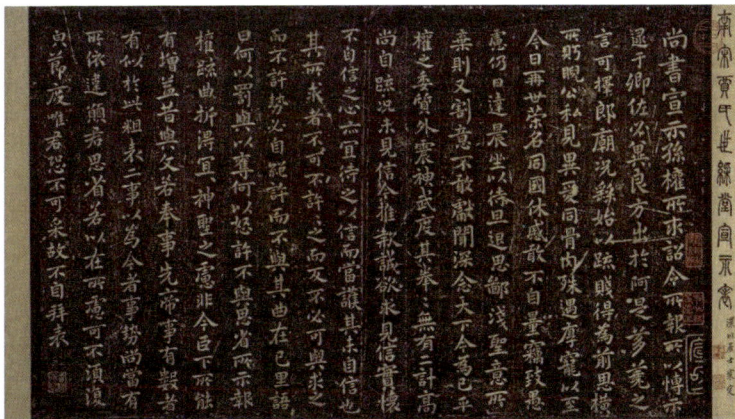

◎《宣示表》

《宣示表》为三国魏钟繇书，小楷，共十八行，全文如下：

尚书宣示孙权所求，诏令所报，所以博示。逮于卿佐，必冀良方出于阿是。
乌苾之言可择廊庙，况繇始以疏贱，得为前恩，横所盱睨，公私见异，爱同骨
肉，殊遇厚宠，以至今日。再世荣名，同国休戚，敢不自量。窃致愚虑，仍日达
晨，坐以待旦。退思鄙浅。圣意所弃，则又割意，不敢献闻。深念天下，今为已
平，权之委质，外震神武。度其拳拳，无有二计。高尚自疏，况未见信。今推款
诚，欲求见信，实怀不自信之心，亦宜待之以信，而当护其未自信也。其所求者，
不可不许，许之而反，不必可与，求之而不许，势必自绝，许而不与，其曲在己。
里语曰：何以罚？与之夺；何以怒？许不与。思省所示报权疏，曲折得宜，宜神
圣之虑。非今臣下所能有增益，昔与文若奉事先帝，事有数者，有似于此。粗表
二事，以为今者事势，尚当有所依违，愿君思省。若以在所虑可，不须复貌。节
度唯君，恐不可采，故不自拜表。

此表应作于黄初元年（220年）至二年（221年）孙权遣使称臣之时，从"先帝"
二字可知，当时曹丕已经代汉称帝，时钟繇为廷尉，封崇高乡侯。早在孙权送关
羽首级时，曹丕就曾与钟繇互致书信论及此事。钟繇调侃孙权趋炎附势，形容他
"妩媚"，曹丕拿到书信后读到此处，"执书嗢噱，不能离手"。

从《宣示表》中可以看到，曹丕对于是否接纳孙权称臣颇为犹豫。钟繇在表
文中认为孙权的称臣完全是因为震慑于大魏的天威，是怀有诚意的，但很不自信。

钟繇建议曹丕给予孙权充分的信任，接纳他的投降，即便孙权反复，失信于国，罪责也在他。钟繇还提到了自己当年与荀彧侍奉曹操的时候，也经历过外藩归附这样的事情（推测可能是张绣、马腾等来降），他将其中两件事写下来附在后面，给曹丕参考。

从后来的历史记载来看，钟繇《宣示表》起到了其预计的效果。曹丕采纳了他的建议，于黄初二年秋八月派太常邢贞持节拜孙权为大将军，封吴王，加九锡。但孙权对魏的臣服关系仅仅维持了一年多，到了黄初三年（222年）十月，孙权拒送质子入朝，魏吴关系再次破裂，孙权显然不像钟繇所说的那样"款诚"。

《宣示表》是钟繇最负盛名的书法作品，无论是笔法还是结构，都显示出比较成熟的楷书体态，点画道劲而显朴茂，字体宽博而多扁方，为后世书家所推崇。

◎ 宋刻《宣示表》原石
南宋，首都博物馆藏，成长摄

相传东晋宰相王导生前非常喜爱钟繇书法，王导东渡过江时，抛下了所有的金银细软，却不忘将《宣示表》缝藏在衣服里随身携至江南。后王导将《宣示表》送给了堂侄王羲之，王羲之又将它送给好友王修。王修死后，其母将《宣示表》真迹陪葬，该表遂不存于世。后世各帖均传刻自王羲之临写本。

南宋末年，权臣贾似道命门客廖莹中、名工王用和将其摹刻成石。此后王羲之临本不知所终，而刻石却因为埋入杭州贾氏旧宅而得以保存。明代晚期，有人从杭州贾氏旧宅的地下将这方原石挖出。清代画家金农在背面刻写了题跋，并评价道："清瘦如玉，姿趣横生，绝无平生古肥之诮。"2009年，该刻石为首都博物馆收藏。

◎《曹真碑》（拓本）

三国魏，清道光二十三年（1843年）出土于陕西西安南门外，故宫博物院藏

曹真，字子丹，沛国谯县（今安徽亳州）人，原姓秦，其父秦邵为曹操募兵遇害，曹操收其为养子。曹真少与曹丕亲近，督虎豹骑，屡立战功。曹丕即位后，以曹真为镇西将军，假节都督雍、凉军事。曹丕临终前，曹真为四名辅政托孤大臣之一。曹叡即位后，曹真拜大将军、邵陵侯，后又迁大司马。曹真曾两度挫败诸葛亮北伐，并于太和四年率师伐蜀，因大雨班师。太和五年（231年），曹真病卒，谥元侯，子曹爽袭爵。正始年间，曹真从祀太祖庙庭。

《曹真碑》出土时已残断，存高82厘米，宽122厘米，碑阳刻字存20行235字，碑阴存刻字30行485字，隶书体，内容为曹真死后故吏、州民叙述其功德。碑文载有曹真平定羌胡叛乱、对蜀吴作战获胜的事迹，提及"诸葛亮"、"陆议"（即陆逊）、"朱然"等三国著名人物。但因立碑者持魏国立场，故有"蜀贼诸葛亮称兵上邽"的叙述。碑石出土后，"蜀""贼""诸葛亮"等字为当地人凿去。碑阴故吏有张缉、傅芬（傅嘏）等三国著名人士。

◎《东武侯王基断碑》原石

三国魏景元二年（261年）刻，清代洛阳城北安驾沟村出土，洛阳博物馆藏，武丹摄

王基，字伯舆，东莱曲城（今山东招远）人，初为郡吏，黄初中察孝廉，任郎中，为青州刺史王凌表为别驾。正始年间，大将军曹爽表王基为中书侍郎，出为安丰太守，有治绩，吴不敢犯，加讨寇将军。高平陵之变后，司马氏重用王基，以为荆州刺史，累迁为征南将军，封东武侯，长期都督荆州军事，在平定毌丘俭、诸葛诞叛乱和对吴作战中立有大功，为司马氏心腹之将。景元二年，王基病卒，追赠司空，谥景侯。

《东武侯王基断碑》虽未现王基之名，但据碑文可知内容为叙述王基功德，与史传中王基之官爵、履历契合。至于碑文为何不着名，清人叶昌炽等认为可能与曹魏禁碑的规制有关。该碑书体与《曹真碑》相似，隶体中已有明显的楷意。据传该碑出土时，半段尚未刻凿，朱书灿然，可惜因未加保护而磨灭，但可证明汉魏碑刻先书丹后镌字的镌刻过程。

◎《邓太尉祠碑》（拓本）

前秦建元三年（367年）刻，西安碑林博物馆藏并供图

此碑为圭形，尖首，方座，有碑穿，高170厘米，宽64厘米。

邓艾，字士载，义阳棘阳（今河南新野北）人。少孤，为人养牛。为司马懿辟为掾，著《济河论》，提出在江淮一带开河屯田，为司马懿采纳。曹魏后期，邓艾历任安西将军、镇西将军、征西将军、都督陇右诸军事，长期镇守魏西部边境，多次挫败蜀大将军姜维的北伐。景元四年（263年），邓艾与钟会分兵伐蜀，邓艾率军走艰险难行的阴平道，迂回至蜀军主力后方，兵临成都，迫使后主刘禅出降，创造了军事史上的奇迹，因功拜太尉。不久，邓艾为钟会所诬，冤死。

邓艾死后，多地均有为邓艾建祠立碑之事。《邓太尉祠碑》原在陕西蒲城县西头乡坡底村，应为原蒲城邓艾祠旁所立。碑阳文字已漫漶不清，额部勉强可识"魏故太尉邓公祠碑"八字。碑阴文字19行，内容为前秦建元三年冯翊护军郑能进重修邓艾祠的题记及其属吏题名，书体介于隶楷之间，是十六国时期书法的典型代表。

竹林七贤：砖画上的魏晋风度

7

汉末三国的战争与动荡，除了给平民百姓带来了无尽的灾难，也给士大夫带来了信仰的崩溃。儒家思想所确立的社会秩序在乱世中坍塌瓦解，面对荒谬的时代，一些人选择了逃避，他们隐居竹林，终日饮酒、清谈、纵歌，逃避俗世，后人给了他们一个雅号，叫作"竹林七贤"。

"竹林七贤"的核心人物是嵇康、山涛和阮籍。嵇康，字叔夜，谯国铚县（今安徽濉溪）人，娶曹魏宗室之女，少有俊才，豪迈不群，任性而为，曾为中散大夫，但在司马氏夺权后便厌倦政事，与河内怀县（今河南武陟）人山涛、陈留尉氏（今河南开封）人阮籍隐居于山阳竹林之中，过起了世外桃源的生活。竹林的位置，据考证大致在今河南修武、辉县一带，此地既远离俗世、自得幽静，又与当时的政治中心洛阳相去不远，对士大夫阶层有着极大的影响力。因而，不久之后，便有向秀、刘伶、阮咸、王戎等人纷至沓来，集于竹林之下，肆意酣畅。"竹林七贤"由此扬名。

250

"竹林七贤"各具特色：嵇康好琴，不仅琴艺高超，而且能够自撰曲目。他在诗中曾这样描述自己弹琴的场景："目送归鸿，手挥五弦。俯仰自得，游心太玄。"阮籍时常抱膝长啸，即从口中发出一种悠长的叫声，数百步之外都能听到。阮咸还擅长弹奏一种类似于琵琶的四弦琴，后世遂用他的姓名为这种乐器命名。刘伶是个十足的酒鬼，他常常坐着鹿车，带一壶酒，使仆人扛着锹跟着说："死便埋我。"他们的共同之处是好谈老庄、不拘礼法，"越名教而任自然"。嵇康公然称自己"非汤武而薄周孔"，阮籍更是口出狂言："礼岂为我辈设也？"

　　"竹林七贤"特立独行、放浪自在、悠游于物外的状态成为三国晚期的一道风景线，尽管他们最终走向了分裂与毁灭，有的如山涛、王戎投身司马氏，做了高官，有的如嵇康拒绝与司马氏合作，慷慨赴刑，终致广陵绝响。但"竹林七贤"的名气在他们身后却越来越大。尤其到了东晋、南朝，伴随着清谈玄学的兴盛，越来越多的贵族成为"竹林七贤"的追随者和崇敬者，他们除了效仿"七贤"怪诞的行为，还为他们绘制了栩栩如生的画像，戴逵、顾恺之、陆探微等名家都画过此类题材的作品。南齐东昏侯萧宝卷建玉寿殿，壁上亦绘有七贤图，但这些画作早已不存。

　　1960年4月，一位基建工人在南京西善桥宫山北麓取土时发现地下有大量古墓砖，遂通知不远处正在发掘太岗寺新石器时期文化遗址的考古人员，考古人员决定迅速对此处开展抢救性发掘，一座南朝帝王规格的砖室券顶陵墓惊现于世。墓中最大的收获是墓室两壁上的一对砖刻壁画，壁画上绘制了八人，即"竹林七贤"与春秋隐士荣启期，他们神采飞扬而又神态各异，既与文献中记载的形象吻合，又充实了大量生动的细节。拨开历史的迷雾，"竹林七贤"以这样一幅静态的"标准照"穿越时空，向我们走来。

竹林七贤与荣启期砖画

砖画分南北两组，分别长2.4米，高0.8米，距离底部0.5米。南侧壁刻有嵇康、阮籍、山涛、王戎四人，北侧壁刻有向秀、刘灵（伶）、阮咸、荣启期四人。荣启期是春秋时的隐士，早"竹林七贤"七百多年。作画人将荣启期与"竹林七贤"并列，可能是为了满足墓室两壁画面对称的需要。

砖画上的八名高士形态各异，各具特色：嵇康头发蓬松，袒胸露足，以手抚琴，双目远眺；阮籍指含口中，做长啸状；山涛右手挽着左袖，左手端着酒杯；王戎斜靠在巾箱上，把玩着手中的玉如意；向秀一肩袒露，闭目沉思，刘伶一手执杯，一手勾指蘸酒；阮咸抱阮弹奏，荣启期须发稀疏，以指挑琴。八人之间以树木相隔，既气韵相连，又各自独立，线条飘逸自如，人物栩栩如生，具有极高的艺术水准。画中还有一些有趣的细节，如阮籍和王戎身边的酒器中有一只漂浮的小鸭子，据考证，这只小鸭子是用来起到标识酒量的作用，以方便侍者及时为客人添酒。

这幅"竹林七贤"与荣启期画像绘制在由两百多块古砖拼砌而成的墙面上，砖块或横或纵，在砖块侧面发现有"嵇下行四""向下行廿一"等刻字样，可以推测，这幅砖画图应原有一粉本（即底稿），由工人将画面拆分后制成模具，模印成砖，再将砖块按照顺序拼合起

◎ 竹林七贤与荣启期砖画（南侧壁）

南朝，1960年江苏南京西善桥宫山墓出土，南京博物院藏，成长摄

◎ 竹林七贤与荣启期砖画之嵇康

◎ 竹林七贤与荣启期砖画之阮籍

◎ 竹林七贤与荣启期砖画之山涛

来，并砌入墓室，这种墓葬装饰艺术从设计到施工是一个相当复杂的过程，最后在墓中呈现出的虽然是看似简单的平面化图像，却是一场工艺接力的结果，可以看到当时工艺水准已经十分成熟高超。

南京宫山墓被发现后，考古人员在南京、丹阳一带又陆续发现了几座绘有"竹林七贤"形象的砖画墓。2010年，南京石子冈发掘了一座南朝墓，这座墓中也发现了数量众多的画像砖，但堆砌得杂乱无章，依稀能看出是一幅"错版"的砖画。经过专家学者的复原，石子冈5号墓砖画上的内容也是"竹林七贤与荣启期"，而且与宫山墓的构图、线条几乎完全一致。专家据此推测，两座墓中的砖画极有可能是由同一粉本，同一批模范制作出来的。更有学者认为，这幅粉本在南朝被多次制作为贵族墓室砖画，很可能出自当时的名家之手，如顾恺之、陆探微等。

宫山墓出土的竹林七贤与荣启期砖画是我国首批禁止出国（境）展览文物，收藏在南京博物院。"错版"的石子冈5号墓砖画收藏于六朝博物馆。

嵇康墓

1975年3月，安徽省涡阳县（时属阜阳，今属亳州）村民在石弓镇郭楼村郭土山上开山取石，发现一座古墓。整个墓凿石而建，巨石封门，上覆山土，墓在山腹中，与山一体，长3.3米，宽1.9米，残高1.4米，被当地认定为嵇康墓，现为亳州市文物保护单位，常有嵇姓后人前来拜谒。

◎《高逸图》

唐，孙位绘，绢本设色，纵45.2厘米，横168.7厘米，上海博物馆藏

　　《高逸图》现存为残本，绘有四名古代隐士，皆坐于席间，最右一人抱膝而坐，中右一人手持如意，中左一人手捧酒盏，最左一人手持麈尾，四人褒衣博带，神态自若。该画作在长期流传中，都没有人识别出图上的隐士究竟是谁。北宋年间该图为皇室所收藏，宋徽宗在卷首用瘦金书题"孙位高逸图"五字，可见他也不能确定画面中"高逸"的身份。直到1960年南京宫山墓《竹林七贤与荣启期砖画》出土后，学者发现《高逸图》中人物的神态、服饰、造型与砖画中的"竹林七贤"十分相似，这才推断出《高逸图》中的四人自右至左依次为山涛、王戎、刘伶和阮籍。

　　《高逸图》是我国第二批禁止出国（境）展览文物。

据《魏书》《北史》载，宋季孺曾于谯、宋之间凭吊嵇康，则嵇康应葬于今安徽北部、河南东部一带。另据《晋书》载，嵇康家族本姓奚，居会稽，其先祖因避怨迁至谯郡铚县，居于嵇山，即以嵇为姓。《元和郡县图志》载嵇山在临涣县西三十里。据当地县志称，嵇康死后还葬于故乡嵇山之上，今郭土山即为嵇山。

嵇康墓被发现后，文物部门对墓穴进行保护和清理，发现一批珍贵文物，但没有发现墓主人为嵇康的明显证据，文物部门将这批文物断代为西汉。

◎ 涡阳嵇康墓，ketterwen 摄

◎ 鎏金香薰炉（右页上）
西汉，1975年涡阳县石弓镇嵇山墓出土，阜阳市博物馆藏并供图

　　通高10.5厘米，口径8.5厘米，底径6.7厘米。豆形，铜质，表面鎏金。有盖，子母口，盖面隆起，透雕三只曲颈扭腰的虎，首尾相连。

◎ 描金鎏金铜座白玉杯（右页左）
西汉，1975年涡阳县石弓镇嵇山墓出土，阜阳市博物馆藏并供图

　　通高8.1厘米，口径4.9厘米，底径4.2厘米。杯体系用整块羊脂玉雕琢而成，呈圆筒形。

◎ 鎏金铜樽（右页右）
西汉，1975年涡阳县石弓镇嵇山墓出土，阜阳市博物馆藏并供图

　　通高10.7厘米，口径7.4厘米，是盛酒用的器皿，体呈圆桶形，铜质，表面鎏金，有盖。

辽
东
纪
功

　　辽东，即辽河以东地区，在两汉时期为国家版图的最东北端。秦时即已设辽东郡，汉武帝时灭卫满朝鲜，设乐浪、玄菟、真番、临屯四郡，将版图由今辽宁省延伸至朝鲜半岛西北部。汉末三国时期，中原战乱，地处偏远的辽东长期为公孙氏政权所割据，游离于三国纷争之外，形成了独特的政治生态。

　　辽东公孙氏政权兴起于公孙度。公孙度，汉末襄平（今辽宁辽阳）人，少时移居玄菟（今辽宁沈阳附近），初平元年（190年）为辽东太守。公孙度在郡，对内诛戮豪族，对外征讨高句丽、乌丸，威行海外。中原纷乱后，公孙度自立为辽东侯、平州牧，自署官吏，郊祀天地，俨然成为辽东"土皇帝"。公孙度死后，其子公孙康嗣位。康杀袁尚、袁熙，送其首级于曹操，被封为襄平侯，拜左将军，继续保持在辽东的割据地位。康死，其弟公孙恭摄政。

　　魏太和二年（228年），公孙康之子公孙渊夺叔父之位，魏国继续对他进行册封和安抚。但公孙渊并不满足于此，他暗通孙权，对曹魏使者出言不逊，心生叛意。魏景初元年（237年），公孙渊自立为燕王，改元绍汉，置百官，引诱鲜卑，公然与魏国为敌。次年，魏太尉司马懿率军远征辽东，燕军溃败，魏军将公孙渊围于襄平城中。八月，公孙渊突围失利被杀，公孙氏政权统治辽东历三代四人，凡五十年。

公孙氏统治时期，辽东较少受到战乱侵袭，政局相对较为稳定，如管宁、邴原、王烈、国渊等名士甚至迁往辽东避难。公孙氏政权重视生产，辽东地区的生活水平较为富足。这些从考古发现上得以印证，在公孙氏政权核心区域辽阳一带陆续发现了众多汉魏时期大型墓葬，墓室内发现有众多精美的彩绘壁画，从中可见公孙氏贵族生活的富足。

与辽东地区东部接壤的是高句丽。高句丽是公元前一世纪扶余人所建的政权。汉魏之际，高句丽开始壮大。曹魏征讨公孙渊时，高句丽曾派兵助魏，但其主位宫（又称东川王）逐渐滋生反意，不断侵扰边境。正始五年（244年），魏度辽将军、幽州刺史毌丘俭率军从玄菟郡出发，分兵多路讨伐高句丽。魏军大败高句丽军，直抵其国都丸都山城（今吉林集安）。毌丘俭"束马县车，以登丸都，屠句骊所都，斩获首虏以千数"，摧毁了这座坚城。次年，毌丘俭再征高句丽，位宫南渡鸭绿江，逃奔买沟（今朝鲜会宁市）。为绝后患，魏玄菟太守王颀率师远征，过沃沮千余里，直至肃慎氏南界（今俄罗斯滨海地区）。

毌丘俭东征，获胜之大，追逐之远，都刷新此前历代中原王朝对东北用兵的纪录。据《三国志·毌丘俭传》，为了纪念此次远征胜利，毌丘俭"刻石纪功，刊丸都之山，铭不耐之城"。一千六百多年后，当年毌丘俭所刻的纪功碑在集安重现于世。它让我们看到，即便是在远离魏蜀吴纷争核心的边陲之地，也涤荡着属于三国的历史回响。

辽阳汉魏壁画墓

　　1918年，日本人八木奘三郎、塚本清在辽阳东北郊迎水寺村太子河右岸发现了一座东汉晚期墓葬，并进行盗掘，发现墓室石壁上绘有彩绘壁画。该墓即迎水寺墓，是辽阳乃至中国境内考古发掘发现的第一座汉代壁画墓。辽阳汉魏壁画墓群的发现由此揭开序幕。

　　辽阳壁画墓早期的发掘都是日本人进行的，如北园1号墓、棒台子1号墓。他们虽然获得了一些考古成果，但也窃取了许多珍贵的文物和考古资料，且因为野蛮发掘和疏于保护，对壁画墓造成了许多不可逆的破坏。

　　中华人民共和国成立以后，中国考古工作者对已发现的辽阳壁画墓进行封存保护，并开始自主进行调查和发掘，经过数十年的考古工作，考古工作者陆续清理发掘了三道壕车骑墓、三道壕令支令墓、北园2号墓、棒台子2号墓、鹅房墓、南环街墓等，它们的年代位于东汉晚期至西晋初年，壁画墓多用石板构筑，以彩墨绘制壁画，墓外封土高大，可见其墓葬形式仍承袭东汉，未受到实施薄葬制度的魏、晋影响。

　　辽阳即汉魏时的襄平，是辽东地区的政治、经济、文化中心。公孙氏政权割据辽东五十年，辽阳始终是其都邑所在，这也正是辽阳地区分布数量庞大的汉魏壁画墓的原因。辽阳汉魏壁画墓的壁画年代之早、数量之多、艺术造诣之高在全国可谓独树一帜，画面中形象地反映了汉魏时期辽东贵族豪门在宫室、舆马、服饰、丧祭、饮食、声色、玩好等方面的生活，细节生动，色彩鲜活，形象逼真，车马人物跃然壁上。其中，北园1号墓规模最大、绘画水平最高、题材最为丰富。该墓被盗掘严重，人骨及随葬品已不存，唯有壁画保存完好，主要发现于西南耳室、中央樟室、东侧走廊及后耳室，题材包括宴饮图、属吏图、楼阁图、后羿射鸟图、乐舞百戏图、斗鸡图、车马出行图等。此墓年代在东汉晚期至汉魏之际，推测墓主为郡守一级的官吏。

截至2014年，辽阳汉魏壁画墓已经发现33座，其中16座被列为全国重点文物保护单位，跨度从1961年的第一批到2019年的第八批，这在全国的"国保"单位中都是罕见的。由于壁画十分脆弱，极易损坏脱落，目前大多数壁画墓都已进行回填保护，原件极难得见。在辽宁

◎《车骑出行图》
辽阳北园一号墓壁画摹本，辽宁省博物馆藏

省博物馆、辽阳汉魏壁画馆展出有部分壁画的复制品。

毌丘俭纪功碑

1906年，时值清末光绪年间，辑安县（今吉林集安）村民王海太等人在板岔岭修筑公路，于荒山坡地发现了一块残断碑石，上交至辑安县团练总长高德隆。高德隆通晓金石碑刻，他意识到这块残碑的价值，亲自率领军民到残碑出土地点再行寻找，但再无其他碑石。高德隆只好将残碑运回辑安县城，呈献给知县吴光国，吴将其收藏在集安县的劝学所内。这块碑就是《毌丘俭纪功碑》。

碑石出土的消息引起了日本人的注意，日本浪人廉谷重金贿赂劝学所所长曲万修，准备将碑盗卖日本，好在高德隆将此案破获，使残碑免于流失海外。为防止再度被盗，吴光国将此碑送往奉天（今辽宁沈阳）。后碑归张作霖所有，存于张氏私宅。日军侵占沈阳后，纪功碑被收藏在当时的"满洲国立奉天图书馆"，后移交给"国立博物馆奉天分馆"。沈阳解放后，纪功碑入藏东北博物馆（今辽宁省博物馆）。

《毌丘俭纪功碑》残存有阴刻隶书七行，可释读49字，为：

正始三年高句骊反……

督七牙门讨句骊五……

复遣寇六年五月旋……

讨寇将军魏乌丸单于……

威寇将军都亭侯……

行裨将军领玄……

□裨将军……

◎《毌丘俭纪功碑》原石、拓片

三国魏，1906年吉林省集安市小板岔岭出土，辽宁省博物馆藏，成长摄

残存纵38.9厘米，横29.9厘米，厚8.4厘米

根据文字中出现的"正始三年高句骊反""六年五月旋"等信息可知，该碑记载的就是魏度辽将军、幽州刺史毌丘俭东征高句丽战事，与《三国志》《北史》中"刻石纪功，刊丸都之山"的记载吻合。

　　《毌丘俭纪功碑》问世后，王国维、罗振玉、罗福颐、金毓黻等人都专门撰文研究、考证、注释和订补此碑。王国维推断，毌丘俭刻石可能有三处：肃慎南界、不耐城（今朝鲜东海岸）、丸都山，此碑即刊于丸都山之碑。文中第一行下所缺应为毌丘俭衔名，第四行"讨寇将军魏乌丸单于"后应为景初元年率众附魏的右北平乌丸单于寇娄敦，"行裨将军领玄"应指玄菟太守王颀，第七行之下缺漏的可能还有乐浪太守刘茂、带方太守弓遵等参战将领衔名。学者赵红梅进一步考证"威寇将军都亭侯"为前燕奠基人慕容廆祖父慕容木延。王国维还据碑文推断，毌丘俭东征应于正始四年会师，五年出兵，六年旋师，是前后连缀的一次征伐，而非《三国志》所写的两次征伐。

　　《毌丘俭纪功碑》是目前我国东北地区所发现的最早的碑刻作品，也是国内涉及高句丽历史最早的一块碑刻。

丸都山城与国内城

　　无论是文献记载，还是出土的《毌丘俭纪功碑》，都将三国时期高句丽的都城指向了吉林集安。

　　高句丽早期都城在今辽宁桓仁浑江边的五女山上，被称为五女山城。据朝鲜史书《三国史记》载，公元3年，高句丽琉璃明王迁都至今鸭绿江畔的集安，直到公元427年再次迁都今朝鲜平壤，集安作为高句丽都城长达四百二十五年，比照中原王朝的跨度从西汉末年至

◎ 集安丸都山城，夏口文举摄

◎ 集安国内城，夏口文举摄

北魏初年。

据文献记载，高句丽五世纪以后的都城都是山城与平原城相结合，即战时上山，平时居于山下平原城。而考古发现，这种都城布局在高句丽以集安为都的时候就已具备，考古工作者在集安发现了两座高句丽时期都城遗址，即丸都山城与国内城。

丸都山城位于集安市区西北，又称尉那岩城、山城子山城。山城地势南面低，其他三面高，如簸箕状，最高处海拔652米，山城即修在环形山峰上。山城为石砌，周长6947米，发现有七座城门，地表有红色残瓦，说明当时有门楼建筑。山城内遗存有瞭望台及戍卒建筑址、蓄水池、宫殿址、墓葬等。经发掘得知，宫殿故址毁于大火，很可能与毌丘俭征讨高句丽"束马县车，以登丸都"的激烈战事有关。在丸都山城内，还出土了大量兽面纹、莲花纹、忍冬纹的瓦当。

毌丘俭攻陷丸都城后，高句丽东川王"以丸都城经乱，不可复都，筑平壤城，移其民及庙社"。此处的"平壤城"即位于今集安市市区的国内城。国内城周长2741米，夯土外砌条石，河渠护其四周，西、南墙保存较好。此外，在集安周边还发现有七千余座高句丽君王与贵族墓葬，其中立于晋义熙十年（414年）的好太王碑是高句丽第二十代长寿王为其父谈德所建的纪功碑，碑文中记载高句丽历史，是现存最早、文字最多的高句丽考古史料。

丸都山故城为第二批全国重点文物保护单位，国内城为第五批全国重点文物保护单位。2004年，"高句丽王城、王陵及贵族墓葬"被联合国教科文组织列入世界文化遗产名录。

第五章

炎汉不绝

刘备：
从
河
北
到
巴
蜀

　　刘备有可能是汉末三国足迹最广的人之一。

　　他六十三年的人生，将当时中国的疆域走了大半。刘备生于幽州
（今河北涿州），学于司隶（洛阳郊外缑氏山），在冀州仕官（安熹县），
在青州为公孙瓒作战（平原县），在徐州被拥立为州牧，失徐州后投
奔兖州曹操，又被曹操举为豫州牧。官渡之战后，刘备南奔刘表，寄
寓荆州。曹操南下，刘备又东奔江夏，赴扬州与孙权盟会。最终刘备
入益州，成就蜀汉基业。东汉十三州里，只有并州、凉州、交州刘备
未曾涉足（刘备与交州擦肩而过。他在当阳兵败后曾动过投奔苍梧太
守吴臣的念头，苍梧即在交州）。

　　如此广阔的人生足迹，自然不是因为刘备喜爱旅游。多数时候，
他都是被迫上路，辗转四方，寄人篱下，再利用军阀之间的矛盾伺机
壮大充实自己。

　　历史上的刘备与《三国演义》中那个"长厚而似伪"的刘备有很

大不同。他少年丧父，与母亲织席贩履为生，生活虽窘迫，却胸怀大志，指桑树道："吾必当乘此羽葆盖车。"他与常人一样，也有顽劣不羁的一面，他虽从学于大儒卢植，但不甚好读书，喜欢狗马、音乐、美衣服，好交结豪侠。他并无军事天赋，曾在讨贼中身负重伤，靠着装死而捡回一条命；他脾气暴躁，求谒督邮不通便将其揪出一顿鞭打，辞官而去；他又礼贤下士，深得人心，刺客不忍刺之而离去，陈登、程昱虽处敌营，尤对刘备称赞有加。曹操更是早就看出刘备潜龙之志，发出"今天下英雄，唯使君与操耳"的叹息，半为笑谈，半为敬畏。

在三国奠基人中，刘备起点最低，能力最为平庸，创业之路也最

◎《历代帝王图·蜀主刘备》
唐，阎立本绘，美国波士顿艺术博物馆藏

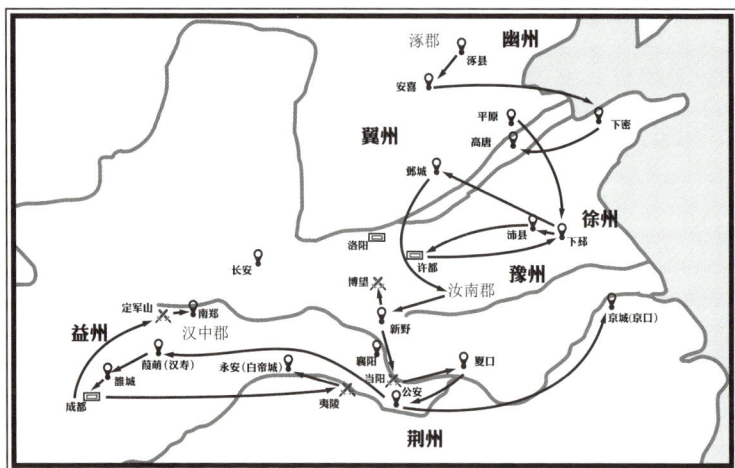

◎ 刘备一生行迹图，陈梦实绘

◎ 新野汉桑城，黎云帆摄

重返：三国现场

为坎坷，他屡战屡败，半生蹉跎，最终竟三分天下得占其一，这显然不是仅仅用运气就能解释得了的。

刘备因得在民间的"好人缘"，所经之地多有关于他的遗迹遗存可寻：刘备故里涿郡涿县，即今河北省涿州市，今存有三义宫、楼桑村等遗迹。刘备在徐州时曾驻小沛，即今江苏省徐州市西北的沛县，当地存有吕布射戟台一座，传为吕布辕门射戟为刘备解围之处。刘备当阳兵败后暂居江夏，即今湖北省武汉市，武汉东湖磨山景区内存有刘备郊天坛。

刘备入蜀后，与刘璋欢宴于涪城，即今四川省绵阳市，当地有富乐山、富乐堂，传为二人宴饮之地，刘备于山上揽蜀地景胜，叹曰："富哉！今日之乐乎！"遂有并吞之意。刘备在汉中击退曹操，为群下推举为汉中王。今陕西省勉县勉阳街道旧州社区存有"刘备称汉中王设坛处"。刘备称帝于成都武担山之南，延续炎汉国祚，武担山今存于成都新华宾馆内。夷陵之战，刘备败绩，退至永安，即今重庆市奉节县。刘备在此托孤于诸葛亮、李严。刘备死后，还葬成都，即今成都武侯祠内惠陵。

清人完颜崇实在惠陵写有楹联一对，道出了后世尊刘厌曹者的心声："一抔土尚巍然，问他铜雀荒台，何处寻漳河疑冢；三足鼎今安在，剩此石麟古道，令人想汉代官仪。"

三义宫

刘备、关羽、张飞桃园结义的故事，随着《三国演义》的传播而家喻户晓，但在史书上并无记载，仅《三国志》中有"先主与二人寝则同床，恩若兄弟""羽年长数岁，飞兄事之"等表述。但当时早已有异姓之人"约为兄弟"的事例。楚汉相争时，刘邦曾说："吾与项羽俱北面受命怀王，曰'约为兄弟'。"刘备的同窗公孙瓒更是与卜数师刘纬台、贩缯李移子、贾人乐何当三人"定兄弟之誓，自号为伯，谓三人者为仲叔"。桃园结义的故事，其影响直至今日。

三义宫位于涿州市松林店镇楼桑庙村，始建于隋代，原为纪念刘备的蜀先主庙，唐、辽、元、明、清等时期均有修葺。明正德三年（1508年）武宗朱厚照亲赐玺书"敕建三义宫"，以纪念刘备、关羽、张飞三人结义之举。二十世纪六十年代三义宫被毁，仅残存山门和明碑一通。1996年以后，涿州市逐渐复建三义宫。如今三义宫有山门、马神殿、关羽殿、张飞殿、正殿、退宫殿、武侯殿、少三义殿等。除正殿供奉刘备外，关羽、张飞、诸葛亮、马超、赵云、黄忠、庞统、马岱等蜀汉将相均有塑像和牌位。后殿还供奉有甘夫人、糜夫人及孙夫人，她们甚至被当地百姓当作求子的"菩萨"来祭拜。少三义殿内供奉刘备子刘禅、关羽子关兴、张飞子张苞，寓意结义文化后继有人。

三义宫为河北省文物保护单位。相传刘备诞辰之日为农历三月二十三。早年间，每年此日，各方百姓云集于三义宫，祭祀刘、关、张三人，烧香供奉，祈求一年风调雨顺，名曰"楼桑春社"，被列为涿州古八景之一。

◎ 三义宫结义亭，成长摄

◎ 涿州三义广场，黎云帆摄

白帝城与永安宫

白帝城位于重庆市奉节县白帝镇白帝村，因刘备托孤而闻名，但实际上刘备托孤并不在白帝城。

章武二年（222年）六月，刘备在猇亭为陆逊击败，"还秭归，收合离散兵，遂弃船舫，由步道还鱼复，改鱼复县曰永安"。刘备所居之宫即名永安宫。至次年，刘备病情加剧，"托孤于丞相亮，尚书令李严为副"。四月癸巳驾崩于永安宫内。据考证，永安宫故址在原奉节老县城奉节师范学校一带，今已为三峡库区蓄水淹没。

白帝城为新莽末年割据巴蜀的军阀公孙述所建，公孙述于蜀中称帝，自号"白帝"，遂名。白帝城建在较高的山石之上，面朝大江，扼守着长江三峡中最为险峻的夔门，号称"水陆要津，全蜀东门"。刘备退居永安后，遣兵驻守白帝城，陆逊不敢轻进。

可见，白帝城为拱卫永安之军事建筑，但刘备托孤及崩逝之处在永安宫。二者虽仅有约两公里的距离，却非一处。

白帝城现存建筑主要为明清所建，包括白帝庙，有庙门、前殿、明良殿、东西厢房、武侯祠、东西碑林、白楼等。明良殿为白帝庙正殿，原供奉公孙述塑像，后又改建为祭祀江神、土地神和东汉伏波将军马援的"三功祠"。明嘉靖十二年（1533年），巡抚朱廷立和按察司副使张俭将"三功祠"改为奉祀刘备、诸葛亮、关羽、张飞的"义正祠"，后改为明良殿。明良殿一侧为武将厅，供奉有关羽、张飞、赵云、马超、黄忠、魏延、严颜、姜维、王平、向宠十人塑像；另一侧为文臣厅，供奉有邓芝、庞统、张松、麋竺、蒋琬、费祎、孙乾、李严、董

◎ 奉节白帝城，黎云帆摄

◎ 奉节白帝城夔门，黎云帆摄

和、法正十人塑像。托孤堂内塑有刘备病榻托孤的历史场景。

白帝城原与陆地相连，为一突出向长江的半岛状。后来随着三峡工程蓄水，奉节的水位线上升到122米，白帝城成为一座"孤岛"，与陆地仅通过廊桥相连。自古及今，无数文人墨客在白帝城留下了脍炙人口的诗句，如李白"朝辞白帝彩云间，千里江陵一日还"，杜甫"白帝高为三峡镇，瞿塘险过百牢关"。让白帝城除了刘备托孤的悲情之外，还拥有了一层诗意的浪漫。

白帝城为第六批全国重点文物保护单位。

惠陵

惠陵即汉昭烈帝刘备之墓，位于四川省成都市武侯区武侯祠景区内西侧。据《三国志·先主传》载，章武三年（223年）五月，"梓宫自永安还成都，谥曰昭烈皇帝。秋八月，葬惠陵"。惠陵位于成都南郊，在蜀汉宫城正南面。南方在五行中属赤属火，而汉朝又从火德，诸葛亮选择此地为刘备建陵大有深意。

据史书记载，惠陵除葬有刘备，还葬入甘、吴二夫人。甘氏为后主刘禅生母，为刘备妾室，早卒于荆州，葬南郡。章武二年（222年），蜀汉追谥甘氏为皇思夫人，迁其墓于蜀，未至则刘备去世，刘禅登基。诸葛亮遂上表引母以子贵之义，追封甘氏为昭烈皇后，与刘备合葬于惠陵。吴氏为刘备称帝时正式册封的皇后，为车骑将军吴懿之妹，后刘禅即位后为皇太后，延熙八年（245年）去世，亦葬惠陵，谥穆皇后。

惠陵封土为圆形，高12米，四周有一道长180米的环形砖墙围护，

◎ 成都惠陵，黎云帆摄

相较其他帝陵而言，规模并不大，可能是刘备、诸葛亮崇尚节俭、提倡薄葬的缘故。历代出于对刘备的崇敬，对惠陵多有修葺，如南齐高帝萧道成曾诏令益州刺史傅单整修惠陵及昭烈庙，唐代剑南西川节度使李回扩建了惠陵陵园，设置专门的守陵户，四时祭祀。明末张献忠屠蜀，成都遭到巨大破坏，而惠陵与昭烈庙却完好无恙。

惠陵表面没有被盗掘的痕迹。唐代《酉阳杂俎》记载了一个故事，说有盗墓贼曾潜入惠陵，惊见两人张灯对弈，旁边站着侍卫十余人。盗墓贼惊恐万分。那两人不仅赐他们酒喝，还送他们玉带，遣他们出去。等到盗墓贼出来，发现嘴已被酒粘住，玉带则变成了蟒蛇，而打开的盗洞也没有了，墓冢完好如初。此虽为小说家之言，荒诞不经，但也可看出，刘备为后世所崇敬，其陵墓也因此披上了一层神秘感，即便有盗墓者都会受到"天谴"。

　　明初洪武年间，朱元璋十一子蜀王朱椿在成都郊外巡察。他发现祭祀诸葛亮的武侯祠历经战乱，已经是一片颓圮，于是下令进行整修。在这次整修中，原本独立设置的武侯祠被废弃，诸葛亮像被移入祭祀刘备的昭烈庙内，与关羽、张飞等同列于刘备像两侧。

　　朱椿的本意是使诸葛亮与刘备"君臣宜一体"，共享后人的拜谒。但无意中却造成了"喧宾夺主"的结果，因为诸葛亮在民间的人气太高了，人们误以为这本是武侯祠，刘备才是后迁进来的，正如明代四川巡抚张时彻在《诸葛武侯祠堂碑记》中所言："观者不察，遂谓以武侯庙庙先主耳。"到了清代，当地政府为了迎合民意，又将诸葛亮塑像从刘备身边移走，为其建了单独祭祀的殿宇。从这之后，武侯祠的名声逐渐盖过了同在一园内的汉昭烈庙和惠陵了。

　　站在成都武侯祠的绿竹与红墙之下，我在想，这一定不是诸葛丞相的本意。他一生忠君体国，大公无私，恪守君臣之道，即便是大权在握，对待君主仍是谦逊有加。如果九泉之下，丞相知道后人让他盖过了先帝的光芒，不知道该是多么气愤。但正所谓"民意不可违"，"粉丝"表达"爱"的方式，"偶像"往往也无法左右，何况岁月已经过去千百年，人们在诸葛亮身上寄托了一个明君贤相、政通人和的太平愿景，庙堂里的那尊手持羽扇、身披鹤氅的泥塑，也早已不是历史上的那个诸葛亮了。

从二十七岁草庐对策，到五十四岁秋风五丈原，诸葛亮将自己的半生托付给了刘备和他建立的蜀汉政权。他为刘备擘画天下，振聋发聩地提出了跨有荆益、两路北伐的战略蓝图，让潜龙在渊的刘备看到了希望的光芒。他在刘备穷途末路之际，只身渡江游说孙权，促成孙

◎《武侯高卧图》

明，朱瞻基绘，故宫博物院藏

此画绘于明宣德三年（1428年），是宣德皇帝赐予老臣陈瑄的御作。

刘联盟，让刘备绝处逢生。此后，诸葛亮以军师中郎将的身份担任刘备政权的内政主管，保境安民，征调赋税，为前线足食足兵，如萧何故事。夷陵一役，蜀汉精锐凋零殆尽，刘备在永安宫对诸葛亮行托孤之礼，委以重托，甚至说出"如其不才，君可自取"的话来，成就了一段君臣相知的千古佳话。此后十二年，作为蜀汉政权实际主政者，诸葛亮内修政理，外和东吴，让蜀汉从"危急存亡之秋"中恢复元气，与强大的魏、吴鼎足而立。他五月渡泸，平定南中，又五次北伐，为兴复汉室鞠躬尽瘁，死而后已，他的身上集中了忠诚、正直、公正、廉洁、智慧等几乎一切令人敬仰的品德，人们更愿意将诸葛亮想象为一个"千古完人"，纵然《三国演义》"状诸葛亮之多智而近妖"，但读者似乎更愿意津津乐道那些历史上本不存在的锦囊妙计、神机妙算。

"丞相祠堂何处寻，锦官城外柏森森。映阶碧草自春色，隔叶黄鹂空好音。三顾频烦天下计，两朝开济老臣心。出师未捷身先死，长使英雄泪满襟。"比诸葛亮小五百多岁的唐代诗人杜甫，于成都落魄之间拜谒武侯祠，对这位深受蜀中人民怀念的一代名相敬佩不已。据谭良啸等学者统计，仅云贵川三省历史上就有过82座武侯祠。循着诸葛亮的人生足迹，寻访诸葛亮的历史遗存，拜谒全国各地的武侯祠，已成为无数后来人缅怀与致敬丞相的方式。诸葛亮的人格魅力与家国情怀，也随之代代承袭下来。

沂南诸葛亮故里

诸葛亮出身于琅琊阳都一个官宦世家，其先祖为汉元帝时司隶校

◎《诸葛亮立像轴》

明，佚名绘，中国国家博物馆藏

　　画心分别有明晋王朱㭎和吴从敬题写像赞。该画为明人所绘，但作者不可考。现在所见各种版本的诸葛亮肖像多来自此图。

尉诸葛丰，其父诸葛珪曾任郡丞。诸葛亮少年时生活于阳都，后因战乱随叔父诸葛玄南迁。据学者推测，诸葛亮离乡南迁应在十四岁左右。诸葛亮兄弟离开阳都后，终生未再返乡，但阳都诸葛家族在曹魏依旧是望族，诸葛诞、诸葛绪等在魏国位居高位。

阳都即今山东省沂南县，阳都故城据考在今沂南县城南60公里砖埠镇孙家黄疃村北。城址内曾发现过汉墓群，出土汉画像石、铜器、石器、陶器等。虽然诸葛亮史迹早已无存，但沂南县在孙家黄疃村修建了诸葛亮故里纪念馆，塑有诸葛亮塑像。后又在沂南县城西山坡修建了诸葛亮文化广场，修有诸葛宗祠，除祭祀诸葛亮外，还塑有诸葛玄、诸葛珪、诸葛瑾、诸葛诞等琅琊诸葛氏宗族成员塑像。

◎ 沂南诸葛亮纪念馆，成长摄

南阳"卧龙岗"与襄阳"古隆中"

诸葛亮随叔父南迁豫章,后又往荆州投靠刘表,躬耕于陇亩之中,过着布衣隐居的生活。直至建安十二年(207年),诸葛亮受刘备三顾之礼,正式登上历史舞台。

然而,诸葛亮躬耕之地究竟在哪里,却在后世引发了一场旷日持久的口水战。诸葛亮《出师表》云:"臣本布衣,躬耕于南阳。"《三国志·诸葛亮传》注引《汉晋春秋》云:"亮家于南阳之邓县,在襄阳城西二十里,号曰隆中。"忽而"南阳",忽而"襄阳",引发了后世"南阳说"与"襄阳说"之争。

清道光年间,湖北宜昌人顾嘉蘅就任南阳知府。当时南阳、襄阳两地为诸葛亮躬耕之地争执不下,顾嘉蘅为平息争端,写了副著名的对联:"心在朝廷原无论先主后主,名高天下何必辨襄阳南阳。"这副对联巧用诸葛亮事先主、后主无二心之喻,规劝两地不要再为此名分而争,既然同是因仰慕诸葛亮而起,那么便搁置争议,共同祭祀好了。

实际上,两说各有其理。襄阳是当时刘表统治荆州的政治文化中心,诸葛亮一家既然来依靠刘表,隐居地临近襄阳应是合理的,况且与诸葛亮日常交友的庞统、徐庶、司马徽等人也都居于襄阳一带。而当时尚未设襄阳郡,襄阳仅为南郡辖县,南阳则级别更高,为东汉第一大郡,疆域广阔,其辖区可能至汉水南岸,将位于襄阳西郊的隆中也括了进去。只是今日之南阳市区于汉末为宛县,毗邻曹操领地而远离刘表核心领地,不太可能是诸葛亮隐居之地。著名历史地理学家谭其骧先生曾对两说进行"中和":"诸葛亮躬耕于南阳郡邓县之隆中,在襄阳城西二十里，北周省邓县，此后隆中遂属襄阳。"

如今南阳、襄阳两市均存有纪念诸葛亮的祠庙，并开辟为景区，南阳名唤"卧龙岗"，襄阳名唤"古隆中"。

南阳卧龙岗在河南省南阳市卧龙区卧龙路766号。据载岗上唐宋时期已有纪念诸葛亮的建筑，宋末建筑毁于战火。元至大二年（1309年），河南行省平章政事何玮到南阳谒诸葛亮祠，令南阳将祠扩修，并向朝廷奏请命名。元仁宗于延祐四年（1317年）交中书平章政事与翰林院集议，命名为"武侯祠"。明嘉靖七年（1528年），明世宗钦赐南阳卧龙岗武侯祠庙额，颁祭文，明定春秋二祭日期和祭品，并敕令地方官按期致祭。现存三进院落多为明清以来重修、增建。大拜殿是武侯祠前部主体建筑，为歇山式建筑，中塑武侯诸葛亮坐像，两侧为其子诸葛瞻、其孙诸葛尚立像。宁远楼是武侯祠后部的主体建筑，也是祠内最高建筑物，为重檐庑殿式建筑，楼正中塑有武侯诸葛亮抱膝长吟像。有诸葛草庐、古柏亭、梁父岩、抱膝石等"卧龙岗十景"。南阳卧龙岗内现存匾额楹联近百块，碑碣三百余通，其中汉碑亭内存有南阳出土的汉碑三通：《张景碑》《李孟初碑》《赵君碑》，另有传为岳飞手书前后《出师表》刻石，真伪争议较大。

襄阳古隆中在湖北省襄阳市襄城区隆中大道461-1号，据载始建于东晋，历代屡有重修。明弘治二年（1489年）襄简王朱见淑看中隆中山风水，借"卧龙"地气，将诸葛亮故宅改建为自己的陵墓，原有的土木建筑碑刻石铭遭到极大破坏。朱见淑死后，其子朱佑橪上表重修武侯祠，嘉靖、万历、清康熙年间又多次重修，有武侯祠、三顾堂、草庐亭、六角井等"隆中十二景"。今建筑为清康熙三十八年（1699年）

◎ 南阳卧龙岗，成长摄

◎ 襄阳古隆中，黎云帆摄

荆襄观察使蒋兴岂重建，为四进三院层台式建筑，均为单檐硬山灰瓦顶，主殿内有诸葛亮及其子诸葛瞻、孙诸葛尚塑像。"古隆中"石牌坊是隆中的标志性建筑，于清代光绪十九年（1893年）由湖北提督程文炳所建，坐西朝东，四柱三门仿木结构牌楼式，中坊正、背面分别阴刻"古隆中""三代下一人"，柱各阴刻对联一副，侧门坊正面分别阴刻"淡泊明志""宁静致远"。古隆中内碑碣众多，有明嘉靖十九年（1540年）江汇所立"草庐"碑、明万历二十年（1592年）李祯所立《重修隆中诸葛武侯先生祠堂记》碑等。

南阳武侯祠与襄阳古隆中均为第四批全国重点文物保护单位。

五丈原诸葛亮庙

蜀汉建兴十二年（234年）春，诸葛亮发起第五次北伐，亲率大军出斜谷，与司马懿对峙于渭水之南的五丈原。两军相持百余日，诸葛亮病逝于军中，时年五十四岁。

五丈原诸葛亮庙位于陕西省岐山县蔡家坡镇南约二十公里处的五丈原上。据当地志书，五丈原诸葛亮庙最迟在元代初年就已成规模，明清两朝多次重修，现存建筑有山门、正殿、配殿、钟楼、鼓楼、东西厢房等。庙内有诸葛亮衣冠冢，传为诸葛亮埋扇处。冢旁有一落星亭，亭内有一石，青褐色，表面凹凸不平，相传是诸葛亮逝世时天上陨落的将星。山门外立有石碑一通，刻有清光绪年间岐山知县胡升猷所撰《重修五丈原武侯庙碑记》。

◎ 五丈原诸葛亮庙，黎云帆摄

◎ 五丈原诸葛亮衣冠冢，黎云帆摄

武侯墓与勉县武侯祠

陕西省勉县城南定军山下，是诸葛亮归葬之处。《三国志·诸葛亮传》载："亮遗命葬汉中定军山，因山为坟，冢足容棺，敛以时服，不须器物。"后主刘禅使左中郎将杜琼前往凭吊，追谥诸葛亮为忠武侯，后世遂称诸葛亮为"武侯"。

武侯墓墓冢为覆斗形，高5米，周长60米，四周砌八卦形护栏。墓上长有一株黄果树，当地传说这是诸葛亮之妻黄氏的化身，年年岁岁用落叶遮蔽着夫君的坟茔。墓前坟亭有明万历二十二年（1594年）陕西按察使赵健所立"汉丞相诸葛忠武侯之墓"、清雍正十三年（1735年）果亲王允礼所立"汉诸葛武侯之墓"两通墓碑。墓园内有正殿、献殿、东西厢房等建筑，为清嘉庆七年（1802年）修建。正殿内供奉有诸葛亮塑像，左右有关兴、张苞及掌印持剑二侍者。墓园内古柏参天，许多树龄均在一千七百年以上。武侯墓为第四批全国重点文物保护单位。

从武侯墓向北过汉江，车行仅六公里就抵达勉县武侯祠。《三国志·诸葛亮传》及《襄阳记》载，诸葛亮去世后，百姓感其恩德，纷纷私祭诸葛亮于道路上，有大臣向刘禅建议顺从民意，在成都为诸葛亮立庙，但为刘禅拒绝。直至景耀六年（263年），刘禅才在步兵校尉习隆、中书郎向充等人的表奏下，诏令为诸葛亮建庙于沔阳（今陕西勉县）。这座武侯祠也成为唯一由皇帝下诏拨款修建的武侯祠。然而此时已是蜀汉日薄西山之时。当年九月，魏镇西将军钟会伐蜀，就专程赴沔阳诸葛亮庙拜谒，并命令军士不得在诸葛亮墓周围放牧樵采。

◎ 武侯墓，黎云帆摄

◎ 勉县武侯祠，黎云帆摄

是年年底，蜀汉即灭亡。

勉县武侯祠原在武侯墓旁，明武宗正德八年（1513年）迁建于汉水之北，即为今祠。勉县武侯祠方位与传统祠庙坐北向南不同，为坐南向北，寓意着诸葛亮至死犹怀北伐之志。祠内建筑有山门、乐楼、牌楼、琴楼、戟门、拜殿、大殿、崇圣祠、观江楼、东西配殿等，大殿内有诸葛亮泥塑坐像一尊，侧塑关兴、张苞站像，前额殿中悬有清嘉庆皇帝亲笔御书"忠贯云霄"匾额。祠内碑碣林立，其中以唐贞元十一年（795年）所立《蜀丞相诸葛忠武侯新庙碑铭并序》最早。勉县武侯祠为第七批全国重点文物保护单位。

成都武侯祠

成都是蜀汉政权的政治中心，是深受诸葛亮恩泽之地。据宋祝穆《方舆胜览》载，成都最早的武侯祠是十六国成汉开国皇帝李雄所建，位于少城内。桓温平蜀后，"夷少城，独存孔明庙"。到了唐代，由杜甫诗作可知此时成都的武侯祠已在锦官城外，即成都南郊，与刘备惠陵、汉昭烈庙在同一区域，学者推断此祠可能建于南北朝时期。明初，蜀献王朱椿废武侯祠，将诸葛亮像移入昭烈庙中，使"君臣合祀"，后逐渐形成今日之武侯祠、汉昭烈庙、惠陵"三位一体"的格局。

如今的成都武侯祠主体建筑为清朝所建，民国时期修缮。武侯祠坐北朝南，主体建筑位于中轴线上，从南到北依次是大门、二门、汉昭烈殿、过厅、靖远堂、三义庙、结义楼，静远堂西南为刘备惠陵。

汉昭烈殿为传统单檐歇山式建筑，面阔七间，进深四架，正中供奉刘备塑像，陪祀有其孙北地王刘谌。东偏殿为关羽及子关平、关兴、部将赵累、周仓的陪祀塑像；西偏殿为张飞及子张苞、孙张遵的陪祀塑像。汉昭烈殿前东西廊内，有蜀汉文臣武将的塑像28尊：西厢有赵云、孙乾、张翼、马超、王平、姜维、黄忠、廖化、向宠、傅佥、马忠、张嶷、张南、冯习；东厢有庞统、简雍、吕凯、傅肜、费祎、董和、邓芝、陈震、蒋琬、董允、秦宓、杨洪、马良、程畿。人像之装扮、衣着主要借鉴自清代戏曲。二十八臣的遴选是在清道光二十九年（1849年）由川中名儒刘沅主持增删的，因其较为注重人物品行，故这里面没有法正、魏延、刘巴、杨仪等有德行瑕疵的人物。

靖远堂为祭祀诸葛亮的正殿，为单檐歇山式顶，面阔五间，进深两架椽，面积较汉昭烈殿小。殿内中间供奉诸葛亮塑像，塑于清康熙十一年（1672年），诸葛亮手持羽扇，头戴纶巾，身披鹤氅，神态儒雅，塑像两侧各有一书童，一捧兵书、一执宝剑。东西两侧供奉诸葛亮子诸葛瞻、孙诸葛尚的塑像。

武侯祠内牌匾碑碣甚多。其中最古老的是唐宪宗元和四年（809年）剑南西川节度使武元衡所立《蜀丞相诸葛武侯祠堂碑》，碑文由时任节度府掌书记、后来成为中唐名相的裴度撰写，书法家柳公绰书丹，名匠鲁建刻石，有"三绝碑"之称。祠内匾额有清四川提督吴英撰"明良千古"，清四川总督完颜崇实撰"业绍高光"，清果亲王允礼撰"名垂宇宙"。楹联中最著名的是清光绪二十八年（1902年）四川盐茶使赵藩所撰"能攻心则反侧自消，从古知兵非好战；不审势即宽严皆误，后来治蜀要深思"，后人称"攻心联"。赵藩写此联的目的，是为规劝当时的四川总督岑春煊学习诸葛亮治蜀，审时度势，攻心服人。

◎ 成都武侯祠（上下图），黎云帆摄

重返：三国现场

成都武侯祠为第一批全国重点文物保护单位，国家一级博物馆。

2021年，武侯祠开设"明良千古——刘备与诸葛亮君臣合展"常设展，通过文物陈列让观众感受刘备、诸葛亮君臣的人生传奇。

保山武侯祠

今云南省保山市在东汉三国为永昌郡不韦县治所。蜀汉章武三年（223年），建宁太守雍闿反叛，为东吴遥授为永昌太守。永昌功曹吕凯与郡丞王伉拒绝雍闿的招抚，率领吏民闭境抵抗，保全一郡。诸葛亮平定南中叛乱，向后主刘禅上表赞颂吕凯、王伉忠义，称"臣不意永昌风俗敦直乃尔"。加封吕凯为云南太守，阳迁亭侯，王伉为亭侯、永昌太守。

今保山市金鸡乡为吕凯故里，存有民国时所立吕凯故里石表。城南发现有汉代古城址，当地传为诸葛营，出土有"建武四年""元康四年"等汉晋年号铭文砖。

保山武侯祠在保山市隆阳区太保公园内，始建于明嘉靖十四年（1535年），清朝多次重修，现存建筑为清光绪五年（1879年）重建，武侯祠由前殿、过厅、正殿组成，为三进两院。正殿塑有诸葛亮、吕凯、王伉塑像。祠后碑林存有明代至民国碑刻十六通。保山武侯祠为保山市文物保护单位。

◎ 保山武侯祠，成长摄

◎ 兰溪诸葛村，余点摄

重返：三国现场

兰溪诸葛村

在浙江省兰溪市西18公里，有一座诸葛村，该村有诸葛亮后裔近4000人，为全国最大的诸葛亮后裔集中聚居地。据传，诸葛村整体结构是诸葛亮第27代裔诸葛大狮按九宫八卦设计的。整体布局以村中钟池为中心，全村房屋呈放射状排列，向外延伸八条弄堂，将全村分为八块形成内八卦，村外八座小山环抱整个村落，构成外八卦。村内以明、清建筑为主，现有保存完整的明清古民居及厅堂两百多处。

诸葛村与毗邻的长乐村民居为第四批全国重点文物保护单位。

走向神坛的
关羽

从一介草莽，到一代名将，再到封神拜圣成为千古帝君，关羽造就了一个中华文化史上独一无二的奇观。行走中华大地，乃至于在海外他乡，关帝庙遍布四方，关公信仰根植于人心。对于关羽，我们早已不能单纯地从一个三国人物的角度去解读他。

关羽是如何从一个人成为一尊神？中华五千年历史长河，英雄豪杰辈出，为什么唯独关羽成为护国佑民、忠义无双的"天选之子"？

封神之路

历史上关羽的事迹，主要见于《三国志·关羽传》，但记载甚略，仅953字，加上裴松之注引也不过千余字。传记简略叙述了关羽生平：关羽出生于河东解县（今山西运城），逃亡至涿郡，追随刘备南征北战，统领部曲。在此期间，关羽曾于建安五年（200年）兵败暂归曹操，为曹操斩袁绍将颜良，而后复归刘备。刘备入益州后，关羽以襄阳太守、荡寇将军总督荆州事。建安二十四年（219年），刘备称汉中王，拜关羽为前将军，假节钺。同年，关羽发起襄樊之战，擒于禁，斩庞德，威震华夏，但不久被吕蒙袭取江陵、公安，军遂溃散，退保麦城。十二月，关羽为孙权斩于临沮，蜀汉追谥曰壮缪侯。

关羽在正史中以武勇闻名，时人多称赞其"勇冠三军""万人敌""熊虎之将"，但陈寿也直言不讳地批评关羽"善待卒伍而骄于士

◎《关羽擒将图》

明，商喜绘，故宫博物院藏

大夫""刚而自矜",认为这些性格缺陷导致了他的败亡。裴注还引用了《蜀记》中关羽乞娶秦宜禄之妻的故事,可见南北朝时,关羽的形象并非完美。

唐德宗时,诏令选六十四位名将配享武成王庙,其中三国武将有八位,除关羽外,蜀之张飞,魏之张辽,吴之周瑜、吕蒙均在其列。此时关羽形象仍未突破名将范畴。但在民间,关羽信仰已经开始形成,当阳玉泉寺奉关羽为伽蓝神祭祀,这是关羽形象神化以及与佛教融合的开始,但影响力较为有限。北宋初年,关羽还曾因"仇国所擒"的经历,一度被宋太祖从武庙中撤出。

关羽地位真正提升是在宋徽宗年间。北宋末年,国家积弱,边患日重,宋徽宗需要利用民间对于英雄的尊崇来弘扬忠义,鼓舞士气,维护其统治。因而,宋徽宗在位二十五年间,陆续加封关羽为"忠惠公""昭烈武安王""义勇武安王"。由于宋徽宗崇信道教,他还封关羽为"崇宁至道真君",让关羽跻身道教仙班。及至南宋,因为朝廷偏安江南,失去北方故土,与三国蜀汉处境相似,蜀汉正统论成为主流,朱熹《资治通鉴纲目》叙述三国史事改以蜀汉年号纪年。作为蜀汉武将的关羽自然受到格外厚待,宋孝宗时关羽已为"壮缪义勇武安英济王"。

到了元代,蒙古统治者对儒释道三教均表尊崇,关羽崇拜与三教的结合也进一步加深。元世祖忽必烈正式敕封关羽为伽蓝,宫中做佛事也要抬出关羽像。元廷汉臣张柔在顺天开府,特意将关羽的武安王庙从三义庙中独立出来,单独建庙,并刻碑立铭,以示尊崇。元杂剧中也出现了大量赞美关羽的剧目,如《关大王独赴单刀会》《关云长千里独行》等，它们成为后来《三国演义》的素材来源。

　　关羽的形象越来越完美地符合了官方与民间的共同期待，关羽身上的"忠义"品格让统治者甚为欣赏，帝王们无不希望自己的臣子们以关羽为楷模，"身在曹营心在汉"，杀身成仁以全其忠。与此同时，底层民众寄希望于关羽这样的神勇之人再世，驱邪避凶，护佑一方安宁。在北宋时，关羽的老家解州甚至流传着关羽大战蚩尤这种时空错乱的故事。

◎ 圣帝遗像
清，卢湛辑绘，选自《关圣帝君圣迹图志全集》

官方与民间的合力，让关羽在明清两朝被推上神坛。明太祖朱元璋罢黜武庙，但于鸡鸣山建庙，独将关羽列入国家祀典，每岁岁暮及四孟遣官祭祀。明成祖迁都北京后，又在北京建关庙。嘉靖时，关羽已由"关王"升格为"关帝"，万历又加封关羽为"三界伏魔大帝"。从此，关羽神像开始身着帝王衮冕，享受皇家祭祀，其地位与"圣人"孔子已经不相上下。罗贯中《三国演义》在明朝的广泛流传，让"尊刘抑曹"的观念深入人心，书中对关羽大加美化，也对关羽崇拜在民间的传播产生了推动作用。

清朝统治者对关羽的推崇较汉人可谓有增无减。努尔哈赤曾借《三国演义》中"桃园结义"的情节笼络结交蒙古诸部。皇太极时许多将领甚至以《三国演义》为兵书指导与明军作战，对关羽极为崇拜。入关后，清朝先后有八代皇帝对关羽层层加封，最后封号竟长达26个字："忠义神武灵佑仁勇威显护国保民精诚绥靖翊赞宣德关圣大帝"。关帝庙成为武庙，与孔子的文庙对应。关羽埋首之处则成为关林，与孔林比肩。据学者统计，清朝中期，全国约有关帝庙30余万座，仅北京就有116座，其数量居各种庙宇之首。

晋商的崛起为关羽崇拜又添了一把火。关羽家乡山西运城是中国最大的产盐区之一，盐政自古由政府垄断专营。北宋庆历年间，范祥创行"盐钞法"，允许商人进行食盐买卖，得地利之便的山西商人大获其利。晋商在明清时达到鼎盛，富甲天下。晋商在走货之时，路途中时常面临天灾与盗寇的风险，往往会祭拜"老乡"关羽，祈求他的神灵保护周全。而关羽的忠义精神，又与晋商所倡导做生意守信重义的理念契合，久而久之，关羽在民间又有了财神的形象。以至于今日，许多商户仍将关公像立于进门之处，以为生意兴隆之兆。

随着明清以来中国人向海外迁徙侨居，关帝庙与关羽崇拜被带到了世界各地，关羽也成为在海外知名度最高的中国历史人物。明万历年间，明军出兵援助朝鲜抗击倭寇，明朝官兵认为抗倭胜利是由关羽"显灵"而来，因此在汉城相继修建了南关帝庙、东关帝庙（即今首尔东庙），万历皇帝曾为东庙亲书匾额，朝鲜国王亲临祭拜。万历末年，中国东南沿海的商人、船主、士大夫等流寓日本长崎等地，将关羽崇拜传入日本，至今日本神户、横滨、长崎、函馆等地仍有关帝庙。而在美国纽约、旧金山，马来西亚槟城、泰国曼谷、澳大利亚悉尼等地，关帝庙已成为海外华人华侨寄托故土情结的重要场所。

解州关帝庙

山西运城是关羽的家乡，解州关帝庙也成为全球关帝庙的"祖庭"。

解州关帝庙位于运城市盐湖区解州镇西关。始建于隋朝，宋真宗大中祥符年间扩建，此后历代均有修葺，清康熙四十一年（1702年）毁于火灾。次年，康熙帝西巡至解州，拨帑金一千两重建关帝庙，形成现存的建筑和规模。解州关帝庙分为南北两部。北部为正庙，仿宫殿"前朝后寝"和中轴对称的格局，前院以端门、雉门、午门、御书楼、崇宁殿为中轴，两侧为钟鼓楼、"大义参天"坊、"精忠贯日"坊、追风伯祠。崇宁殿为关帝庙主殿，内塑关羽坐像，着帝王衮冕，上有乾隆帝手书"义炳乾坤""神勇"牌匾、咸丰帝手书"万世人极"牌囷。后院以"气肃千秋"坊为屏障，春秋楼为中心，左右有刀楼、印楼。南部为结义园，仿照刘关张结义桃园而建，园内存有乾隆二十八年（1763年）所刻结义碑一通。解州关帝庙为第三批全国重点文物保护单位。

此外，运城市还有被称为关羽"家庙"的常平关帝庙，位于盐湖区常平乡常平村。常平关帝庙现存建筑为清代，有崇宁殿、娘娘殿、圣祖殿、东西太子殿，塑有关羽、关平、关兴及其夫人，关羽始祖关龙逢和曾祖、祖父、父亲等彩塑二十九尊。其中娘娘殿、圣祖殿及金代砖塔号称"三绝"。常平关帝庙为第六批全国重点文物保护单位。

山西各地关帝庙众多，其中不少因为建筑价值之高被列为全国重点文物保护单位，兹不一一列举。

许昌关帝庙

关羽曾一度暂从曹操，居许都。曹操表天子拜关羽为偏将军，封汉寿亭侯。但关羽心在刘备，誓言报效曹操恩德后便当离去。曹操对关羽重加赏赐，关羽"尽封其所赐，拜书告辞"。《三国演义》中将这一段情节演化为关羽挂印封金、曹操追至灞陵桥头厚礼相送，关羽以刀挑袍相别的精彩情节。

实际上，许昌并不存在灞陵桥，"灞陵桥相送"的情节实际上是小说家化用唐代长安灞桥送别的典故。但因为小说在民间流传之广，许昌城西便逐渐出现了灞陵河、灞陵桥以及祭祀关羽的关帝庙。原桥已毁，今桥为复建，桥头有明将左良玉所立"汉关帝挑袍处"碑。关

◎ 解州关帝庙，黎云帆摄

◎ 许昌关帝庙，袁光裕摄

帝庙始建于清康熙二十八年（1689年），现存建筑均为清代建筑，坐北朝南，整体建筑三进院九殿一阁，沿中轴线自南向北有青石小桥、山门、仪门、拜殿、汉寿亭侯大殿、春秋阁等。许昌关帝庙为第七批全国重点文物保护单位。

当阳关陵与洛阳关林

关羽父子在临沮为吴将潘璋司马马忠所擒，旋即为孙权杀害。据《吴历》记载，孙权派人将关羽首级送予曹操，以诸侯礼葬其尸骸。民间传说曹操敬慕关羽，刻沉香木为躯，将关羽首级以王侯之礼葬于洛阳郊外，即今洛阳关林。关羽身躯葬身之地即今当阳关陵。"头枕洛阳，身卧当阳"的说法在民间广为流传。

当阳关陵位于湖北省当阳市玉泉街道雄风村，民间称为"大王冢"。起初只有墓冢，别无建筑。明成化三年（1467年），关陵周边开始修建庙宇，嘉靖十五年（1536年）复为整饬，始名关陵。"陵"为帝王墓葬专用称呼，由此可见关羽当时地位之尊崇。现存建筑为中轴对称式的传统格局，坐西向东，中轴线自东而西为神道碑亭、石牌坊、三元门、马殿、拜殿、正殿、寝殿、祭亭及陵墓，两侧有石华表、钟鼓楼、南北碑廊、斋堂、来止轩、圣像亭、春秋阁、伯子祠、启圣宫、佛堂等。正殿为主体建筑，前檐悬同治皇帝御笔"威震华夏"牌匾，殿内供奉关羽父子和周仓塑像。墓冢为一圆形封土堆，高7米，周长79米。当阳关陵为第六批全国重点文物保护单位。

洛阳关林位于河南省洛阳市洛龙区关林镇，现存建筑始建于明万

◎ 当阳关陵，黎云帆摄

◎ 洛阳关林，成长摄

历二十年（1592年），称关王冢庙。清康熙五年（1666年）敕封关羽，始称关林。按古代礼仪制度，帝王墓称"陵"，圣人墓方得称"林"。关羽墓称关林，已与曲阜孔林平级。关林现存建筑多为明代，坐北朝南，中轴线院落四进，依次有舞楼、大门、仪门、甬道、拜殿、大殿、二殿、三殿、墓坊、奉敕碑亭等建筑，两侧建有石坊、钟楼、鼓楼、焚香炉、五虎殿、圣母殿、东西廊房等。墓冢封土高大，犹如土丘，高10米，占地250平方米，周围多明代所植古柏，有"关林翠柏"之称，为旧时洛阳八景之一。洛阳关林为第六批全国重点文物保护单位。

4 ▼

万人之敌：
张飞

张飞是一位典型的被艺术作品丰满形象的历史人物。如今人们对张飞的印象，基本离不开豹头、环眼、黑面、串脸胡、粗犷、鲁莽、暴躁、声震如雷等标签，但这些大多是后代传说、话本、杂剧、小说等艺术加工的产物。从史传对张飞惜字如金的叙述中，我们很难看到他的容貌特质，只能知道他是一名与关羽并驾齐驱的勇猛武将。曹操谋士程昱说："关羽、张飞皆万人敌也。"刘晔说："关羽、张飞勇冠三军而为将。"周瑜说："关羽、张飞熊虎之将。"这些评价出自敌口，当不是过分赞誉。

史书中张飞在战事中的表现主要有三例，一是当阳长坂据水断桥，让曹军追兵迟疑不敢进，为刘备撤退争取了宝贵时间；二是溯流而上平定益州郡县，义释严颜，展现了有勇有谋的一面；三是在宕渠大破张郃，粉碎了曹操染指巴郡的图谋。张飞的性格缺陷也很明显，"爱敬君子而不恤小人"，他可以谦恭地拜访蔑视自己的名士刘巴，却对下属滥用刑罚、动辄鞭挞，最终为帐下范强、张达所杀，这也让他成了令人扼腕叹息的悲剧英雄。

张飞死后，谥号桓侯，虽没有像关羽那样被后代封帝封神，但在历朝历代都是猛将的代名词。史传中称某将勇猛过人，胆略超群，常以"古之关张""关张弗过也"来形容。唐德宗时武成王庙配享六十四位名将、宋徽宗时武成王庙配享七十二位名将，张飞皆列其中。

对张飞的建庙奉祀早在三国时就已有，在张飞的家乡河北涿州、张飞驻防及葬身之地四川阆中以及传为张飞首级归葬之地的重庆云阳，均有张飞祠庙流传至今。北宋文豪欧阳修曾撰写《祭桓侯文》，恭请张飞降雨惠民。明成化年间，阆中县令李直在《桓侯灵异记》中称张飞通灵，祭祀之能御水旱、疫疠之灾。据清彭遵泗《蜀故·宫室》载，遂宁、长寿等地有张飞庙，甚为灵验，不仅"旱甘霖溢螟蝗疾疠有请辄应"，连妇人不孕都管。到清朝末年，成都南门、东门、北门外，各有"桓侯庙"，东门外又新建一座，可见张飞在后世百姓心中地位之尊崇。

◎ 张飞像
明，故宫博物院藏

涿州张飞庙

涿州张飞庙位于河北省涿州市桃园街道忠义店村古井路,与据传刘备故里的大树楼桑村直线距离仅五公里,现为涿州市文物保护单位。

《三国志》载,张飞为涿郡人,未详何县。据《日下旧闻考》载:"桓侯旧里在州西南十里忠义庄,有专祠在官路东,距庙数里有石碣二,一曰桓侯故里,一曰桓侯古井,井已淹。"据《涿县志》载:"张桓侯故里,原名桃庄,今忠义店,张桓侯所遗古井附近即桃园结义旧址。"可知张飞庙即传说中刘、关、张桃园三结义之处。张飞庙始建于唐初,后屡经修葺,常有文人墨客在此留下怀古之诗。二十世纪六十年代,张飞庙被摧毁殆尽,荒芜多年。1991年,当地复建张飞庙,

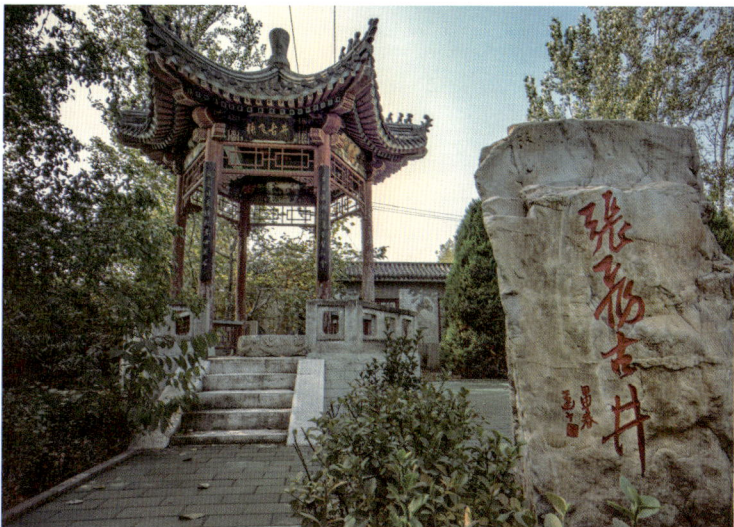

◎ 涿州张飞庙,黎云帆摄

庙呈二进院式，由南向北依次排列有山门、马殿、正殿、东西配殿、享殿、张飞墓等。墓冢应为纪念性的衣冠冢。庙内立有明万历二十二年（1594年）所立"汉桓侯张翼德庙"碑、康熙五十七年（1718年）所立"重修张显王庙"碑、清咸丰六年（1856年）所立"汉张桓侯故里"碑。

张飞庙正南方复建有张飞桃园及张飞古井，传闻张飞早年以屠肉为业，夏天即将肉贮藏于井中，用石磨盘盖住，肉便不会腐烂。后来关羽与张飞较力，将石磨盘举起，刘备赶来劝架，遂有刘关张三人相遇之缘。古井旁有清康熙三十九年（1700年）涿州知州佟国义撰文"汉张桓侯古井"碑。

笔者去张飞庙探访时，售票处旁的音箱在反复播放1994版电视剧《三国演义》第一集的插曲《这一拜》，配合着眼前的桃园景象，真个让人热血沸腾，心驰神往于那个英雄时代。

阆中桓侯祠

阆中为巴西郡郡治。刘备平益州后，以张飞为巴西太守。张飞在阆中驻防七年之久。章武元年（221年），刘备欲伐吴，令张飞将万人从阆中带至江州会师，但张飞临发兵之前为下属范强、张达所杀。阆中人士将张飞归葬于此，并在墓前建庙，以礼祭享，祠庙虽历遭兵火毁坏，但累毁累建。清嘉庆二十年（1815年），四川布政司奏请将桓侯祠正式列入春秋祀典。

如今的阆中桓侯祠位于四川省阆中市古城内，现存建筑为明清

◎ 阆中桓侯祠，黎云帆摄

◎ 阆中古城，黎云帆摄

第五章　炎汉不绝

时期所建，由山门、敌万楼、左右牌坊、东西厢房、大殿、后殿、墓亭、墓冢组成。敌万楼建于明代中叶，以纪念张飞有"万夫不敌之勇"，上有牌匾"万夫莫敌""灵庥焄奕"，两侧供奉张飞次子张绍、孙张遵及部将吴班、雷铜塑像。正殿内，张飞端坐正中，头戴冕旒，手捧玉笏，左右两班是张苞和曾担任张飞参军的阆中人马齐。在厢房还供奉有张飞的两位女儿——刘禅的大张小张皇后。

张飞墓位于最北。墓亭里立有张飞戎装像，左右两侧则是范强、张达两人为小鬼押解之跪像。墓冢高8米，纵径42米，横径25米。二十世纪六十年代，张飞墓曾被挖开一个七八米的大坑，出土了一些汉砖、刀剑、陶俑等文物，但没有深及墓穴。如今张飞墓依然保存完好。

桓侯祠是第四批全国重点文物保护单位。笔者于2018年春节之前到访阆中，在这座保留有众多明清风貌民居的古城中感受到了浓郁的年味。

云阳张飞庙

相传张飞被杀后，范强、张达两名凶手携带张飞首级欲投奔东吴，但半路听闻东吴主意有变，便将张飞头颅抛入长江。后来，张飞头颅被当地渔夫捞起，葬于云阳对岸的凤凰山，后人在此建庙祭祀，是为云阳张飞庙。

云阳张飞庙历代拜谒不绝，元顺帝时"敕修"，明朝又进行大修。清同治九年（1870年），张飞庙大部分毁于水患，后又复建。张飞庙原位于云阳老县城对岸的飞凤山，紧邻长江。本世纪初，由于三峡水利工程的建设，长江水位上涨，张飞庙面临被淹没的境地。当时，张飞庙已是第五批全国重点文物保护单位，为了保护这一文化古迹，国家文物局决定将张飞庙整体搬迁。从2002年10月开始，搬迁工作历时两年，工作人员将张飞庙的一砖、一瓦、一树、一碑都标上序号，一件不剩地搬迁到上游三十公里处，即盘龙街道龙安村狮子岩下。张飞庙是三峡库区唯一一个远距离整体搬迁的文物单位。

如今的张飞庙百分之九十的构件都是老庙拆迁来的材料，主要由结义楼、字画廊、正殿、偏殿、助风阁、杜鹃亭、望云轩、得月亭等建筑构成。庙内还存有大量碑刻、字画等。张飞庙临江的石壁上，原有"灵钟千古"四个大字，盖因庙内铸有一口大钟，为祈福所设。到

◎ 云阳张飞庙，黎云帆摄

了清朝末年，云阳人彭聚星去官归里，与名士及庙僧对张飞庙进行大规模改造，并亲书"江上风清"将"灵钟千古"覆盖，使张飞庙由单一祈福之所变成了"文藻胜地"。如今，"江上风清"四个大字立于江边，即便隔江远望都能看得清清楚楚，成为张飞庙的识别标志。

《张飞立马铭》

在阆中云台山、阆中锦屏山、阆中张飞庙、云阳张飞庙、岐山博物馆等地，都能够看到一方名为《张飞立马铭》的石刻，其文字为："汉将军飞率精卒万人大破贼首张郃于八濛立马勒铭"。许多传闻都认

◎ 张飞立马铭，成长摄于阆中桓侯祠

为这是张飞手书的真迹，据此还得出张飞是一位擅长书画的儒将。那么这是不是事实呢？

史传中张飞是一员猛将，然而自从明朝以来，关于张飞文武兼备、擅长书画的记载开始多了起来。明卓尔昌《画髓元诠》、清《历代画征录》均有张飞擅画美人的记载。明代大儒杨慎十分推崇张飞，在其《丹铅总录》中提到涪陵有《刁斗铭》"文字甚工，飞所书也"。在其影响下，明清文人对张飞的书法多有赞颂。如清人吴镇有诗云："关侯讽左氏，车骑更工书。文武趣虽别，古人尝有余。横矛思腕力，繇象恐难如。"称钟繇、皇象与张飞相比都显得逊色。

至于《张飞立马铭》，相传此铭文是建安二十年（215年）张飞大败张郃，用手中长矛在宕渠八濛山的崖壁上凿刻而成。但此刻石源流不明，在明代以前毫无文献记载，明中叶以后，在杨慎《全蜀艺文志》、曹学佺《蜀中广记》、陈继儒《太平清话》等书中才开始出现。清代大儒纪晓岚曾见此拓本，题诗："慷慨横戈百战余，桓侯笔札定然疏，哪知拓本摩崖字，车骑将军手自书。"此刻石的原石早已不存，如今散见于各地的《张飞立马铭》均为后人根据拓本重新刻碑。

可见，《张飞立马铭》应非张飞书法真迹，其一是明代以前毫无记载，源流不明；其二是不同版本之间歧异较大；其三是从字体上看，与汉代通行的隶书有较大差异，基本可以认作是明人的伪作。

张飞"蛇矛"

《三国演义》中，张飞手持丈八蛇矛的形象深入人心，蛇矛也成了张飞的"标配"。但在《三国志》中，仅有张飞持矛的记载，并未有蛇矛之说。反倒是《晋书》记载了西晋末期猛将陈安"左手奋七尺大刀，右手执丈八蛇矛"。陈安活跃的时期距离张飞去世不到一百年，这么看，张飞使用丈八蛇矛并非没有可能。

如今在各类与张飞有关的画像、雕塑、影视作品中常见的蛇矛，都是刃部多次曲折，如蟒蛇身躯一般的造型。然而在云南省昆明市晋宁区石寨山出土的一件蛇形铜叉提供了另一种可能。这件铜器长30厘米，宽6.5厘米，表面镀锡，前锋向两侧分叉，犹如蛇口吐信一般。蛇形铜叉的考古学断代为西汉，早于张飞时期，出土地晋宁是益州郡（后改为建宁郡）治所滇池县所在地。南中夷人有对蛇的崇拜习俗，因此这件蛇形铜叉究竟是武器、仪仗还是祭祀用的礼器，尚未可知。

◎ 蛇形铜叉
西汉，1956年云南晋宁石寨山三号墓出土，云南省博物馆藏，成长摄

5 ▼

子
龙
一
身
都
是
胆

无论男女，不分老幼，赵云在人们的心中堪称完美。即便抛开演义小说，回归正史《三国志》及裴注《云别传》中对赵云惜墨如金的记载，长坂坡救主、截江夺阿斗、桂阳拒婚、空营退敌、直谏伐吴等故事依然能够生动形象地勾勒出赵云智勇兼备的英雄形象来。刘备一句"子龙一身都是胆"正是对赵云的最高赞誉。

赵云，字子龙，常山真定（今河北正定）人，初投公孙瓒，助刘备与袁绍作战，后于邺城与刘备重逢，加入刘备麾下，随刘备四处辗转，不离左右。刘备平定荆南四郡，以赵云为桂阳太守。刘备入益州受阻，赵云与诸葛亮、张飞等溯江而上，平定郡县，为翊军将军。之后，赵云参与汉中之战，又督江州以接应刘备东征之师。后主立，赵云累迁至镇东将军，封永昌亭侯。建兴六年（228年）诸葛亮北伐，赵云、邓芝在斜谷作疑兵，后虽退兵，但"敛众固守，不至大败"。次年，赵云病逝，追谥顺平侯。

赵云在后世的地位起初并不显著，唐武庙六十四将、宋武庙七十二将中均无赵云，却有关羽、张飞、张辽、吕蒙等。明毁武庙而建历代帝王庙，后又设历代从祀名臣，此例为清朝沿袭。清代蜀汉正统观念已立，赵云地位得以提升，清康熙六十一年（1722年），礼部遵谕旨为历代帝王庙从祀名臣增补四十人，赵云列于其中。如今北京历代帝王庙从祀名臣七十九人中，三国人物仅有诸葛亮与赵云。

全国各地赵云相关遗迹颇多：河北正定有赵云庙，湖北当阳有长坂坡遗址（见本书第二章第四节），湖北赤壁有子龙滩，湖南安乡有子龙庵，湖南桂阳有赵侯祠及八角井，四川成都有传为赵云家庙的龙泉石经寺，四川大邑有赵云墓及传说中赵云驻防的望军台，甚至在赵云从未涉足的台湾台南都有祭祀赵云的永昌宫。

正定赵云庙

汉代真定城故址在今河北省石家庄市长安区东、西古城村，其前身是战国时期赵国东垣城。清雍正年间，真定因避雍正帝胤禛讳而改为正定，沿用至今。正定曾与北京、保定合称为北方三雄镇。

正定历史上曾四次为赵云修庙。赵云庙旧址在滹沱河北岸南关一带，后移建于城东北隅草场。清乾隆帝过正定，见南关赵云庙残破，拨款重修，并勒石曰："赵云故里，文武百官至此下马。"道光六年（1826年），赵云庙移建于城西南隅庙后街关帝庙东，同治四年（1865年）重修，春秋二仲与关帝庙同日祭祀。二十世纪六十年代，赵云庙被毁。

◎ 正定赵云庙，黎云帆摄

◎ 正定赵云庙清碑，成长摄

如今的正定赵云庙是1996年在草场街旧址重建的，位于正定县兴荣东路77号，占地12亩，总建筑面积1500平方米，采用仿明清古建筑结构，主要建筑有山门殿、四义殿、五虎殿、君臣殿和顺平侯殿。庙前广场有赵云跃马挺枪像。四义殿供奉刘备、关羽、张飞、赵云四人，五虎殿供奉关羽、张飞、赵云、马超、黄忠五虎将，君臣殿供奉刘备、关羽、张飞、赵云、诸葛亮君臣五人，顺平侯殿供奉赵云及其二子赵统、赵广。庙内存有同治元年（1862年）八月所立"汉顺平侯赵云故里"碑一通。赵云庙为正定县文物保护单位。在正定县政府对面，还建有子龙广场，立有赵云持枪戎装像。

大邑赵云墓

赵云下葬之地正史无载，直至明清地方志才有赵云墓在四川大邑县的说法。据传赵云曾在成都以西驻扎，防御此地的青羌部族。赵云死后，因真定在魏境，无法归葬故里，故葬于生前驻地。《三国演义》采用了赵云葬于大邑的说法："（后主）敕葬（赵云）于成都锦屏山之东，建立庙堂，四时享祭。"锦屏山即银屏山。

大邑赵云墓前原有庙，称子龙庙、将军庙，始建于明代，后几经兴废。清康熙四年（1665年），大邑知县李德跃重建。民国时，每年3月此处都要举行庙会，大邑县富豪刘文彩自认自己是刘备之后，为赵云庙庙会投入巨资，庙会规模极大，盛极一时。据当地居民回忆，直到1968年，赵云庙与赵云墓还保存完好，"大殿里的赵云像，全身金盔金甲，白胡子一直垂在胸前"。遗憾的是，之后赵云庙损毁严重，塑像

◎ 大邑赵云墓公祭典礼
大邑县文化体育和旅游局供图

被毁，殿宇楼台夷为平地，仅存几间平房，长期被一所职业中学占据。

笔者2018年前往大邑探访时，看到学校虽已迁出，但赵云墓院内及周边仍十分残破，院内的殿宇均空置，且年久失修，四周杂草丛生，院内尚存一座半圆形的封土。目前，大邑县政府与成都文旅集团正在计划建设三国子龙文化产业园。希望不久的将来，赵云墓能够得到更好地保护与修缮。

季
汉
辅
臣
今
何
在

　　蜀汉延熙四年（241年），蜀汉大臣杨戏写了一篇《季汉辅臣赞》，文章以四字骈文的方式对昭烈帝刘备和五十三名蜀汉臣子进行了褒贬评论。《三国志·蜀志》篇幅较少，许多臣子未能列传，但作为蜀人的陈寿将这篇《季汉辅臣赞》附在《杨戏传》之后，让更多的蜀臣得以青史有名，可谓煞费苦心。

　　受《三国演义》的影响，人们对蜀汉君臣的关注度明显更高，蜀汉君臣在民间的历史遗存和传说故事也更为丰富，尤其是在蜀汉故地，尚有不少"季汉辅臣"的墓冢及遗迹分布，本篇择其要者，略做介绍。

庞统祠墓

　　"识时务者在乎俊杰。此间自有伏龙、凤雏。"司马徽的一席话，让诸葛亮与庞统名声大噪，堪称"人中龙凤"。

庞统，字士元，襄阳人。其叔父庞德公为襄阳名士。司马徽称庞统为"南州士之冠冕"。周瑜任南郡太守时，庞统曾任其功曹。周瑜死后，庞统追随刘备，与诸葛亮并为军师中郎将。刘备入蜀，庞统从为谋主，设计擒刘璋将杨怀、高沛，据涪城。进围雒城时，庞统不幸中箭丧生，年仅三十六岁，追谥靖侯。庞统尚未充分施展才华就过早凋零，令许多人扼腕叹息。清人李仙根甚至认为，庞统之死是蜀汉衰落的重要原因。如果庞统不死，刘备就不会调诸葛亮入蜀，而有诸葛亮相佐的关羽也不会大意失荆州，这样整个三国历史都会彻底改变。

庞统祠墓在今四川省德阳市罗江区白马关镇，是第六批全国重点文物保护单位。现存祠墓为清康熙三十年（1691年）重修，乾隆、嘉庆年间增修。庞统祠墓为前祠后墓、三进四合布局，沿中轴线依次为祠门、龙凤二师殿、栖凤殿和墓冢。龙凤二师殿内塑有诸葛亮、庞统二人谈论军国大事的塑像。栖凤殿内供奉庞统像，两侧陈列着庞统生平事迹。庞统墓周长33米，墓碑书云"汉靖侯庞士元之墓"，墓侧有马亭，塑有白马一尊，出自《三国演义》中刘备与庞统换马的故事。

庞统祠墓内除建筑外，还存有不少碑刻和楹联。从庞统祠墓沿小路向东走，脚下就是当年沟通成都与汉中最重要的一条道路——金牛道。这里至今还保存着一段深深的车辙，让人感受到三国时期这条路上粮食辎重转运之繁忙。步行不远即为"落凤坡"，有清同治七年（1868年）所立"汉靖侯庞凤雏先生尽忠处"之碑，旁又有一"庞统血坟"，据传当地民众将庞统血衣葬于坟中。实际上，"落凤坡"是《三

◎ 庞统墓，黎云帆摄

◎ 庞统血坟，黎云帆摄

国演义》的虚构，于史无考，而庞统阵亡之处也不应在此，而应在雒城（今四川广汉），但此碑此坟表达了后人对庞统早逝的惋惜之情。

马超祠墓

马超，字孟起，扶风茂陵（今陕西兴平）人。其先祖为东汉伏波将军马援，其父马腾，汉末割据凉州。建安十三年（208年），曹操征马腾为卫尉，迁其全家入邺，唯马超领马腾部曲屯关西。建安十六年（211年），马超联合韩遂、杨秋等十部起兵反曹，进占潼关。曹操亲自率军与马超战于渭水。马超勇猛，数困曹操，令曹操叹道："马儿不死，吾无葬地也。"后马超兵败，奔汉中依张鲁，又入蜀归附刘备。刘备称汉中王，拜马超为左将军，假节。刘备称帝，以马超为骠骑将军，领凉州牧，进封斄乡侯。章武二年（222年），马超去世，时年四十七岁。马超在《三国演义》中着墨较多，勇猛非凡，与张飞、许褚单挑的戏份更是精彩绝伦。但在史书上，除了渭水之战外，马超战绩寥寥，投蜀后更是几无作为便去世了。

四川省成都市新都区原有一座马超墓，清《四川通志》有载，后被损毁，现已无存，故址仅留有"马超小区""马超西路"等地名，墓前清代石碑现移至桂湖公园陈列。

陕西省汉中市勉县勉阳街道继光村有马超祠、墓，距离勉县武侯祠仅500米，为陕西省文物保护单位。马超祠俗称"马公祠"，祠对面国道路南立有"汉征西将军马公超墓"碑石一通，为清乾隆四十一年（1776年）陕西巡抚毕沅所立。祠内有山门、正殿、东西厢房等，正

◎ 勉县马超祠墓，黎云帆摄

殿塑有马超及堂弟马岱、部将庞德。民国将领冯玉祥曾在马超祠前立碑："千古英名基事汉，一篇遗疏痛仇曹"。现碑为复刻。祠后为马超墓，墓为覆斗式，高8米，周长90米。

史载，张鲁曾打算将女儿嫁给马超，有人劝谏，认为马超连自己亲人都不爱，怎么会疼爱张鲁的女儿，张鲁于是便罢。但在勉县却流传着张鲁之女与马超凄美爱情的传说。据传张鲁之女名张琪瑛，她在张鲁降曹后留在汉中，于勉县城东罐子山搭庵传教，死后葬于此处。如今勉县温泉镇中坝村姑子山上仍存有张鲁女墓和"女郎庙"，与马超墓仅隔一条汉水，成为永恒的相望。

蒋琬祠墓

蒋琬，字公琰，零陵湘乡（今湖南湘乡）人，初以荆州书佐随刘备入蜀，除广都长。后主即位，诸葛亮辟蒋琬为东曹掾。诸葛亮北伐时，蒋琬为留府长史，负责供给前线兵马粮草，深得信赖。诸葛亮临终前密表后主，将蒋琬定为自己的"接班人"。诸葛亮死后，蒋琬累迁至大司马，封安阳亭侯，主政蜀汉长达十二年。在此期间，蜀汉停止了大规模北伐，更注重保境安民，休养生息。蒋琬主政后期，将府衙从汉中移至涪县（今四川绵阳）。延熙九年（246年），蒋琬病逝于涪县，谥恭侯，葬于斯地。

◎ 蒋琬墓，黎云帆摄

蒋琬祠、墓在今绵阳市涪城区西山景区内，为四川省文物保护单位。蒋琬祠在唐以后即已损毁，清道光二十九年（1849年）绵州知州李象昺、邑绅熊文华在原址上重建。光绪十六年（1890年），龙安知府、蒋琬后裔蒋德钧再次对祠、墓进行修葺。1986年，绵阳市对蒋琬祠、墓重修。如今的蒋琬墓为八角形，高4.6米，周长31.6米，墓顶封

◎ 蒋琬带钩

三国蜀，四川博物院藏，子言三桑摄

带钩为1949年后文物部门在绵阳征集所得，据称出自蒋琬墓。带钩以青铜打造，钩体上有龙凤图案和五颗排列规整的星点，镶嵌的绿松石已脱落，钩柄较长，正面有北斗七星图案，点缀绿松石。钩柄两侧有铭文72字："帝尧所作，钩无短长。前适自中，后适自傍。主以辟兵，天圆□（地）方。戴日报月，北斗列列，三昭在网。旋□（玑）玉衡，□□宫卫，常保社稷。传于子孙，玉石金精。带敕四方，永无祸□（殃）。寿比山海，与天相望。"

　　　　　　　　　　　　　　　　　重返：三国现场

石板呈覆钵状。墓前有李象昺所立"汉大司马蒋恭侯墓"碑。墓侧为蒋恭侯祠。祠下塑蒋琬立姿铜像。祠门有联云"小心自可襄诸葛，大度犹能恕二杨"，称赞蒋琬既能够小心谨慎辅助诸葛亮，又能够宽容大度地包容杨戏的冷漠与杨敏的谮毁。

费祎祠墓

费祎，字文伟，江夏鄳（今河南罗山）人。费祎少随族父游学于蜀。刘备立刘禅为太子，费祎为太子舍人。刘禅登基后，费祎为黄门侍郎，并受命出使吴国，在孙权面前对答如流，深受孙权器重。诸葛亮北伐时，费祎为侍中留成都辅佐后主，后又为参军、司马随军北伐，为诸葛亮选定为可以托付后事之人。诸葛亮死后，费祎历任尚书令、大将军，延熙七年（244年）在兴势击败来犯的魏大将军曹爽。蒋琬死后，费祎主政蜀汉，在汉寿开府治事。费祎执政时期，延续了蒋琬保守的国策，以保境安民任，多次裁制姜维北伐的兵力。延熙十六年（253年），费祎在汉寿为魏降人郭循刺杀，谥敬侯。

今四川省广元市昭化区昭化古城即费祎开府与遇难之地汉寿。费祎祠、墓就位于昭化古城临清门外，为四川省文物保护单位。清雍正十三年（1735年），果亲王允礼送七世达赖喇嘛返回西藏时路过昭化，曾拜谒费祎墓，题写"深谋卓识"匾。乾隆二十七年（1762年）昭化县令吴邦焜修建敬侯祠碑亭，并将果亲王的题笔刻立成碑。原碑已毁，今碑为近年重建，背面刻诸葛亮《出师表》中评价费祎的"志虑忠纯"四字。碑亭对面为费祎墓，墓前有一碑，书"蜀汉大将军录尚书事成

◎ 敬侯祠，黎云帆摄

◎ 费祎墓，黎云帆摄

　　　　　　　　　　　　　重返：三国现场

乡敬侯费祎之墓”，是光绪三十三年（1907年）昭化县令吴光耀重修费祎墓所刻，碑题与碑文分别由其长女、次女所书。书体娟秀伶俐。

古虎头桥

魏延字文长，义阳（今河南桐柏东）人，初以部曲随刘备入蜀，以勇猛闻名，数有功，迁牙门将军。刘备取汉中，破格提拔魏延为督

◎ 古虎头桥，成长摄

汉中镇远将军，领汉中太守。后主即位，魏延封都亭侯，随诸葛亮北伐，为督前部，领丞相司马、凉州刺史。建兴八年（230年），魏延独立领兵西入羌中，大破魏将郭淮，进封南郑侯。建兴十二年（234年）诸葛亮病逝，魏延不服从长史调度，被杨仪指使马岱所斩。

在关、张、赵等将接连凋零之后，蜀汉人才匮乏，魏延几乎是唯一的名将，他在北伐中屡立战功，还曾向诸葛亮献著名的"子午谷奇谋"，自告奋勇率精兵五千出子午谷奇袭长安。这一计策是否可行，后代众说纷纭，但仅凭这一胆识便值得人赞叹。笔者坚信，魏延始终忠心蜀汉，并无叛逆之心。然而魏延"脑后有反骨"的形象却因为《三国演义》的流传而深入人心，实在是千古奇冤。

据清《南郑县志》载，魏延墓在南郑县北门外四里石马堰，即今汉中市北石马坡。二十世纪三十年代，因当地修建川陕公路，魏延墓葬遭到彻底破坏。笔者曾前往此处寻访，墓址已毫无痕迹。

不过，今汉中市内尚存有古虎头桥遗址，传说其为魏延死难之地。位于汉台区天汉大道1059号，为汉中市文物保护单位。"虎头桥"早已不存，仅在一座楼宇的底商处辟开了一处空间，保存有民国二十二年（1933年）所建石碑一座，正中书"古虎头桥"四个大字，右上题"汉马岱斩魏延处"。两侧还题有一对楹联："虎桥往事明月知，汉水长流太守名"。这处位于闹市区的遗迹，或可看作是汉中市民对这位一千八百年前的"老市长"的一种怀念吧。

姜维墓

姜维，字伯约，天水冀（今甘肃甘谷）人，初仕魏，为中郎，参

◎ 芦山姜维墓，曲梓月摄

◎ 甘谷姜维墓，曲梓月摄

本郡军事。建兴六年（228年），诸葛亮首次北伐，兵出祁山，天水太守马遵弃城而走，姜维遂降蜀。诸葛亮对姜维甚为赏识，认为他通晓军事，又心存汉室，称赞他是"凉州上士"，令他统领虎步军，跟随左右。诸葛亮去世后，姜维累迁至卫将军，与费祎共录尚书事，其间他多次统帅偏师西向，试图从凉州打开北伐新的突破口。延熙十六年（253年），费祎遇刺身亡，姜维在后主刘禅授意下重启大规模北伐，进攻曹魏雍凉地区。姜维北伐前后凡十余次，官至大将军，平襄侯。他经历过洮西大捷，也遭受过段谷、侯和大败，始终未能改变魏强蜀弱的局面，客观上却造成了蜀汉国力的巨大消耗。蜀汉灭亡后，姜维仍试图利用钟会的反心，假意与其联手，谋划复国。钟会事败，姜维亦死于乱军之中。

姜维墓现存有四座。剑阁姜维墓第二章已述。芦山姜维墓在四川省雅安市芦山县东北龙尾山上，墓前立有清道光十五年、道光十六年（1836年）所刻两通墓碑。据传姜维死后，魏兵剖开其尸，见其胆大如斗，蜀中旧卒将其胆埋于此处，故又名"胆墓"。芦山城内还存有为纪念姜维所修的平襄楼，为三重檐歇山顶建筑，保持着宋元风格，为第六批全国重点文物保护单位。甘谷姜维墓在甘肃省天水市甘谷县姜家庄村后山上，为其家乡所建纪念性衣冠冢，附近建有姜维故里纪念馆。另在天水市秦州区天水镇东北的黄家坪山上，还有一座姜维衣冠冢。

巴蜀汉阙

"待从头，收拾旧山河，朝天阙。""九重城阙烟尘生，千乘万骑西南行。"在古代诗词中，我们总能看到"阙"的身影。

阙出现于西周，兴盛于汉代。《释名》："阙，缺也，在门两旁，中央阙然为道也。"阙就是城墙缺口（城门）两侧的建筑。汉代城市兴盛，宫殿繁华，宫门、城门两侧高大的阙不仅充当着望楼的功能，还象征着秩序与威严。如今北京故宫午门东西两侧向外伸出的城台，呈"凹"字形结构，就是汉代宫阙发展演变的结果。

历经千年沧桑，汉代的宫阙早已不复存在。但好在，汉阙还以另外一种身份留存了下来，那就是祠庙阙和墓阙。祠庙阙遗存较少，代表性的是河南登封的汉三阙（太室阙、少室阙、启母阙）。现存较多的是墓阙。墓阙立于墓前神道两侧，墓阙最初只限帝王享有，到了东汉，县令、太守等官吏在死后均可在墓前建阙。汉阙上的文化价值极为丰富，它的束柱、斗拱、椽枋、垂脊等实物形象对研究汉代建筑具有重要价值。汉阙上雕刻的画像内容包罗万象，有神话传说、历史故事、社会生活，铭文则展示了书体在汉代的流变。

据《中国汉阙全集》统计，目前全国现存汉阙37处，仅四川、重庆两省市就占25处，超过总数的2/3，而四川、重庆恰是蜀汉故地。雅安高颐阙、芦山樊敏阙等据断代考证均建于东汉末年。作为如今地表仅存的汉代建筑，这些汉阙虽然都带着岁月淘洗的痕迹，但仍旧屹立在巴蜀大地。站在它们面前，便如临历史现场。

雅安高颐阙

高颐阙位于四川省雅安市雨城区汉碑村。高颐墓、碑、阙、神道、石兽均保存完整，为全国唯一。

高颐阙东西两阙均存，相距13.6米，为红砂石质。东阙的主阙斗拱层以上部分和子阙被毁，通高2.6米。西阙较完整保存了子母双阙，主阙通高5.9米，耳阙通高2.94米。两阙上有隶书铭文，东阙为："汉故益州太守 / 武阴令上计史 / 举孝廉诸部从 / 事高君字贯方"；西阙为："汉故益州太守 / 阴平都尉武阳 / 令北府丞举孝 / 廉高君字贯光"。阙前有石辟邪一对，二阙间有高君颂碑。结合墓碑文字，我们大致可知墓主身世：高颐，字贯方，初举孝廉，历任武阳令、阴平都尉、益州太守，在郡清明，深受百姓爱戴，建安十四年（209年）八月卒于任上，吏民为之悲戚。

建安十四年正是赤壁之战的次年，当时益州还是刘璋统治之下。高颐能担任益州郡（郡治在今云南晋宁）太守，说明他是刘焉、刘璋

◎ 雅安高颐阙，夏口文举摄

父子重用的官员，若能活到刘备入蜀，可能会在史书上有更多事迹记载。高颐阙上刻有众多精美的画像，如车马出行图，图中有带盖辎车，车上坐两人，车后有随从和骑吏，可能是高颐生前出行情形的再现。还有画像出现了疑似身着西南夷服装的人，可能与高颐曾在夷人聚居的益州郡就任有关。

高颐墓阙及石刻是第一批全国重点文物保护单位。

芦山樊敏阙

樊敏阙位于四川省雅安市芦山县芦阳街道黎明社区，存有墓碑。

樊敏阙今仅存左阙，为子母阙，主阙现有台基、阙身、楼部和顶

◎ 芦山樊敏阙，夏口文举摄

盖四部分，通高4.95米，为红砂石质。斗拱层上有力士刻像，主阙檐下雕刻有西王母、玉兔等象征吉祥的图案。樊敏阙在北宋时即已倒塌，清末被掩埋。1957年当地村民重新发现樊敏阙，文物部门对其进行了修复。

樊敏阙旁所立汉碑保存完整，碑篆额题"汉故领校巴郡太守樊府君碑"，碑文镌刻有近六百字隶书，记载了樊敏生平。可知樊敏字升达，初举孝廉，任永昌郡长史、宕渠县令，后辟大将军掾。刘焉父子在益州，对樊敏十分器重，表授为巴郡太守。樊敏建安八年（203年）卒（碑文中有"岁在汁洽"，即未年，建安八年为癸未年），年八十四岁。碑中记录了樊敏与青衣羌交往的历史，对于研究汉代蜀地少数民族文化具有重要价值。由碑文可知樊敏碑与阙立于建安十年（205年），早高颐阙四年。两阙在形式及墓制规格都高度相似，专家推测可能为同一批工人所制。

樊敏阙及石刻是第三批全国重点文物保护单位。

绵阳平阳府君阙

平阳府君阙位于四川省绵阳市游仙区绵阳科技馆前。

平阳府君阙双阙连同子母阙皆全，两阙相距26.19米，左阙通高5.14米，右阙通高5.21米，大小相近，均由阙基、阙身、阙盖、阙檐、

◎ 绵阳平阳府君阙，夏口文举摄

介石和阙顶组成，全部由条石和板石堆砌而成。上部浮雕人物、车马、狩猎等图。下部四角刻力士像。阙盖四角刻青龙、白虎、朱雀、玄武。檐上有执杆托鹰人物、中箭野鹿、猎人搏兽图等。

平阳府君阙特别之处在于汉阙之上雕有南北朝佛像。梁武帝大通三年（529年），由于皇帝信佛，国内佛教盛行，有人将平阳府君阙身部分浮雕铲去，重新刻上佛教小龛造像，并刻造像题记数则。如今佛像虽存，但已因为长年风化面目不清。

平阳府君阙的主人在学界有争议。争议主要来源于其右阙上的铭文释读。由于多年漫漶，如今仅能看清"汉""平""杨""府"四字。北宋洪适《隶续》载阙文有"平杨府君叔神"六字，但其人失考，可见宋时阙文已斑驳脱落，缺头少尾。古代"杨""阳"常通用，清同治《直隶绵州志》将文字释为"汉平阳府君神道"。1939年梁思成在考察和测绘绵阳汉阙时依据县志记载，将此阙命名为"平阳府君阙"。有学者据此推测，阙主可能是蜀汉大臣、曾任平阳亭侯的涪县人李福。但也有学者认为，"阳"应为"杨"，铭文为"汉□□平□杨府君字叔神道"，阙主可能为担任过某平郡太守的杨姓人士，阙名也应更正为"绵阳杨氏阙"。

平阳府君阙为第一批全国重点文物保护单位。

忠县乌杨阙

2001年至2002年，为进行三峡水利工程建设，重庆市文物考古所等单位对忠县乌杨镇花灯坟墓群进行考古发掘，出土石阙构件16

◎ 忠县乌杨阙，夏口文举摄

件，经复原后为一对重檐庑殿顶子母石阙，现陈列于重庆中国三峡博
物馆。

乌杨阙为石质砂岩，主阙通高5.4米，进深1.7米，自下而上依次
由脊饰、阙顶盖、上枋子层、扁石层、下枋子层、主阙体、阙基七部
分构成。阙身雕刻有狩猎图、习武图、送行图等，以及长达两米多的
青龙、白虎纹饰。

乌杨阙建造年代据推断应在东汉末年至魏晋时期，其主人尚无确
凿的考古证据。有专家据地方志等文献记载推测，乌杨阙主可能为曾
担任巴郡守将的严颜。

南中豪族：
隐秘的角落

　　"西和诸戎，南抚夷越"是诸葛亮在《隆中对》中提到的远景规划，彼时，刘备尚无安身立命之所，未出茅庐的诸葛亮也没有到过南中，这些美好的蓝图对君臣二人尚遥不可及。然而仅仅十多年后，成为蜀汉主政者的诸葛亮就不得不处理棘手的南中问题。当初的只言片语，如今成为维持新生的蜀汉政权长治久安的重要任务。

　　南中，即益州南部的俗称，在今四川西南部、云南、贵州一带。早在汉武帝时期，唐蒙通夜郎道，西南夷逐渐被纳入汉朝统治范围，后置益州（州郡同名）、永昌、牂柯、越嶲四郡。在云南晋宁石寨山汉墓中出土了一枚刻有"滇王之印"的金印，可知西汉时朝廷已对云南一带的少数民族首领进行册封。但是东汉以后，南中地区多次发生叛乱，中央王朝因为距离遥远而无力征伐，这种状况一直持续到蜀汉初年。

　　刘备时期，益州郡大姓雍闿杀太守正昂，勾连东吴，煽动南中夷人攻打郡县，杀害官吏。诸葛亮执政后，深感南中不稳，将成为蜀汉后患，于是于建兴三年（225年）亲自率军南征，历时近一年，杀掉叛首雍闿、高定等，降服夷帅孟获，实现了南中的平定。

南中叛乱领头的主要是大姓豪族。两汉以来，大批汉人向南中迁徙，与当地叟、僰、濮等少数民族杂居，从而形成控制当地政治经济的大姓，如焦、雍、娄、爨、孟、量、毛、李等，诸葛亮平定南中后，这些大姓纷纷宾服。诸葛亮将南中劲卒、青羌万余家迁入蜀地，分为五部，将他们打造成一支擅长山地作战的"特种兵"——无当飞军，同时把当地羸弱百姓分给南中大姓为部曲，置五部都尉，南中人称为"四姓五子"。通过这些措施，蜀汉一方面从南中收获了大批兵源，另一方面则不必留太多兵力驻守，依靠归附的南中大姓来维持南中的统

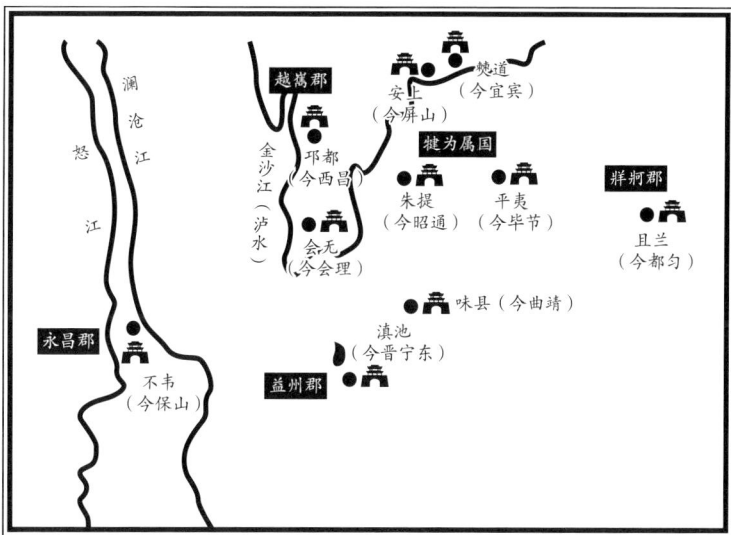

◎ 三国南中地区形势图，张珍绘

治。而南中豪族人士如爨习、孟获、孟琰等亦进入蜀汉政府为官。

汉、晋以降，中原战乱，南中仍为豪族大姓所控制，并逐渐形成孟、霍、爨三大族。此后，孟、霍二族因火并而日衰，爨氏独霸南中长达四百余年。如今存世的《孟孝琚碑》、孟滕印、"二爨碑"、霍承嗣墓等文物成为数百年间南中豪族兴衰的缩影，也得以让我们重新去认识这个隐秘的角落。

《孟孝琚碑》与孟滕印

云南昭通在汉晋之际为朱提县，初为犍为属国都尉治所，后为朱提郡治所。1901年在昭通出土了东汉碑刻《孟孝琚碑》，年代推测为东汉桓帝年间，从碑文可知碑主孟孝琚父祖世代仕宦于南中，其父官

◎《孟孝琚碑》（复制品），云南省博物馆藏，成长摄

◎ 孟滕子母印

三国蜀至西晋，1954年云南昭通二坪寨二号墓出土，云南省博物馆藏

铜制，子母套印。大印高3厘米，边长1.8厘米，辟邪形钮，印面阴刻篆书"孟滕之印"；小印高1.5厘米，边长1厘米，桥钮，印面阴刻篆书"孟滕"。

至武阳令。孟孝琚少时博览群书，后娶蜀郡何彦珍女，未娶而早夭，该碑为其父故吏所立。《孟孝琚碑》是云南地区现存唯一一块汉碑，现立于昭通市昭阳区文渊广场，为第六批全国重点文物保护单位。

由《孟孝琚碑》可知，孟氏在南中一带是颇有影响的大姓。三国时，建宁人孟获助雍闿举兵，并在雍闿死后代其为首领，与诸葛亮抗衡。据《汉晋春秋》《华阳国志》等载，诸葛亮对孟获"七纵七擒"，方使孟获心服，不复反叛。后孟获官至御史中丞，孟琰官拜辅汉将军、虎步监，曾参与诸葛亮第五次北伐。

无独有偶，在昭通出土了一对子母套印，印上有"孟滕"字样。

孟滕其人虽不见于文献记载，但很可能亦为朱提孟氏族人，与孟孝琚、孟获、孟琰同族。

霍承嗣壁画墓

西汉以前，云南一带的墓葬都是"墓而不坟"，不加封土。随着汉人的南迁，汉人修筑高大坟茔的习俗传播到了这里，于是两汉以来，南中大族的墓葬多用高大封土，当地百姓俗称为"梁堆"。梁堆墓在西南地区分布广泛，主要集中在昭通、鲁甸、曲靖、陆良、呈贡、昆明、晋宁一带，数量近千，墓主多是爨、李、孟、霍、毛等南中大族。

霍承嗣墓于1963年在昭通西北后海子发现，是一座东晋时期的梁堆墓。该墓虽遭盗掘，随葬品无存，但墓室四壁保留下来了珍贵的壁画。通过北壁壁画上的墨书可知，墓主人姓霍字承嗣，历任建宁、越嶲、兴古三郡太守，南夷校尉，交、宁二州刺史，使持节都督江南交、宁二州诸军事，进封成都县侯，六十六岁去世，于东晋太元十年（385年）归葬朱提。

从墨书中"南郡枝江"可知，霍承嗣为三国蜀汉名将霍峻之后。霍峻自荆州追随刘备，入蜀守汉寿有功，官至梓潼太守、裨将军。霍峻之子霍弋在蜀汉后期为安南将军、建宁太守，统管南中政事。蜀汉亡国，霍弋率南中六郡内附，仍被司马氏委以旧任，拜南中都督。霍氏至此世守南中，为南中大姓。从霍承嗣墓规制和霍承嗣官职来看，至东晋时期，霍氏在南中仍具有较强的影响力。

霍承嗣壁画墓是目前云南一带唯一保存完整的彩绘壁画墓，也是

◎ 霍承嗣墓壁画（临摹件），云南省博物馆藏，成长摄

目前所知唯一的东晋彩绘壁画墓。壁画内容既有神仙世界，又有人间生活，壁画上层绘四神、仙女等仙界生活形象，下层绘墓主人、仆从、部曲等人间生活形象，墓主人头戴平顶小冠，着深衣，盘膝而坐，手持旄节，这种正面墓主人画像的形式在朝鲜平壤安岳冬寿墓、朝鲜德兴里东晋墓中都能找到相似之处。从壁画中人物的衣着和发饰来看，有比较明显的彝族文化元素，这也显示出霍氏作为汉族大姓徙居南中后逐渐被"夷化"，与当地文化交融的现象。

霍承嗣壁画墓目前已移至昭通市昭阳区文渊广场建室保护，与《孟孝琚碑》为邻，为云南省级文物保护单位，在云南省博物馆展有壁画摹本。

"二爨碑"

《爨宝子碑》全称《晋故振威将军建宁太守爨府君墓碑》，刻于东晋太亨四年（实为义熙元年，405年），碑主为东晋建宁太守爨宝子。《爨龙颜碑》全称《宋故龙骧将军护镇蛮校尉宁州刺史邛都县侯爨使君之碑》，刻于南朝宋大明二年（458年），碑主为南朝宋龙骧将军、护镇蛮校尉、宁州刺史、邛都县侯爨龙颜。

二碑均出土于云南曲靖。曲靖于汉晋之际为味县，初属于益州郡，诸葛亮南征三路大军于此会师，后置建宁郡，以味县为治所，亦为庲降都督驻地。西晋分南中诸郡为宁州，治所仍在味县，此地遂长期成为云南一带的政治中心。

◎《爨宝子碑》局部，夏口文举摄

重返：三国现场

爨氏是由中原迁至南中的汉人，在东汉末年即已成为南中大姓。据《三国志·李恢传》载，爨习为建伶令，是李恢姑夫，有违犯之事。依照法律，李恢应连坐免职。但当时的益州太守董和"以习方土大姓，寝而不许"，可见爨氏在当地影响之大已可左右律法。后爨习官至蜀汉行参军、偏将军、领军，出现在诸葛亮弹劾李严的联署名单中。自西晋咸和八年（333年）起，爨彪、爨琛任交州刺史，爨氏家族以曲靖为中心，统治云南地区达四百余年，直至唐朝天宝年间南诏灭爨为终。

"二爨碑"正是爨氏雄踞南中的见证者。因两晋有禁碑之令，故当时刻石极少，"二爨碑"就显得格外珍贵。除史料价值外，两碑的书法也受到后世学者的推崇，《爨宝子碑》书体在隶书与楷书之间，笔法雄奇怪诞，《爨龙颜碑》则已是标准的楷书。清代学者杨守敬称："真书入碑板之最先者，在南则有晋、宋之小大二爨。"康有为赞二碑"朴厚古茂，奇姿百出""下画如昆刀刻玉，但见浑美"。

"二爨碑"均为第一批全国重点文物保护单位，《爨宝子碑》现存于曲靖市麒麟区内环东路176号曲靖市第一中学内，《爨龙颜碑》现存于曲靖市陆良县薛官堡村斗阁寺内。

第六章

江南新生

东吴大皇帝

中国古代有皇帝四百多位，以"大皇帝"为谥号的只有孙权一人。我甚至怀疑，这个谥号是孙权生前自己给自己定的。也许在孙权看来，除了一个"大"字，其他任何形容词对自己而言都是苍白的。

孙权的确是一个特别的皇帝，他十九岁承袭兄长孙策基业，一直活到七十一岁，无论是寿命还是实际执政时长，在两千一百多年帝制史上都能跻身前列。他是中国第一个在长江以南称帝的皇帝，实现了中国政治格局从东西分野到南北对峙的历史性转变。孙权是三国鼎立局面的决定性人物，由于他力排众议与曹操一战，刘备得以保全，孙氏得以割据，曹操则再无一统南北的良机。然而长期以来，人们对三国的关注点总在魏蜀，孙权及其所建立的东吴完全沦为配角。

实际上，孙权绝非躺在父兄"功劳簿"上的平庸君主。他甫一即位，就有庐江太守李术反叛于外，宗室孙辅、孙暠蓄谋夺权于内。而孙权仅用了数年时间，不仅平定了内乱，稳定了人心，更是三次西征江夏，诛杀黄祖，实现了其兄孙策也未竟的战功。孙权在位期间不仅没有固守长江天堑以自保，反而是积极向外用兵，开疆拓土，包括孙权本人五次亲征合肥。曹魏为应付东吴不断进犯，或迁沿江之民于内地，或设扬州、荆州等都督区，委以重臣进行防范。曹魏在对吴战线上所部署的兵力、倾注的心力远多于对蜀战线。即便是蜀亡之后，晋得上游之地利，对东吴已呈压倒性优势，依然需要积蓄十七年之久才完成统一之业。

《三国志》里记载了东吴都尉赵咨出使魏国时的一番对话。魏帝曹丕问他："吴王何等主也？"赵咨对曰："聪明仁智，雄略之主也。"曹丕让他具体解释。赵咨说："纳鲁肃于凡品，是其聪也；拔吕蒙于行陈，是其明也；获于禁而不害，是其仁也；取荆州而兵不血刃，是其智也；据三州虎视于天下，是其雄也；屈身于陛下，是其略也。"其中对孙权虽不乏溢美之词，但总体而言较为客观，肯定了孙权知人善任的一面，也表露出孙权在复杂政治生态中"间于齐楚"的智慧与无奈。至于孙权

◎《历代帝王图·吴主孙权》
唐，阎立本绘，美国波士顿艺术博物馆藏

晚年的猜忌与暴戾，历史也早有公论。

孙权没有曹操、刘备那般纵横南北的经历，因此关于他的史迹遗存主要集中在长江中下游。如孙氏故里吴郡富春（今浙江富阳），孙权早期的政治中心吴（今江苏苏州）、京（今江苏镇江），孙权的王都武昌（今湖北鄂州）、帝都建业（今江苏南京）等。东吴开六朝繁盛之始，如今有富庶的"江浙沪包邮区"，孙权功莫大焉。

富阳孙权故里

孙权一系籍出吴郡富春，即今浙江富阳，这里距离杭州市区不过四十公里，元代画家黄公望一幅《富春山居图》让此地名声大噪。据载，孙权祖父孙钟本是一瓜农，孙权之父孙坚以一小吏身份，孤微发迹，凭借累累战功而至乌程侯，堪称传奇。

富阳区场口镇瓜桥埠村据传为孙权祖父孙钟种瓜之处。如今当地仍有瓜江、瓜桥埠、雄瓜地、雄瓜井等众多与孙钟种瓜相关的地名。据《宋书·符瑞志》载，孙钟在富春与母居，种瓜为业，忽有三少年来乞瓜，孙钟慷慨予之，三人对孙钟说，他死后葬于此山之下，其家就可出天子，言毕便化作白鹤而去。刘敬叔《异苑》、刘义庆《幽明录》均有类似记载，可见此传说已广泛流传于东晋、南朝。

富阳区龙门镇是孙权后裔最大的聚集地。据统计，龙门古镇百分之九十以上的村民是孙权家族的后裔。龙门古镇保存着比较完整的明清古建筑群，是浙江省级文物保护单位。古镇现有保存较好的两座祠堂，三十多座厅堂，三座砖砌牌楼和一座古塔，一座寺庙。

◎ 富阳龙门古镇，成长摄

其中思源堂正厅悬挂孙钟画像；余庆堂正厅悬挂孙权画像及《天子自序》，两侧配有周瑜、鲁肃、吕蒙、陆逊四臣像，后堂供奉着历代知名祖先的牌位。每年农历二月初二、十月十九，龙门古镇孙氏后人会在宗祠举办春秋两季的祭祖大典，仪式讲究，规模盛大。笔者2017年前往龙门古镇探访，看到古镇依山傍水，风光秀丽，富有江南韵味，且尚未进行旅游开发，颇有江南古镇的朴实之感。值得一提的是，在龙门古镇，笔者还发现一座关帝庙。众所周知，关羽被孙权所害，如今关帝庙却出现在孙权故里，这或许可以视为千年之后的一种和解吧。

孙权墓

孙权墓位于南京市玄武区明孝陵景区梅花山内。史载，孙权于吴太元二年（公元252年）四月崩逝，年七十一岁，七月葬于蒋陵。蒋陵因蒋山而得名。蒋山即今南京紫金山，原名钟山。据传汉末秣陵尉蒋子文因追捕盗贼，为贼击伤，死于山下。死后蒋子文化而为神，频频显灵，孙权为其立庙封侯，避其祖父孙钟之讳，改钟山为蒋山。

孙权墓还陪葬有步皇后、潘皇后及宣明太子孙登。后世称孙陵岗、吴王坟。孙权墓历代保存情况不得而知，明郎瑛《七修类稿》载："孝陵城西门内有吴孙权墓，筑城者奏欲去之，诏曰：'孙权亦好汉子，

◎ 南京梅花山鸟瞰，夏口文举摄

重返：三国现场

留为门主。'"就这样，孙权墓被用来给朱元璋的孝陵"看大门"，得以保存。

笔者前往南京紫金山探访时，来到明孝陵景区，看到陵前的神道与石像生呈之字形走向，并非像北京明十三陵神道呈一条直线。孙权墓址所在的梅花山恰在其侧，可见"看门"之说并非空穴来风。但孙权墓在地表已无封土痕迹，仅有一座写有"孙权墓"的文保碑供游人凭吊。2012年，当地在梅花山建设了东吴大帝孙权纪念馆，馆外立有孙权全身塑像，馆内有孙权生平事迹展示。每年春季，梅花山上梅花竞相绽放，替孙权看守着这座他一手兴建起来的南京城。

孙休定陵

孙休字子烈，为孙权第六子，母王夫人，封琅琊王。太平三年（258年），权臣孙綝废孙亮，迎立孙休为帝。孙休即位后，联合张布、丁奉等诛灭孙綝，结束了东吴自孙权死后长达七年的权臣摄政局面。孙休在位期间偃武修文，劝课农桑，兴办教育。但他仅在位七年就暴病去世，年仅三十岁，谥景皇帝，葬定陵。孙休也成为东吴除孙权外唯一有谥号、陵号且以天子之礼下葬的皇帝。

孙休定陵位置《三国志》未记载，安徽马鞍山一带发掘有众多东吴时期高等级墓葬，其中宋山东吴墓和洞阳东吴墓都被推断为孙休定陵。

宋山东吴墓位于马鞍山市雨山区宋山窑厂，1987年进行抢救性发掘。墓室为砖室结构，总长17.68米，总宽6.6米，由墓道、甬道、前室、两个耳室、横室、通道和一个单后室组成，结构复杂。墓中出土青瓷器41件，以及大量模印阳纹吉语小篆体"富宜贵至万世""富贵万世"铭文砖。发掘者认为墓葬为东吴晚期，从规制上大于朱然墓而小于上坊东吴墓，墓主人身份应为孙吴宗室成员，并推测为吴景帝定陵。但也有学者认为墓中后室仅见一具木棺，与孙休、朱皇后合葬记载不符，推测其为与孙休相关的孙吴宗室墓。宋山东吴墓为安徽省文物保护单位。

◎ 洞阳东吴墓（左图）

◎ 金质持节羽人（右图）

三国吴，2015—2016年安徽当涂洞阳东吴墓出土，安徽省文物考古研究所藏

重返：三国现场

洞阳东吴墓位于马鞍山市当涂县姑孰镇洞阳村。当地有一高约10米封土，俗称"天子坟"，其位置与宋代以来《舆地纪胜》等文献记载的"吴景帝陵在当涂县东二十五里"相吻合。2015年至2016年，安徽省文物考古研究所等单位对洞阳东吴墓进行了抢救性发掘。发掘表明，该墓为前后室四隅券进式穹窿顶结构砖室墓，全长13.9米，宽8.5米，由封门墙、墓门、挡土墙、甬道、前室及左右耳室、后室构成。该墓在唐代已遭盗掘，在唐代盗洞底部区域发现大量金银器饰品，它们做工考究，形制精美，推测为盗墓时从大型金银器上掉落的配件。可见该墓原应有大量珍贵随葬品，墓主人身份较高。墓葬内出土有"永安三年"字样的漆皮，以及两块"永安四年"纪年文字墓砖。永安是吴景帝孙休使用的唯一一个年号，据专家判断，该墓应为东吴王侯级以上的夫妻合葬墓，墓主极可能为吴景帝孙休与皇后朱氏。洞阳东吴墓现为第八批全国重点文物保护单位。

孙策墓

孙策是东吴政权真正意义上的奠基人。他仅率数千人渡江，平定江东，让孙氏在江南开创新天地。建安五年（200年）四月，孙策在出兵之前于丹徒山中打猎，为仇家行刺，重伤而死，年仅二十六岁，临终将大业托付于其弟孙权。孙权即帝位后，追谥孙策为长沙桓王。

孙策治所在吴郡吴县，孙策葬地当在苏州一带。唐代以来，苏州的地方志就有孙策墓的记载。陆广微《吴地记》载，苏州盘门外东北二里有孙坚、孙策墓；朱长文《吴郡图经续记》载，孙坚、孙策、吴夫人三坟在苏州盘门外三里，俗称"孙王墓"；范成大《吴郡志》也载"孙王墓"在苏州盘门外三里。这些文献所指的苏州盘门外青旸地确曾有一座高出地面5米的土墩。1981年，由于苏州染丝厂施工，苏州博物馆考古组对此处进行发掘清理，共发现汉墓三座、六朝墓两座，出土了一些陶器、瓷器，但并没有发现与孙坚、孙策有关的直接证据。

2016年至2018年，苏州市考古研究所对苏州虎丘路新村土墩进行了考古发掘，共发现八座砖室墓，其中三国孙吴时期砖室墓四座，编号M1、M2、M5、M8，应为一家族墓地。考古工作者在M5中出土了数十块模印文字砖，文字均为阳文，反文"吴侯"二字。此外，还出土一块写有"建兴二年七月廿一日吴王"铭文的砖。"建兴二年"应指公元253年，即吴帝孙亮时期。据苏州市考古研究所张铁军分析，符合这一时期以"吴侯"身份修墓的只可能是孙策之子孙绍。而位于东侧的M1年代早于M5，其墓主人应为M5墓主人长辈。因此，据张铁军推测，M1墓主人是孙策的可能性较大。而据发掘表明，M1在形制上有东吴早期的特征，且有"二次葬"的痕迹，均与孙策的身份较为吻合。

此外，虎丘路新村土墩M1东侧，还有一座形制较小的M2，推测为M1的陪葬墓。它幸而未被盗掘，出土了三足镜架、金钗、金环、金步摇片等用品，出土人骨经鉴定为二十五岁左右女性。种种迹象表明，M2墓主人或为M1墓主人陪葬的妾室。据《三国志》载，孙策克皖，得桥公两女，皆国色。"策自纳大桥，瑜纳小桥。"可知二乔为孙策、周瑜于战争中所掳，大乔应为孙策妾室而非正妻，死后亦不得同穴而葬。若新村土墩M1为孙策墓，M2则极有可能是大乔香冢。

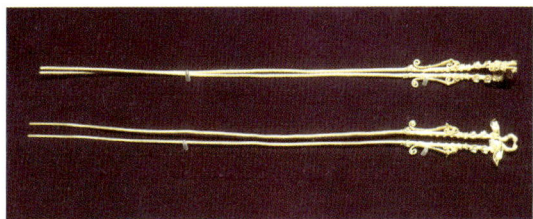

◎ 五连罐（上图）

三国吴，1981年苏州南门外"孙坚孙策墓"出土，苏州博物馆藏，成长摄

　　五连罐为东汉中晚期开始出现，由五壶组合而成，到六朝时演变为以楼阁、鸟兽、人物等装饰，俗称魂瓶。

◎ 龙首金钗、鸟首金钗（下图）

三国吴，苏州虎丘路新村 M2出土，苏州市考古研究所藏，陈金廷摄

　　龙首金钗长26厘米，重27.1克；鸟首金钗长25厘米，重25.5克。

苏州虎丘路新村土墩墓主人身份目前仍存在争论，苏州博物馆研究员、副馆长程义否定了孙策葬于苏州的可能性，认为M5的墓主人可能是孙权之孙，宣太子孙登次子孙英。总之，新村土墩是东吴孙氏宗室之墓应无异议，是否与孙策有关则需进一步证明。

2 ▼

遥想公瑾当年

　　周瑜，字公瑾，庐江郡舒县（今安徽庐江，一说安徽舒城）人，他出生于世代官宦之家，堂祖父周景、堂叔父周忠都曾担任太尉，其父周异担任过国都洛阳令。周瑜与孙策同岁，少年相识，恩若兄弟。孙策举兵，周瑜率兵至历阳相迎，助孙策攻取江东诸郡，成为其心腹之人，任中护军、江夏太守。孙策死后，周瑜与张昭共掌众事，辅佐孙权。曹操南下，周瑜力主抗曹，并亲率江东水师三万迎战数倍之敌。赤壁一战，周瑜火烧曹军战船与水寨，曹操仓皇而逃，周瑜成就千古之名。赤壁战后，周瑜逐曹仁，得南郡，迁偏将军，领南郡太守。周瑜不仅首次将东吴政权的疆域扩展到长江中游、荆州腹地，更试图西进巴蜀，吞并刘璋、张鲁。这份计划若得以实施，中国历史很可能提前进入南北朝时期。怎奈天妒英才，周瑜在出兵伐蜀之前病故于巴丘（今湖南岳阳），年仅三十六岁，此后天下遂成三分鼎足之势。

周瑜虽然生命短暂，但他俊朗的形象、英雄的气概、卓越的才华，乃至于令人艳羡的爱情，都在后代文人的心中激荡起涟漪。苏轼有词云："遥想公瑾当年，小乔初嫁了，雄姿英发，羽扇纶巾，谈笑间，樯橹灰飞烟灭。"勾勒出周瑜在残酷战场上的浪漫气质，引人无限遐想。

　　不过数百年后，苏轼所描述周瑜"羽扇纶巾"的造型，却成了诸葛亮的"标配"，在人们印象中根深蒂固。实际上，所谓"羽扇纶巾"是魏晋时期文人名士之间流行的穿着配饰，东晋名臣顾荣、谢万等都有持羽扇、着纶巾的记载。有趣的是，笔者在合肥参观安徽名人馆时，看到一层大厅有一面安徽历史名人的群像浮雕，其中有一位手执羽扇、头戴纶巾的人，形似诸葛亮，实则为周瑜。千年之后的家乡人们，替周瑜从诸葛亮身上"夺回"了羽扇纶巾。

◎ 周瑜彩像
清，佚名绘

◎ 庐江周瑜墓，成长摄

　　据《三国志》载，周瑜死后，"丧当还吴，又迎之芜湖"。可知周瑜在巴丘病逝后，遗体运回吴地安葬，孙权亲自前往芜湖迎接。因而其墓葬应在吴郡境内。唐陆广微在《吴地记》中载"周瑜坟，在县东二里"，认为周瑜墓在今苏州郊外，但其墓址今已难觅。

　　安徽省庐江县是周瑜故里，当地存有一座周瑜墓。该墓初见于《大明一统志》，明正统七年（1442年），提学御史彭勖勒令知县重加修葺，并立"吴名将周公瑾之墓"。清咸丰年间，墓址又遭破坏。1942年，国军驻庐团长覃振元掘墓，次年重新修缮，筑墓成台，改圆形墓为凸形墓，分三层台阶，正方体，圆顶。二十世纪六十年代，周瑜墓被毁，二十世纪九十年代起当地政府重修周瑜墓园。现庐江周瑜墓园内有墓冢、祠堂、胭脂井、周瑜史迹长廊等，为安徽省文物保护单位。

◎ 舒城周瑜城，成长摄

　　周瑜城位于安徽省舒城县干汊河镇瑜城村，传为周瑜年少时从家乡起兵、招募军队所筑之城。《读史方舆纪要》载："周瑜城，在县西十八里。《志》云：瑜从孙权举义兵讨董卓，徙家于舒，因筑此城，今为净梵寺。"明清诗人多有在此地怀古咏诗之作。据考证，周瑜城城址为长方形，四周是土筑城墙。高城之上是平整的台地，东西南北各有一个相对称的宽六七米的城门。

　　如今周瑜城已是一片萧索，残存的夯土墙以及一尊周瑜的半身塑像散落在杂草丛中。周瑜城为安徽省文物保护单位。

◎ 岳阳小乔墓，成长摄

　　周瑜之妻小乔，虽然在演义小说中名气很大，但在《三国志》中仅有一句描述："（周瑜）从攻皖，拔之。时得桥公两女，皆国色也。策自纳大桥，瑜纳小桥。"又有裴注《江表传》载："策从容戏瑜曰：'桥公二女虽流离，得吾二人作婿，亦足为欢。'"可知大乔、小乔原作大桥、小桥，是建安四年（199年）孙策、周瑜攻克皖城（今安徽潜山）后所得，有国色天香之貌。

　　小乔墓史无记载，湖南岳阳、安徽庐江、安徽南陵均传有小乔墓。如今可见的仅有岳阳小乔墓，原墓位于岳阳市第一中学后菜园内，据明《岳州府志》载为大乔、小乔合葬墓，后仅存小乔墓。该墓在清朝曾经过两次维修，抗日战争时期被日机炸毁，至二十世纪五十年代已经荡然无存。1993年岳阳市重建小乔墓，迁墓址于岳阳楼北侧。

◎ 庐山南康府谯楼，杨锦摄（左页上）

　　南康府谯楼位于江西省庐山市紫阳南路81号。《三国志》载："（建安）十一年，（周瑜）督孙瑜等讨麻、保二屯，枭其渠帅，囚俘万余口，还备宫亭。"此地即周瑜屯驻之宫亭，原为周瑜阅兵点将、操练水师之处。后屡有增修。明天顺二年（1458年），知府陈敏政将其改建为南康府谯楼。谯楼楼座向南，呈方形，采用本地花岗石砌垒而成，基宽27.9米，纵深15米，高5.46米，中有拱门通道。楼上置鼓报时，民称"鼓楼"。南康府谯楼现为江西省文物保护单位。

◎ 九江烟水亭，杨锦摄（左页下）

　　江西省九江市在汉末三国为柴桑县。建安十一年（206年），周瑜在柴桑大破黄祖将邓龙。赤壁之战前，孙权驻柴桑，在此与诸葛亮会面，并实现孙刘联盟共抗曹操。

　　烟水亭位于九江市浔阳区甘棠湖北侧，传周瑜曾在湖上操练水军，在湖中筑台点将。明万历年间督关主事黄腾春建亭于此处，取"山头水色薄笼烟"之意，命名为"烟水亭"，清末毁于战乱。现亭为1972年重修。1987年又在亭前仿建周瑜点将台，并设有"周瑜史迹陈列馆"。烟水亭现为江西省文物保护单位。

· 岳阳楼与鲁肃墓

◎ 岳阳楼，成长摄（上图）

范仲淹一首《岳阳楼记》让岳阳楼千古传诵，但罕有人知道，岳阳楼始建于三国东吴时期，前身是鲁肃所建阅兵楼。

鲁肃，字子敬，临淮东城（今安徽定远）人，生于富庶家庭，早年自募部曲，击剑骑射，讲武习兵。后为周瑜举荐于孙权，与孙权合榻对饮谈天下大势，首倡建号称帝于江南。赤壁之战中，鲁肃力主孙刘联盟，共抗曹操。周瑜死后，鲁肃代其统军，官至汉昌太守、横江将军，驻守巴丘（今湖南岳阳）。建安二十二年（217年）病逝于此地。

◎ 岳阳鲁肃墓，成长摄（下图）

岳阳鲁肃墓位于湖南省岳阳市洞庭北路279号，与岳阳楼相距不远。墓冢较高，碑文书"吴鲁公肃墓"，上有六角亭。该墓为清光绪十五年（1889年）重修，为湖南省文物保护单位。

◎ 镇江鲁肃墓，成长摄（上图）

　　镇江鲁肃墓位于江苏省镇江市北固山风景区内，墓冢较小，碑文书"吴横江将军鲁肃之墓"，该墓是1993年从市区大学山迁来，已被证实是衣冠冢。

◎ 武汉鲁肃墓，成长摄（下图）

　　武汉鲁肃墓位于湖北省武汉市汉阳区龟山公园内，墓冢很小，碑文书"吴汉昌太守鲁肃墓"。传为鲁肃之子、夏口督鲁淑迁葬至此。该墓于光绪二十六年（1900年）汉阳知府余肇康重修，原在龟山南麓，后因建武汉长江大桥而迁至此处。龟山南麓现尚存有汉末名士祢衡墓。

『复活』的将军：
朱然墓

在群星璀璨的三国英雄中，东吴大将朱然的知名度并不算高。况且由于历史上有过擒关羽的事迹，朱然在后世演义小说中的形象也不太正面，《三国演义》甚至虚构他在夷陵之战中被赵云刺死。

然而，就在一千七百多年后，安徽马鞍山一座神秘大墓被打开。朱然，这位早已尘封于历史中的三国将军"复活"于人们的视野之中。

"名片"辨墓主

安徽省马鞍山市位于长江下游东岸，距离南京仅有五十多公里。这里有孙策渡江之地牛渚矶（见本书第二章第二节），历来是兵家必争之地。马鞍山市雨山南面有一个小土冈，当地百姓称之为马营冈，相传曾是东吴军队牧马的场所。这里东眺向山，西对小九华山、翠螺山，北靠雨山，南为开阔平地，不远处的采石河自东向西汇入长江。

1984年6月初，马鞍山市沪皖纺织联合公司扩建仓库，在这片小土冈上意外发现了一座砖室墓。马鞍山市文化局得到消息后，立即通知工地停工，保护现场，并将此事上报安徽省文化厅文物局，安徽省文物考古研究所随即派员会同马鞍山市文物普查工作队对墓葬进行了抢救性发掘。发掘工作从6月9日至23日，历时十五天。令人惊喜的是，这座大墓的墓主人身份很快就浮出水面，他就是三国东吴左大司马、右军师朱然。

　　在墓葬考古中，破解墓主人身份之谜是公众最为关心的事情。然而，在两晋之前，墓志铭还没有被广泛使用，出土文物缺少直接的文字信息，这就让确定墓主身份的工作变得更加困难重重。朱然墓之所以能够被迅速"破案"，是因为墓中出土了写有朱然名字的木刺和木谒。

　　刺和谒是写有主人身份与姓名的竹木简牍，类似于当今的名片。谒稍宽，在西汉已经广泛使用，刺则开始流行于东汉至三国。当时的官吏、文士互相拜访，要先在门口将自己的名刺或名谒递给侍者通报，主人阅后，才决定是否接见以及用什么礼节接待。另一种情况是在庆贺、问疾等礼节交往中，拜访者将名刺或名谒置于礼品之中，以表心意，这又有些像现在的贺卡。谒使用场合较为正式，刺使用场合相对随意一些。

　　朱然墓出土了14枚木刺、3枚木谒。木刺长约24.8厘米，宽3.4厘米，正面直行墨书"弟子朱然再拜 问起居 字义封""丹杨朱然再拜 问起居 故鄣字义封"等字样，字体隶中带楷；木谒长约24.8厘米，宽9.8厘米，正面顶端中央墨书"谒"字，右起直行墨书"持节右军师左大

◎ 木刺

三国吴，1984年马鞍山朱然墓出土，马鞍山市三国朱然家族墓地博物馆藏并供图

司马当阳侯丹杨朱然再拜"字样，这些信息都与史书记载朱然的籍贯、官职契合。据考古发现，在墓中放置木制名刺可能是东吴时期流行的陪葬习俗，在湖北武昌郑丑墓、湖北鄂州史绰墓、江西南昌高荣墓均有木刺出土，而木谒则是朱然墓首次发现，同期北方的魏晋墓中则尚未有发现。

朱然，字义封，丹阳故鄣（今浙江安吉）人，他的舅舅朱治早年跟随孙坚起兵，是东吴政权资历最老的臣僚之一。朱然原姓施，因过继给朱治而改姓朱，他从小与孙权同窗读书，关系十分亲密。孙权统事后，从丹阳郡分出临川郡，以朱然为太守。建安二十四年（219年），朱然随吕蒙征讨荆州，在临沮将一代名将关羽生擒，立有大功，迁昭武将军，封西安乡侯。夷陵之战中，朱然与陆逊合力击败刘备，破其先锋，断其后道，拜征北将军，封永安侯。黄武二年（223年），魏文帝三路大军伐吴，其中西路军在曹真、夏侯尚、张郃等将率领下将朱然围于江陵。朱然仅以五千堪战之兵死守城池六个月，迫使魏军退还，"名震于敌国"，改封当阳侯。朱然长期督荆州军事，数次北上攻打魏樊城、柤中等地，官至左大司马、右军师，在东吴军界是仅次于陆逊的二号人物。朱然于赤乌十二年（249年）去世，年六十八岁，孙权为之素服举哀。

那么，朱然为何没有归葬故乡安吉，而葬在马鞍山呢？这是因为马鞍山位于东吴的都城南京近郊，将重臣葬于京畿之地是一种特别的优待，此后发现的三国同等级将领曹休墓、丁奉墓莫不如此。

从墓室规制和陪葬品中，也能够看到朱然特别的地位。朱然墓是一座前带阶梯形墓道的双室墓，坐北朝南，前室与后室之间不设通道，仅以墓壁相隔。前室平面近方形，顶部采用四隅券进式穹隆顶，这种墓顶规格在多个魏晋时期的贵族墓葬中都有发现，如南京上坊东吴大墓。这种墓顶的砖石结构比汉墓拱形券顶和由四边券砌的穹顶更为坚固，可以将墓顶上的积土重量向四壁均匀传递。朱然墓后室平面为长方形，拱券顶，所用墓砖为青灰色，模印有篆书阳文吉语"富且贵，至万世""富贵万世""富且贵"等。前、后室中各放置一具黑漆棺木，因在地下埋葬已久，呈浅栗褐色，后室墓棺较大。推测前室为朱然一位妻妾的棺木，后室为朱然棺木。

朱然墓虽然受过盗墓者的盗扰，但依然保存了140多件随葬品，包括漆器、木器、青瓷、陶器和大量铜钱。其中漆器的数量相当多，80多件，这批漆器基本上都是生活用品，如案、盘、盒、勺、槅、盒、

◎ 朱然墓，成长摄

壶、羽觞、凭几等。有的至今仍在我们生活中可见，比如漆槅就类似
于现在大食堂吃饭所用的餐盘，方便将不同的食物分区盛放；有的则
已经离我们的生活远去了，比如凭几，魏晋南北朝时期贵族都是席地
而坐，坐累了就会倚靠在凭几上小憩，而在唐代以后，高背椅子开始
广泛使用，凭几就被淘汰了。朱然墓的许多漆器上都绘制有造型优美，
色彩艳丽的图案，它的出现填补了汉末至三国美术史的空白。

　　1996年9月，在朱然墓西南三十多米处，考古人员又发现四座砖
室墓，据考证为朱然家族墓，推测可能为朱然养父朱治或朱然之子施
绩之墓，其中出土的代表性文物青瓷羊造型优美，釉色莹润，是东吴
越窑的精品之作。

　　朱然家族墓地是第五批全国重点文物保护单位，当地在墓地原

　　　　　　　　　　　　　　　　　重返：三国现场

◎ "富且贵，至万世" 铭墓砖

三国吴，1984年马鞍山朱然墓出土（左），1987年马鞍山宋山墓出土（中），马鞍山市博物馆藏，成长摄

址加盖了朱然家族墓地博物馆，向社会公众开放。来这里参观，既可以看到朱然家族墓的墓室实景，也能够看到部分出土文物陈列。朱然万万不会想到，他的家人将"名片"投入墓中这个细微的动作，让他成为极少数能够被后人"看见"的三国名将。

漆木屐

据文献记载，我国很早就有穿木屐的历史。《急就篇》颜师古注："屐者，以木为之，而施两齿，可以践泥。"南方天气潮湿多雨，地面

◎ 青瓷羊

三国吴，1996年马鞍山朱然家族墓出土，马鞍山市三国朱然家族墓地博物馆藏并
供图

　　长33.2厘米，高21厘米，灰白胎，青釉。羊身躯肥壮，四足卷曲做卧伏状，
昂首张口，头顶处有一圆孔，颈部刻画线纹，腹部饰宽菱形纹带，尾部刻画斜线纹，
是东吴时期越窑的典型代表。

经常泥泞不堪，穿着木屐可以提升鞋底与地面的距离，从而保持脚部
的洁净。东汉末年，木屐已经十分风靡。《后汉书・五行志》载："延
熹中，京都长者皆著木屐。"木屐甚至还应用于军事。《晋书》载，诸
葛亮在五丈原病逝后，蜀军拔寨而退，司马懿率军追击，但由于关中
地区地面有很多蒺藜，司马懿让军士两千人"著软材平底木屐前行，
蒺藜悉著屐"，用平底无齿而软材质的木屐来吸附蒺藜，为后面的大
军扫清障碍。

　　魏晋以后，名士常以着木屐为时尚。东晋名相谢安在家中与人对
弈，接到淝水之战大捷的消息，不慌不忙地说："小儿辈遂已破贼。"

　　　　　　　　　　　　重返：三国现场

待客人走后，谢安却抑制不住心中的狂喜，连脚上所穿的木屐的屐齿在门槛上折断了都浑然不知。南朝诗人谢灵运喜好游山玩水，他发明了一种可以将前后齿自由拆卸的木屐，上山时去掉前齿，下山时去掉后齿，这样就可以脚着木屐在倾斜的山坡上行动自如。李白有诗云："脚著谢公屐，身登青云梯。"

由于木头易腐蚀，不易保存，此前很长一段时间我国并没有木屐的出土文物，而东邻日本至今仍保存着穿木屐的习惯，因而就有木屐发源于日本之说。朱然墓漆木屐的出土足以说明木屐发源于中国，并且随后经由东南沿海地区传入日本。

漆木屐是我国首批禁止出国（境）展览文物。

◎ 漆木屐

三国吴，1984年马鞍山朱然墓出土，马鞍山市三国朱然家族墓地博物馆藏并供图

宽8厘米，长20.5厘米，高0.3厘米，重50克。木胎，一对，屐板基本呈椭圆形。趾部有一穿孔，根部有二穿孔，为系绊带所用，绊带均朽不存。屐板髹黑红漆，剥落严重，残存漆皮为素面。

第六章　江南新生

贵族生活图漆盘

这张漆盘上的画面布局分明，内容丰富，笔墨简练传神。盘内绘十二人，分为三层。上层为宴宾图，画面五人，其中四人跪坐宴饮，中间置有一豆形器皿。中层五人，左边一女子对镜梳妆，中间两人分坐棋盘两边对弈，右边对坐两人手臂高举，各架着一只斗鸡。下层两人，一人骑马，一人跟在马后，前后有山，似在山中出游。盘中对弈、宴饮、斗鸡、出游等情形，应当就是三国时期如朱然一般的上流贵族真实生活的剪影。

贵族生活图漆盘是我国首批禁止出国（境）展览文物。

◎ 贵族生活图漆盘

三国吴，1984年马鞍山朱然墓出土，马鞍山市三国朱然家族墓地博物馆藏并供图

直径24.8厘米，木胎，圆形，平沿直口，浅腹平底，沿与底部各有一道鎏金铜扣。

宫闱宴乐图漆案

宫闱宴乐图漆案是东吴绘画的代表性作品。漆案画面极为丰富，绘制人物多达五十五人，人物旁大多有榜题。画面左上方，一名皇帝左右各拥着一位嫔妃坐于帷帐之中，宫女侍立一旁；右边依次坐着皇后、子平、平乐侯及夫人、都亭侯及夫人、长沙侯及夫人等，他们姿态各异，十分生动，有的窃窃私语，有的揪对方耳朵，身份貌似大臣的"子平"甚至做出了调戏皇后的举动。画面左下方绘"虎贲"（王宫卫士）四人，持钺而立，黄门侍郎长跪举案。画面左下角绘"大宫门"，值门人守立门旁。女指使（侍女）捧盘穿行其中，另有两人抬"大官食具"。右下角绘羽林侍郎四人，持弓守立。

画面最精彩的是中间百戏的场面，有弄丸、弄剑、舞女、鼓吹、寻橦、连倒、转车轮等节目。百戏原称"角抵"，初见于战国，兴盛于西汉，就是我们现在熟悉的杂技、魔术的前身。画面中可见，当时的百戏技巧已经十分成熟，花样繁多。弄剑场面有一男伎在跳跃中耍弄五把短剑。寻橦场面表现一大汉持十字形长竿，竿上有一转盘，一伎俯卧盘上作"腹旋"表演，横杆两端的伎人双腿反勾，做"跟挂"动作。表演者最右还有乐队，一人击鼓，两人吹奏笙和埙。

据史书记载，三国时君主曹操、刘备、孙权都热衷于大宴群臣，经常是喝到酩酊大醉，乃至于君臣失礼。这张宫闱宴乐图上绘制的画面，虽然不清楚反映的是哪位君王的宴会场面，但可以想见三国时期的宴会盛景莫过于此了。

彩绘季札挂剑图漆盘

这张漆盘盘心绘有季札挂剑的历史故事。季札是春秋时吴国公子，他品德高尚，重信守义。一次出使，徐国国君看上了他的佩剑，他许诺返程时将佩剑相赠，但等归来时徐君已去世，季札于是将宝剑挂在徐君墓前树上，以示守信。季札挂剑在两汉魏晋广为流传，在许多汉画像砖、汉阙上都能看到，但朱然墓出土的这张漆盘是现今所见的第一幅彩色季札挂剑图，可谓非常珍贵。

◎ 宫闱宴乐图漆案

三国吴，1984年马鞍山朱然墓出土，马鞍山市三国朱然家族墓地博物馆藏并供图

　　漆案木胎，呈长方形，长82厘米，宽56.5厘米，高3.9厘米，四沿及四角均间隔镶鎏金铜皮，案背附木托。

这张漆盘的背面有朱红漆书"蜀郡造作牢"的铭文，这样的铭文在朱然墓出土的许多漆器背后都有发现，可知这一批漆器为蜀郡所造。早在西汉时期，巴蜀地区的漆器制造业就已名扬天下，当时由朝廷直接控制的八处"工官"中有两处都在蜀地（蜀郡和广汉郡），蜀汉时期很可能继续沿用，其所产漆器远销东吴。朱然曾经与蜀汉作战，并长期镇守与蜀汉毗邻的荆州，经历了吴蜀两国从敌对到重新盟好的历史。因此我们可以猜测，这批来自蜀地的漆器，可能是朱然缴获的战利品，也可能是由蜀汉而来的礼品或贸易商品。由于它们制作精美，

◎ 彩绘季札挂剑图漆盘

三国吴，1984年马鞍山朱然墓出土，马鞍山市三国朱然家族墓地博物馆藏并供图

　　木胎，圆形，浅腹，局部残缺，原口沿饰有鎏金铜扣，髹红、黑两色漆为地彩绘装饰花纹。

受到朱然的格外青睐，于是在朱然死后就被带入了墓葬中，从而为我们留下了一段吴蜀关系的见证。

彩绘季札挂剑图漆盘是我国第三批禁止出国（境）展览文物。

犀皮黄口羽觞

据文献记载，羽觞大约出现在战国时期，魏晋南北朝时广泛使用，隋唐以后逐渐被酒杯取代。王羲之《兰亭集序》中提到的"流觞曲水"，就是当时的文人雅士们用羽觞盛上美酒、放在水面上漂流吟诗的一种游戏。

在我国考古发掘中，羽觞常有出土，质地多样，而朱然墓出土的羽觞工艺特别，属于"黑面红中黄地片云斑犀皮"技法，即先将不同颜色的漆料堆涂在高低不平的器胎上，待漆料干燥后再细致打磨，呈

◎ 犀皮黄口羽觞
三国吴，1984年马鞍山朱然墓出土，马鞍山市三国朱然家族墓地博物馆藏并供图

高2.4厘米，长9.6厘米，宽5.6厘米，皮胎，平底。耳杯口沿均镶鎏金铜扣。耳杯正面髹黑漆，花纹并不显著。背面纹饰以黑、红、黄三色相间。

现出色泽亮丽、光滑异常、自然生动的效果，制作工艺已经相当成熟。此前，人们依据晚唐人赵璘所述，认为犀皮工艺始于唐代中晚期，而朱然墓出土的这对羽觞将这个时间提前了六百多年。

犀皮黄口羽觞是我国第三批禁止出国（境）展览文物。

江表之虎臣：
丁奉墓

　　近些年来，经过考古工作者的接续奋斗，我国考古工作取得了重大成就，不断有新的考古发现问世。对于三国考古而言，也同样惊喜迭现。就在笔者撰写本书的过程中，南京发现丁奉家族墓的消息传来。继朱然之后，又一位东吴名将"重见天日"。

　　丁奉，字承渊，庐江安丰（今安徽霍邱，一说河南固始）人，少以骁勇为小将，属甘宁、陆逊、潘璋等，多次参与重要战役，勇冠三军，拜偏将军。孙亮时，丁奉为冠军将军、都亭侯。东兴之战中，丁奉率麾下三千人解铠持短兵，大破魏军，威震一时，连对东吴惜墨如金的《三国演义》都专门开辟"丁奉雪中奋短兵"的回目来叙述这场激烈的战事，赞扬丁奉的忠勇。此后，丁奉计除权臣孙綝，维护了东吴的国家稳定。丁奉历事孙权、孙亮、孙休、孙皓四朝君主，官至大将军、右大司马、左军师，封安丰侯。吴建衡三年（271年），丁奉去世，其家眷为孙皓徙往临川。

在陈寿所作《三国志》卷五十五中，十二名东吴武将被列为一传，他们是：程普、黄盖、韩当、蒋钦、周泰、陈武、董袭、甘宁、凌统、徐盛、潘璋、丁奉。陈寿评曰："凡此诸将，皆江表之虎臣，孙氏之所厚待也。"后世遂称他们为"江表十二虎臣"。丁奉名列其中，而且是唯一一名东吴后期将领。

2019年下半年开始，南京市考古研究院在南京市鼓楼区幕府山南麓五佰村地块发现并清理古代墓葬十座，其中四座东吴砖室墓方向基本一致，东西并列排列，因此推测是家族墓，编号2020NGWM2-M5。

这四座墓虽然均遭盗扰，但形制保存基本完好。墓葬均为前后双室，或带有侧室，或带有耳室。砖室主体均在八米以上，规模较大，属于东吴西晋时期大中型墓葬，与同时期的马鞍山朱然墓、南京仙鹤观孙吴墓对比，可推测墓主人为东吴时期的官僚贵族。

四座墓出土随葬品三百多件，包括金步摇挂件、银带饰、银剪刀、铜立人、铁剑、漆盘以及众多炊厨牲畜明器。M3中出土了五块砖地券，成为判断墓主人身份的直接证据。

所谓砖地券，是从东汉时期盛行的一种陪葬品，就是将墓主人身份信息和家人购地的款额经过详细刻在砖上，埋入墓中，敬告土地神灵，以求对墓主保护。因此在墓志铭尚未普及的三国时期，砖地券往往承担了为墓主人"正名"的功能。五块砖地券中，两块刻着如下字迹：

太元元年八月廿七，良月吉日，大汝（女）庐江安丰离妃，今于莫府山下立冢宅葬，从天买地，从地买宅，雇钱三百……

三块刻着如下字迹：

建衡三年八月十六日，良月吉日，大男使持节、左军师、右大司马、徐州牧、左护军、无难右部都督、大将军、安丰侯、庐江安丰丁奉，今于莫府山立冢宅葬、从天买地、从地买宅、雇钱三百万……

砖地券显示，该墓的墓主人就是丁奉，文中所叙丁奉官职及去世年都与文献完全吻合。而"庐江安丰离妃"应为丁奉之妻，这也符合夫妇合葬的规制。砖地券记载了丁奉之妻的籍贯、姓名以及去世年（早丁奉二十年去世），这些信息补充了史料之阙。据现场勘测，该墓确有二次葬的痕迹。

丁奉墓中出土了一套十六件釉陶骑马俑也十分珍贵。这批俑虽然有些残破，但仍可看出或敲鼓或吹箫的形态，应为一支鼓吹仪仗队。而且，陶俑眼睛大且深，嘴旁有络腮胡，应为胡人形象，这也侧面展现了东吴地区与北方的交流融合。更值得一提的是，考古工作者在清理文物时发现，其中一件骑马俑出现了单侧马镫，这将我国出土所见最早马镫的时间提前到了三国时代（详见本书第七章第五节）。

2021年4月，丁奉家族墓出土文物在南京市六朝博物馆展出，笔者也专程前去参观。在考古工作者的努力下，这些故事中传颂的三国英雄以如此真实的方式呈现在了今人的眼前。

◎ 南京五佰村丁奉家族墓鸟瞰图，左起第二座即为M3丁奉墓，南京市考古研究院供图

◎ 南京五佰村丁奉墓墓室，南京市考古研究院供图

◎ 砖地券（左图）

三国吴，2019—2020年南京五佰村丁奉墓出土，南京市考古研究院供图

◎ 釉陶骑马俑（右上）

三国吴，2019—2020年南京五佰村丁奉墓出土，南京市考古研究院供图

◎ 铜立人（右下）

三国吴，2019—2020年南京五佰村丁奉墓出土，南京市考古研究院供图

吉水东吴墓

吉水县位于江西省中部，赣江及其支流恩江在此交汇。汉末三国，吉水属东吴庐陵郡，是当时较为偏僻落后的地区。赣江与恩江交汇处有三堆高大封土，像当地用来祭祀神灵的斋饭，故得名"三碗斋"。通过对此处进行考古调查、勘探，证实它们为三座砖室墓，编号为JSM1、M2、M3。1991年，在京九铁路施工的过程中，工程人员将M1掘出。江西省文物考古研究所会同吉水县博物馆立即对M1进行了抢救性发掘，发现整座墓平面呈"凸"字形，由墓门、甬道、前室、左右两个耳室、左右两个藻井、后室，以及正方形回廊构成，占地九百平方米。墓室内用灰色网钱花纹砖于平地垒砌，采用四隅券进式穹隆顶。该墓曾遭受盗扰，又受到江西红色酸性土壤的腐蚀，随葬器物所剩无几。该墓最初被推断为西晋早期墓葬，后又经多方专家论证，将该墓年代确定在东吴晚期。该墓结构庞大，构造精巧，尤其是四周带有回廊的结构，曾见于东汉诸侯王墓，在已发现的东吴墓中还十分罕见。但因缺乏直接证据，墓主人身份依旧成谜。有学者从吉水县地望与东吴贵族这两个信息入手检索史料，推断该墓可能为孙权潘皇后姐夫、骑都尉谭绍之墓。也有学者认为该墓规制庞大，其墓主身份应当更高，为东吴王侯级别。

为保证铁路建设，经国家文物局批准，吉水东吴墓M1在发掘后被整体易地搬迁，当地随后又在墓上加盖了吉水县博物馆。1993年，考古工作者又对位于M1东北侧的M2进行抢救性发掘清理，出土青铜朱雀、青铜兽等珍贵随葬品。据判断，M1、M2与未经清理的M3应为同一家族墓地，这也符合三国以后贵族聚族而葬的习俗。吉水东吴墓为第七批全国重点文物保护单位。

◎ 吉水东吴墓 M1 鸟瞰全景，吉水县博物馆供图

◎ 吉水东吴墓 M1 墓室回廊，吉水县博物馆供图

重返：三国现场

◎ 青铜朱雀（左雌右雄）

三国吴，1993年吉水东吴墓 M2出土，吉水县博物馆藏并供图

◎ 青铜兽

三国吴，1993年吉水东吴墓 M2出土，吉水县博物馆藏并供图

◎ 瑞昌程普墓，青史独行摄

　　程普，字德谋，右北平土垠（今河北丰润）人。程普从讨黄巾时即随孙坚征战，历事孙氏三代，名列"江表十二虎臣"之首。赤壁之战中，程普与周瑜为左右督，各领万人，大破曹操，后领江夏太守，迁荡寇将军。

　　程普墓在今江西省瑞昌市桂林街道立新桥东南方向，传为程普后裔迁居瑞昌所建，明清两次重修，刻有"大汉副都督都亭侯程普公之墓"墓碑。由于年久失修，原碑无存，仅留墓地，后人复立墓碑。程普墓为瑞昌市文物保护单位。

◎ 镇江太史慈墓，成长摄

　　太史慈，字子义，东莱黄县（今山东龙口东）人，身长七尺七寸，美须髯，猿臂善射，弦不虚发。早年在北海都昌，曾单骑寻刘备救兵，解孔融之围，后渡江投扬州刘繇，曾与孙策酣战于神亭，不分胜负。刘繇被孙策所破，太史慈亡匿于山中，自号丹阳太守，后归附孙策，为其招募士众。江东平定后，太史慈长期镇守海昏、建昌六县，防御刘表侄刘磐，建安十一年（206年）病逝，年仅四十一岁。

　　太史慈墓在江苏省镇江市北固山风景区内，与镇江鲁肃墓比邻，为镇江市文物保护单位。

◎ 阳新甘宁墓，杨锦摄

甘宁，字兴霸，巴郡临江（今重庆忠县）人，少有气力，好游侠，招合部众为渠帅，与沈弥、娄发等叛刘璋，兵败后投荆州刘表，又转投江夏黄祖，均不见重用，遂奔孙权。甘宁向孙权献计西破黄祖，全据荆州，渐规巴蜀，得到孙权重用。此后甘宁参与江夏、赤壁、皖城、合肥、濡须口等大战，常为先登，屡立战功。濡须口一役，甘宁指挥手下百余人偷袭曹操大营，斩得数十首级，大挫曹军士气。孙权赞曰："孟德有张辽，孤有兴霸，足相敌也。"甘宁名列"江表十二虎臣"之一。

甘宁墓有两处：一处在今湖北省阳新县富池镇，该墓于明清两代皆有修葺，二十世纪六十年代墓冢被毁，1995年重建；一处在今重庆市万州区甘宁镇万州大瀑布群景区内。

重返：三国现场

◎ 江阴凌统墓，杨锦摄

　　凌统，字公绩，吴郡馀杭（今浙江杭州西）人，少随父凌操随孙策，每从征伐，常冠军履锋。凌操战死，凌统年仅十五岁，即行破贼都尉，代父统兵。江夏之战，凌统为先锋，大破黄祖，率先破城，后从周瑜破曹操于赤壁，逐曹仁于江陵。逍遥津之败，凌统以身掩护孙权撤退，身被重创，为孙权所嘉勉："苟使卿在，何患无人？"凌统官至偏将军，卒年四十九岁，名列"江表十二虎臣"之一。

　　凌统墓在今江苏省江阴市青阳镇悟空村，2013年重修，为江阴市文物保护单位。

◎ 如皋吕岱墓，成长摄

　　吕岱，字定公，广陵海陵（今江苏如皋）人，初为郡吏，避乱南渡，为孙权所用。吕岱曾为孙权派遣随刘备入蜀作战，后长期镇守会稽、长沙等地，平定内部山越叛乱，为稳定东吴后方立有大功。黄武五年（226年），吕岱出镇岭南，上表分交州海东四郡为广州，任刺史，此为"广州"一名之始。后吕岱平定交州士氏叛乱，遣从事往扶南、林邑、堂明等国宣扬国威，开通东吴往东南亚的海路通道，拜镇南将军。吕岱官至大司马，太平元年（256年）卒，年九十六岁。

　　吕岱墓在今江苏省如皋市白蒲镇林梓社区西侧，目前已掩映在民居与菜地之间，乏人问津。

重返：三国现场

江
东
世
族

东吴虽政权定都建业，但经济中心是"三吴"地区（吴郡、吴兴郡、会稽郡），即今太湖平原至杭州湾一带，这也是江南自古至今的鱼米之乡。

自东汉以来，吴郡、会稽开始出现诸多大姓，并逐渐演变为富有声望的世家大族。汉末乱世，江东世家大族因为树大根深，对当地政治有着较强的影响力。孙权主政后，大量征辟江东世族子弟做官，孙氏政权在江东的统治得以巩固，史学家称这一过程为孙氏政权的"江东化"。

东吴时期，吴郡世族主要有顾、陆、朱、张四家。《世说新语》载："吴四姓旧目云：张文，朱武，陆忠，顾厚。"《吴录·士林》载："吴郡有顾、陆、朱、张为四姓。三国之间，四姓盛焉。"孙权时，四姓均为孙氏用事。顾氏有顾雍，为丞相；陆氏有陆逊，为上大将军、丞相；朱氏有朱桓，为前将军；张氏有张温，为太子太傅。其中尤以

◎ 吴"永安三年"款青釉堆塑谷仓罐

三国吴，20世纪30年代后期浙江绍兴东吴墓出土，故宫博物院藏，成长摄

　　高46.4厘米，口径11.3厘米，底径13.5厘米。谷仓罐肩部塑贴一龟驮碑，碑上刻"永安三年时富且洋（祥）宜公卿多子孙寿命长千意（亿）万岁未见英（殃）"二十四字。永安三年即公元260年，是吴景帝孙休在位时期。

　　这件谷仓罐出土地绍兴，在汉末三国为会稽郡治所山阴县，是东吴较为富庶的地域之一，也是东吴世家大族聚集之地。谷仓罐流行于三国吴、西晋时期，由东汉的五联罐演变而来，是当时的随葬用品。其雕塑复杂，雕饰有楼阁、飞禽、动物、乐舞杂技等内容，表现了豪门贵族生前居住的城堡式楼阁建筑以及奢华的生活场面。

　　我国瓷器诞生于东汉。1976年浙江上虞发现了东汉晚期青瓷窑址，经过对出土瓷片检测发现，其烧成温度已达1300℃（±20℃）。相关数据证明，最晚在东汉晚期，中国已经掌握了基本符合现代标准的瓷器烧造技术。三国两晋时期，会稽郡成为全国瓷器生产的中心。

　　吴"永安三年"款青釉堆塑谷仓罐是我国第三批禁止出国（境）展览文物。

陆氏为盛，陆逊为东吴赢得夷陵之战、石亭之战，长期主持东吴军政，其子陆抗、族子陆凯亦为东吴后期宰辅之臣。吴末帝孙皓曾问陆凯："卿一宗在朝有几人？"陆凯对曰："二相，五侯，将军十余人。"孙皓感叹："盛哉！"会稽郡主要有虞、魏、孔、谢四姓，其中以虞氏为首望，代表人物为虞翻。

东吴政权在"江东化"的过程中，也伴随着皇权与世族之间的不断斗争。在孙权统治后期，军政要职基本都落入江东世族之手，孙权猜忌心愈来愈重，任用酷吏吕壹大起冤案、纵容二子夺嫡争位，其目的均是削弱打压江东世家，从而导致了陆逊忧死、顾谭被贬等一系列悲剧，也让东吴在内耗中国力渐衰。

然而吴亡之后，顾、陆、贺、纪等江东世家非但未衰，反而拥有更为强大的影响力。司马睿在建康称帝延续晋祚，正是得到了顾荣、贺循等江东世家代表的拥立。与此同时，江东又有新崛起的吴兴沈氏、义兴周氏等大族，有"江东之豪，莫强周沈"之称。江东士族与江北而来的侨姓士族之间的争斗，几乎伴随着东晋、南朝政治的始终。

陆绩廉石

在苏州文庙内，立有一石，上书"廉石"两个大字。据传，该石与东吴名臣陆绩颇有渊源。

陆绩，字公纪，出身吴郡陆氏，汉末庐江太守陆康幼子，是陆逊的族父，但年齿稍小。陆绩六岁时随父亲去拜见袁术，怀橘于袖内，袁术问其故，陆绩回答要拿回家给母亲吃。这便是"二十四孝"中"怀

◎ 苏州文庙陆绩廉石，夏口文举摄

橘遗亲"的故事。陆绩在吴地博学多识，名声显赫，虞翻、庞统等皆与其结交。孙权掌事后，使陆绩远赴交州，任郁林太守（治所在今广西贵港）。陆绩志不在做官，在此潜心著述，完成了《浑天图》的绘制，注释了《易经》《太玄经》，年仅三十二岁病逝。

据《新唐书·陆龟蒙传》载，陆绩从郁林罢官归吴时，因为官清廉，竟没有多少行李。舟船因为太轻，无法抵御海上的浪涛，陆绩只好取来一块石头压在船头，才得以返乡。人们称颂陆绩的廉洁，将此石命名为"郁林石"，世代保留在姑苏陆宅门外。明朝弘治年间，监察御史樊祉到苏巡视，听闻陆绩廉石之事，大为感动，于是劝当地官员将此石移到闻德坊北察院的东侧，并亲题"廉石"二字刻于石上，以警示百官廉洁。据明人《廉石记》载，廉洁之士路过便欣然摩挲，

贪婪之人路过则低头羞愧。清康熙年间，苏州知府陈鹏年将廉石搬入
苏州文庙，供后人瞻仰。

《平复帖》

由于纸本脆弱、不易保存，古代书画作品传世殊为不易，而元代
以前的真迹更是尤为稀少。西晋陆机所书《平复帖》历经一千七百余
年流传至今，是现存传世年代最早的名家法帖，当之无愧成为"法帖
之祖"。

陆机，字士衡，吴丞相陆逊之孙，大司马陆抗第四子。晋灭吴
后，陆机与弟陆云入洛阳，名震京师，时人称"二陆入洛，三张减价"。
陆机文采斐然，辞藻佳丽，开创骈文先河，与潘岳并称为太康文学的
代表人物。"八王之乱"中，陆机被卷入皇族内斗，为成都王司马颖
所杀，年仅四十三岁。

《平复帖》是陆机用秃笔写于麻纸之上，九行八十四字，因首句
有"平复"二字，故得此名。文中陆机叙述了三位朋友的近况：一是
贺循（字彦先，东吴将领贺齐曾孙），陆机说他体弱多病，很难痊愈，
能维持现状已经值得庆祝，而且他有儿子侍奉，不用担心。二是吴子
杨，他以前曾来过陆家，但陆机没有很好地招待他，如今即将西行，
再来相见，陆机感到他的举止优雅，身形俊美，对他大加称赞。三是
夏伯荣，因为贼寇作乱，他迟迟没有消息传来，让陆机很是想念。

《平复帖》是草书演变过程中的典型书作，最大的特点是犹存隶
意，但又没有隶书那样波磔分明，字体介与章草、今草之间。字虽不

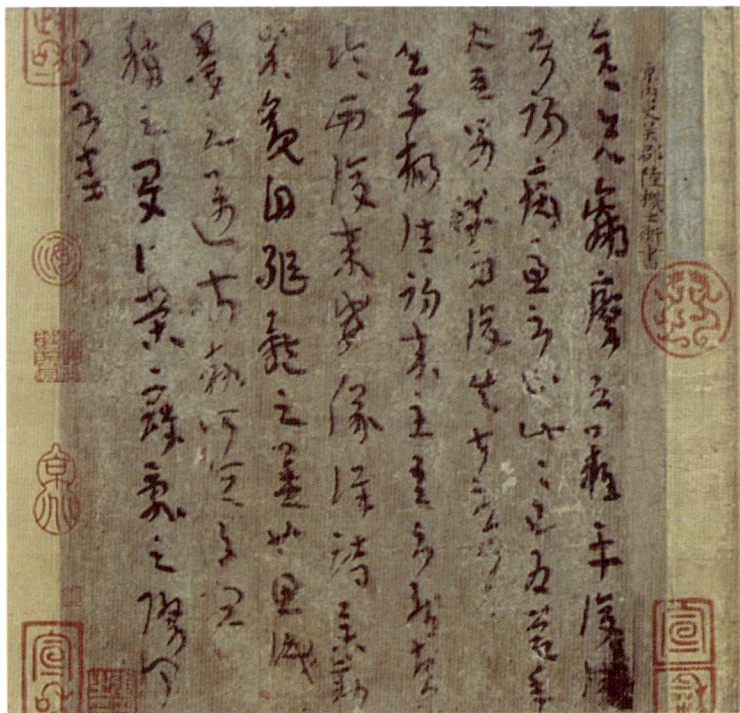

◎《平复帖》

晋，陆机书，故宫博物院藏

纸本，手卷，纵23.7厘米，横20.6厘米。

释文为：彦先羸瘵，恐难平复，往属初病，虑不止此，此已为庆。承使唯男，幸为复失前忧耳。吴子杨往初来主，吾不能尽。临西复来，威仪详跱。举动成观，自躯体之美也。思识□量之迈前，势所恒有，宜□称之。夏伯荣寇乱之际，闻问不悉。（据启功《〈平复帖〉说并释文》）

连属，却洋洋洒洒，令人赏心悦目，亦可以从行文中感受到西晋末年大乱将至、山雨欲来之时陆机的内心波澜。

《平复帖》能够流传至今，其经历也颇为传奇。根据尾纸题跋可知，《平复帖》在宋代入宣和内府，明万历间归韩世能、韩逢禧父子，再归张丑。清代辗转入乾隆内府。皇太后去世后以"遗念"之物赐给乾隆十一子成亲王永瑆。永瑆对《平复帖》爱若至宝，甚至将自己的书房命名为"诒晋斋"。清末，《平复帖》流入恭亲王奕䜣之手。民国时，奕䜣之孙溥儒为筹集亲丧费用，将此帖待价而沽，经傅增湘从中斡旋，最终由张伯驹购得，幸免流失海外。1956年，张伯驹夫妇将《平复帖》捐献国家，入藏故宫博物院。《平复帖》现为第二批禁止出国（境）展览文物。

顾雍墓

顾雍，字元叹，吴郡吴县人，早年拜蔡邕为师，因此得名。孙权受封会稽太守，但其治所在吴，即以顾雍为会稽郡丞，行太守事。顾雍"讨除寇贼，郡界宁静，吏民归服"。顾雍历任大理、奉常、尚书令，进封醴陵侯，又代孙邵为丞相、平尚书事。他担任东吴丞相长达十九年，其所选用的文武官吏各任其所能。孙权大小政务常向顾雍咨询，对他十分信任。顾雍于赤乌六年（243年）病逝，孙权素服临吊，谥曰肃侯。其孙顾荣入晋后平定江东叛乱，为司马睿招揽江南士族，顾氏一门兴盛达数百年。

据《木渎小志》《吴门表隐》等苏州方志载，顾雍墓在苏州郊外

◎ 顾雍墓，成长摄

小王山，其侧还有顾氏迁吴始祖顾贵、南梁建安令顾烜两墓。"顾氏
三贤墓"长期以来不为人所知。民国时期，政界名人李根源隐居吴中，
在穹隆山买山葬母，查得"顾氏三贤墓"的记载，经多方寻访，在
小王山南麓草丛中得碑一方，上书"汉驰义侯顾氏迁吴始祖贵、吴
丞相封醴陵侯顾雍、梁建安令赠侯爵顾烜之墓"，落款为嘉庆丙子岁，
碑后还有三座墓冢。此后，"顾氏三贤墓"得到了李根源担任会长的
吴中保墓会的保护和修缮。笔者2020年前往苏州穹隆山探访时看到，
"顾氏三贤墓"墓冢已合为一座，匿身于一片现代墓园之中，罕有
人至。

◎ 光孝寺，罗惠敏摄

光孝寺

光孝寺位于广东省广州市越秀区光孝路100号。据《光孝寺志》载，此地初为南越王赵建德故宅。三国东吴时期，虞翻谪居于此，辟为苑囿，世称虞苑。

虞翻，字仲翔，会稽余姚（今浙江余姚）人，出身会稽虞氏。虞翻初为太守王朗功曹，后降孙策，复为孙策功曹。史籍中的虞翻堪称全才，韦曜《吴书》载他善用长矛，能疾行，日可二百里，曾步行随孙策讨山越。《三国志》又称他兼知医术，吕蒙因此请他随讨关羽。虞翻又擅筮卜，他卜算预言关羽必死，果然应验，孙权称赞他："卿不及伏羲，可与东方朔为比矣。"但虞翻性情疏直，好饮酒，言多有失，常常忤逆孙权，有一次甚至险些为孙权所杀，全赖众臣劝勉方罢。虞翻遂为孙权贬至交州。虞翻在交州讲学不倦，门生常数百人，为《老子》《论语》《国语》做训注，成为一代学术大师，尤其是他为《周易》作注，集前代易学之大成。他育有十一子，寿七十。

虞翻死后，家人舍宅作寺，寺名曾几次更改，唐称乾明法性寺，至南宋时定名光孝寺。唐代高僧慧能著名的"风幡之辩"就诞生于此处。民间有谚曰："未有羊城，先有光孝。"清朝，光孝寺尚有虞翻祠，清嘉庆十六年（1811年）立有虞翻碑，为书法家伊秉绶所书，如今碑与祠皆不存，仅存拓本。寺内大雄宝殿后有一株千年诃子树，传为虞翻手植。

光孝寺是第一批全国重点文物保护单位。

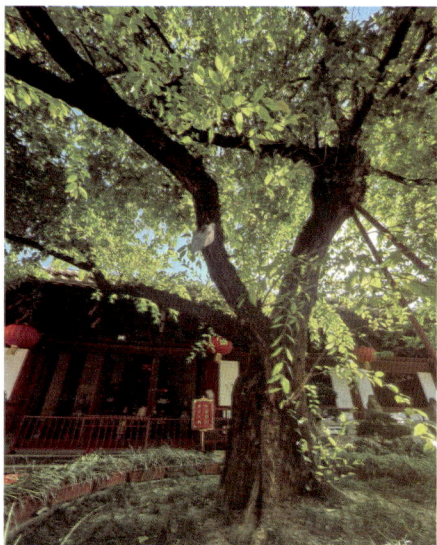

◎ 光孝寺内诃子树，罗惠敏摄

周处读书台

周处，字子隐，吴郡阳羡（今江苏宜兴）人，出身义兴周氏。周处之父周鲂在吴任鄱阳太守，曾以诈降计诱曹魏大司马曹休南下，使东吴取得石亭之战的胜利。据《世说新语》，周处少年顽劣，为害乡里，乡里人将周处与南山猛虎、桥下恶蛟并称为"三害"，周处于是射虎斩蛟，洗心革面，为后世流传下"周处除三害"的美谈。周处在吴任东观左丞、无难督，入晋后为御史中丞，弹劾贵戚，为人所忌，在平定关中氐羌齐万年叛乱中孤军奋战，战死沙场，追赠平西将军。

周处读书台位于江苏省南京市秦淮区老虎头44号，南京著名文化

◎ 周处读书台，成长摄

街区老门东的东侧，又名子隐台，相传是周处少年刻苦读书的地方。实际上，这里是周处担任吴东观左丞的堂宅。据传，旧时周处读书台内有享堂，悬挂有周处画像，其下有周处神主牌位。2020年笔者前往寻访，看到该处现仅存镌有"周处读书台"五字的石门楼一座，为南京市级文物保护单位。

青釉神兽尊

西晋末年，周处之子周玘三兴义军，平定叛乱。朝廷置义兴郡，辖阳羡、国山、临津、义乡四县，以为嘉奖。宋时避太宗赵光义讳更名为宜兴，沿用至今。周处家族墓在宜兴被称为周墓墩。1953年和

◎ 青釉神兽尊

西晋，1976年江苏宜兴周处家族墓出土，南京博物院藏，成长摄

1976年，南京博物院发掘了其中的六座墓，其中四座墓出土有纪年文字砖。M1出土"元康七年九月廿日阳羡所作周前将军砖"，可知为周处墓。M4有"永宁二年"（302年）年号和"关内侯"铭文砖，推测为周处之父周鲂墓。青釉神兽尊即出土于M4。

从东吴开始，江南一带的青瓷技术就十分成熟。青釉神兽尊高27.9厘米，口径13.3厘米，底径16厘米，青瓷打造，是一件专门用来陪葬的明器。六朝时出土的青瓷明器很多，但这件的造型独树一帜，最具特点的地方就是在尊的腹部堆塑了一只神兽，它双目凸起，鼻孔朝天，口含明珠，胸前绒毛卷曲，前肢肘部贴于膝上，兽掌贴于腹侧，下肢曲立于腹前。兽的四爪、双翼、脊毛、尾饰等装饰于器的各部，浑然一体，构思极其巧妙。据推测，这件青釉神兽尊应属于镇墓祛邪的器物。

青釉神兽尊为第三批禁止出国（境）展览文物。

吴碑四种

东吴立国，北风南渐，原本文化相对落后贫瘠的江南一带得到滋润，不仅在儒学、经学上，涌现出诸多名家，在艺术上也颇有建树。如张昭善隶书，张纮善小篆，皇象善八分、小篆、草书，又有吴兴人曹不兴善画，有"落墨为蝇"的典故。

东吴的书画墨迹，在东晋尚存有不少，到唐代即已稀缺，宋宣和年间，东吴书法便只剩皇象章草《急就章》，靖康之难后该卷已佚。好在，碑刻之中尚保留了东吴的书法精髓。宋代金石学家在著述里将篆书《禅国山碑》《天发神谶碑》、隶书《谷朗碑》并称为东吴书法的名作。清代又发现东吴楷书碑《葛府君碑》。清末大儒康有为在《广艺舟双楫》中将四碑并称为"吴碑四种"，评价曰："吴碑四种，篆、分则有《封禅国山》之浑劲无伦，《天发神谶》之奇伟惊世，《谷朗》古厚，而《葛府君碑》尤为正书鼻祖。四碑皆为篆、隶、真、楷之祖，抑亦异矣。"

　　　　　　　　　　　　重返：三国现场

如今，"吴碑四种"除《天发神谶碑》已毁，其余三碑原石皆存，作为江南地区最早的碑刻遗存，它们也记录了东吴王朝的侧影。

《禅国山碑》

东吴在三国之中"政权合法性"最弱，因此格外喜爱宣扬各类异象、祥瑞、谶纬，以昭示自己的君权神授。天玺元年（276年），阳羡（今江苏宜兴）发生地震，离里山（今离墨山）上出现断裂，出现长约十丈的石室，孙皓以为祥瑞，遂命兼司徒董朝、兼太常周处在此行禅礼，将离里山封为"国山"，刻石于山阴，此石即《禅国山碑》。

《禅国山碑》形状与通常所见碑石不同，微圆而椭，像米囤一般，当地俗称"囤碑"。碑高2.35米，围长3.3米，四周环刻通连文字，计43行，每行25字，共约一千字，字迹经风化侵蚀和人为破坏，有些已经漫漶不清。碑文内容主要叙述了当时东吴发生的三件祥瑞之事：临平湖久淤塞而自然开通，有人从湖边得"吴真皇帝"玉玺；历阳山上石头出现"扬州土作天子"等吉祥文字；离里山开裂现石室，其主旨则是为孙皓歌功颂德。碑文全部用篆书所写，董朝撰文，东吴中书、东观令史、立信中郎将苏建书丹。文字笔力遒劲，醇古茂密，存周秦篆书之意。碑文末缀有当时朝中官员名："丞相沇，太尉璆，大司徒燮，大司空朝，执金吾脩，城门校尉歆，屯骑校尉悌，尚书令忠，尚书昏、直、晃、昌，国史莹、覈。"可与《三国志》中滕循、张悌、岑昏、薛莹、华覈等人对应，丞相沇姓氏失考。

学者魏斌认为，孙皓在登基后不断鼓吹"天命"，提升个人威望，

◎《禅国山碑》原石（上图），行走的海风摄

位于江苏省宜兴市张渚镇北国山上，是第五批全国重点文物保护单位

◎《禅国山碑》拓本局部（下图）

重返：三国现场

国山禅礼则是孙皓告示天下即将一统的"太平"宣言。他还根据孙皓选择名不见经传的离墨山"先行禅礼"的行为，推断其背后可能存在孙皓有意提升吴兴郡的地位，以及利用吴兴大族打压吴郡、会稽大族的意图。

然而，孙皓所宣扬的一系列祥瑞并不能为江河日下的东吴续命，仅仅四年后，东吴即为晋所灭。但《禅国山碑》却存留了下来，历经一千七百多年，始终立于国山之上，成为那位虚荣皇帝与荒诞时代的记录者。

《天发神谶碑》

又称《天玺纪功碑》，篆书，三国吴天玺元年（276年）立，与《禅国山碑》立于同一年，其刊刻背景也一样，均是因为所谓天降符瑞而为孙皓记叙功德。

据《三国志·孙皓传》载，鄱阳郡向朝廷报告，称历阳山（今安徽和县）出现奇石，上有文字"楚九州渚，吴九州都，扬州士，作天子，四世治，太平始"，是预言吴天子平定天下的谶语，为祥瑞之兆。实际上，裴注《江表传》已经揭发了真相，此事是历阳巫祝惑众生事，孙皓派去的使者又"诈以朱书石作二十字"，是彻头彻尾伪造的"天发神谶"。

《天发神谶碑》亦为篆书，传为东观令华覈撰文，书法家皇象书丹。较《禅国山碑》的传统规范而言，《天发神谶碑》的篆字却颇为奇特，起笔方重，有隶书笔意，转折处外方内圆，长横画的起笔呈现

◎ 清端方复刻《天发神谶碑》，陈金廷摄

◎《天发神谶碑》拓本局部

出汉魏隶书才常见的"折刀头"，纵画下垂处呈悬针状。宋人黄伯思评"若篆若隶，字势雄伟"，清人张叔未评"吴《天玺纪功碑》雄奇变化，沉着痛快，如折古刀，如断古钗，为两汉来不可无一，不能有二之第一佳迹"。后世许多篆刻家受此碑启发，取其笔意入印。艺术大师齐白石的篆刻与书法即师法《天发神谶碑》。

《天发神谶碑》原刻于建业城南岩山断石岗上，在宋代以前已经断为三段，故又名《三段碑》，存二百余字。碑石后几经迁徙，清代置于上元、江宁两县县学（今南京夫子庙）尊经阁。清嘉庆十年（1805年），校官毛藻在印刷《玉海》不慎失火，《天发神谶碑》原石尽毁。此后碑文只能靠拓本流传。清末两江总督端方根据宋拓本对《天发神谶碑》重新模勒精刻，其中两块现存南京总统府煦园内。

《谷朗碑》

全称《吴故九真太守谷府君之碑》，隶书，三国吴凤凰元年（272年）立。

谷朗字义先，桂阳耒阳（今湖南耒阳）人，弱冠出仕吴国，历郎中、尚书令史、郡中正、浏阳令、都尉、尚书郎，累有名声，迁大中正，专司察举人才。吴永安六年（263年），交州爆发了吕兴叛乱，谷朗率兵讨伐，平定乱兵，因功受封九真太守（九真郡位于今越南中部）。凤凰元年，谷朗病故，享年五十四岁，归葬耒阳，其家人刻碑记功，是为《谷朗碑》。谷朗墓今尚存，位于湖南省耒阳市亮源乡睦村谷家垇。

《谷朗碑》高1.76米，宽0.72米，碑文18行，每行24字，碑文字体端庄，大小错落，古拙典雅，虽为隶书，但不见起止转折之象，已有楷书的笔意，是三国时期碑刻书法从隶书向楷书过度的典型代表。历代著名金石家对《谷朗碑》评价极高，金石著录均收录《谷朗碑》并有详尽著述。

◎《谷朗碑》拓本

　　《谷朗碑》原在耒阳市城东谷府君祠内，清代移至杜工部祠（今耒阳市第一中学内），后又迁至蔡侯祠。1966年，碑被砸为三截，弃于水塘中，1979年捞出修复，中有断裂残破痕，仍置蔡侯祠内，为湖南省文物保护单位。

《葛府君碑》

《葛府君碑》最初由清代学者孙星衍于江苏句容西门外发现，圭首有穿，碑石已碎裂，碑文无存，仅有题额"吴故衡阳郡太守葛府君之碑"三行十二字，故亦称《葛祚额碑》《葛祚碑》。

从仅存这十二字来看，结体方正端整，疏朗宽博，用笔圆劲沉稳，藏露有度，字体脱离了隶书"蚕头燕尾"的用笔特点，已是十分成熟的楷书。此碑初现时，有学者认为楷书始于齐梁之间，否认该碑是吴碑。但孙星衍、钱大昕、商承祚等人均认为此碑为东吴时期的作品。孙星衍称："楷书之见于法帖者则有程邈最先，然不足信，其见于碑碣，殆始于此，良足定也。"康有为亦称："高秀苍浑，殆中郎正脉，为真书第一。"

◎《葛府君碑》
三国吴，南京博物院藏

简牍里的东吴社会

湖南长沙，三国时为东吴荆州长沙郡临湘县、临湘侯国治所。长沙与东吴政权渊源颇深，东吴奠基人孙坚曾任长沙太守，孙策被追谥为长沙桓王。孙权与刘备争荆州，长沙一带曾上演过惊心动魄的战事。

1996年10月，长沙市文物工作队在市中心五一广场东南侧走马楼街平和堂商厦建筑工地开展考古调查勘探，一名考古人员在施工现场的淤泥中发现了一块长约二十厘米的木板，木板上的字迹隐约可见，这很可能是一枚古代简牍。根据这一线索，考古人员在建设工地东南侧发现了一个巨大的椭圆形水坑，经判断是一口废弃的古代井窖。在被水浸泡的古井内，又发现了大量的简牍层叠在一起，数量惊人。然而这时，这一区域已经被工程挖掘机破坏，一部分可能带有简牍的渣土已经被挖掘运走。考古人员连忙兵分两路，一路守住现场，另一路直奔长沙城东郊五公里外的湘湖渔场卸渣场，寻找倾倒于此的井中淤泥，抢救简牍。经过十多天的努力，大部分简牍得以保全。

这座古井被编号为J22，出土简牍经过清理统计，总数超过十三万枚，这一数量超过此前全国已出土古代简牍的总和。从简牍中所记载的年号来看，上起汉灵帝中平二年（185年），下至吴大帝孙权嘉禾六年（237年），比较集中在东吴黄龙至嘉禾年间，经专家讨论议定，这批简牍被定名为长沙走马楼三国吴简。

　　简牍是古老的书写材质，以木、竹为材料，经过削切、打磨、杀青、上胶、编联等步骤制作而成。虽然东汉已经发明了纸，但直到魏

步侯

◎ 长沙走马楼吴简1556（左图）
长沙简牍博物馆藏并供图

　　释文："入都乡嘉禾二年步侯还民限米一斛"

◎ 长沙走马楼吴简20541（右图）
长沙简牍博物馆藏并供图

　　释文："入嘉禾元年步侯还民限米二斛"

晋，简牍仍然是书写的主要材料。简牍相较帛、纸而言，易于保存，简牍的出土往往能够与传世文献互证。在此之前，湖北云梦睡虎地秦简、山东临沂银雀山汉简等秦汉简牍的出土，为补史证史发挥了很大作用。但三国时期的简牍一直以来所见寥寥，在长沙走马楼一次性发现如此海量的简牍，实在是一件轰动全国的发现。

走马楼发现的三国吴简，其内容大致包括佃田租税券书、官府文书、户籍记录、名刺、账簿等，根据内容推测，这批吴简可能主要是东吴嘉禾年间临湘侯国官员处理过的行政簿书，因为过期废弃而统一

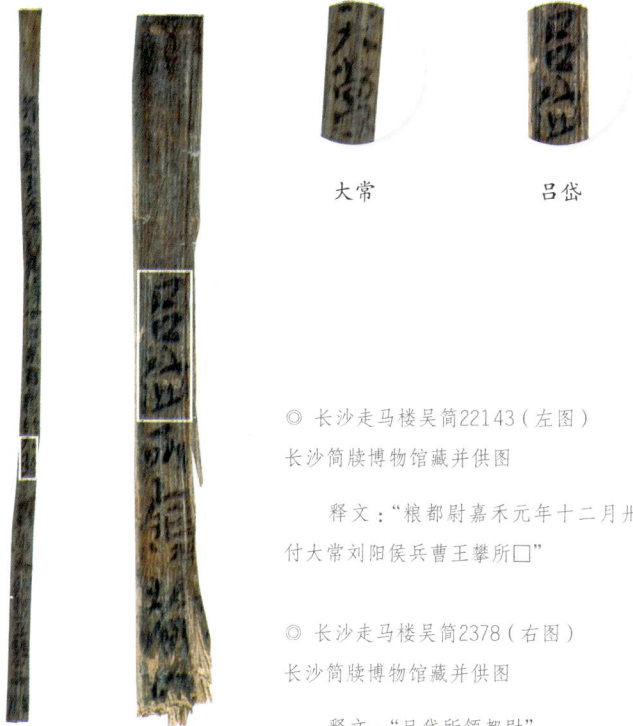

大常　　　　　　　　吕岱

◎ 长沙走马楼吴简22143（左图）
长沙简牍博物馆藏并供图

释文："粮都尉嘉禾元年十二月卅日辛酉书付大常刘阳侯兵曹王攀所□"

◎ 长沙走马楼吴简2378（右图）
长沙简牍博物馆藏并供图

释文："吕岱所领都尉"

倾倒在这座井中，意外地保存到了一千七百多年后的今天。

从这些简牍上，我们可以看到一些熟悉的三国人物。如编号1556、20541的简牍上有"步侯"字样，"步侯"指时为骠骑将军、临湘侯的东吴名臣步骘。步骘在夷陵之战中曾奉命从交州北上益阳助战，讨平零陵、桂阳诸郡叛逆，封临湘侯，后官至丞相。步骘在长沙郡屯驻十年之久，对长沙有很大影响。

简牍中有多枚竹简中提到"大常"，即指太常潘濬。潘濬为武陵人，封刘阳侯，封地亦在长沙郡内。简牍中有"吕岱""吕侯""镇南

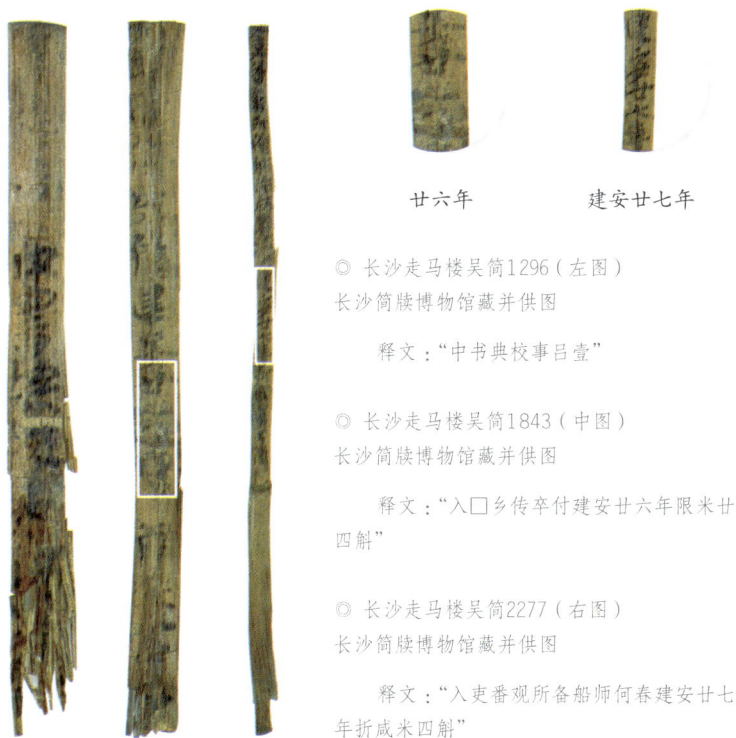

廿六年　　　建安廿七年

◎ 长沙走马楼吴简1296（左图）
长沙简牍博物馆藏并供图

　　释文："中书典校事吕壹"

◎ 长沙走马楼吴简1843（中图）
长沙简牍博物馆藏并供图

　　释文："入□乡传卒付建安廿六年限米廿四斛"

◎ 长沙走马楼吴简2277（右图）
长沙简牍博物馆藏并供图

　　释文："入吏番观所备船师何春建安廿七年折咸米四斛"

将军"的记载，它们均指东吴名将吕岱。吕岱曾屯长沙沤口，协助太常潘濬讨伐武陵蛮。

编号1296的简牍还提到了"中书典校事吕壹"。吕壹是孙权后期所用酷吏，他以监察诸官府及州郡文书的名义罗织罪名，构陷朝臣，制造了一系列的冤案，导致东吴政治陷入严重危机。被吕壹弹劾的丞相顾雍，其封地醴陵就在长沙郡内，在走马楼吴简中出现吕壹的名字很可能就和这场重大的政治事件有关。

从走马楼吴简中，我们还能看到一些与史料互为补充的历史细节。据《三国志》载，建安二十五年（220年）三月，汉献帝改年号为延康，当年十月即禅位于曹丕，改元黄初。次年十一月，因孙权称藩，曹丕册封孙权为吴王，加九锡。此前学者多认为此时东吴应奉魏黄初年号，直至一年后魏吴决裂，孙权才改元黄武。但在走马楼吴简中，出现了历史上不存在的"建安廿六年""建安廿七年"，可见在孙权统治的长沙郡，当地官员在年号使用上并未奉曹魏的"黄初"，甚至没有使用"延康"，而是将"建安"年号顺延使用了两年。这与唐人所著《建康实录》中"曹丕代汉称魏，号黄初元年，而（孙）权江东犹称建安"的记载是吻合的。

◎ 长沙走马楼吴简28121（吏民田家莂）
长沙简牍博物馆藏并供图

重返：三国现场

走马楼吴简更重要的价值在于，它所记录的赋税、户籍、法律、屯田、书信等内容，看似是鸡毛蒜皮的琐碎公文，却为我们了解三国时代，尤其是社会基层的政治、经济、律法、职官等细节提供了丰富的信息。此前，我们对三国历史的了解主要来自《三国志》《后汉书》等正史，但正史都是为帝王将相作传，叙述的多是军国大事，而从走马楼竹简记载的信息中，我们可以读到三国时期普通百姓的许多鲜活的生活细节。

比如，在走马楼吴简中，有两千多枚形状较大的木简，长50余厘米，宽2.6厘米至5.5厘米，它们的内容为东吴嘉禾五年、六年当地吏民的佃田租税券书，被称为"嘉禾吏民田家莂"。"吏民田家莂"如同现代常用的两联单，将佃农租地情况、纳税数量等数据一式两份书写，在顶端大书一个"同"字（或作为"同"字简写的几条直线），然后从中间一剖为二，一份留在官府备案，一份由租佃田地的农户保存。官府要核对时，将两份木简合在一起，核对顶端的"同"字能否合准，这也是今天"合同"一词的来历。这些木简详细记载了东吴时期长沙郡临湘县佃户租佃土地的数量及向官府交纳钱粮、布匹等赋税的数额，可以称为我国古代最早、最完整的经济券书。

走马楼吴简还记录了一件史书中无载、但在当时长沙一带颇为轰动的大案——许迪割米案。在目前所公布的简牍中，多达五百多枚都与该案有关。许迪是临湘侯国一名吏员，于黄龙三年（231年）被选中在陆口典卖官盐。嘉禾四年（235年），许迪被发现有贪污行迹，盗割军粮一百一十余斛六斗八升。临湘侯国令录事掾潘琬、核事掾赵谭等官员对许迪进行"考实"，即现在的调查审理。在审理阶段，许迪起初已认罪，但在前来核实案件的长沙督军都尉面前却突然翻供，称没有入库的粮米是他预留作为搬运、加工费的余米，自己并未据为私用，因为县吏使用刑讯，他不堪拷打，才被迫认罪。为配合翻供，许迪还指使其弟许冰篡改相关账目要簿，混淆视听。此案遂致一波三折。长沙郡府相关曹司、中部督邮乃至长沙太守、郡丞皆介入到审讯中来，对案件重新核查。最终，许迪伏法认罪。临湘侯国判决将许迪斩首于市，妻儿没为奴，其母因年过八十，依法免于连坐。这桩刑事案件从案发到审结，跨越了嘉禾四、五、六三年，案情复杂，参与官员众多，是透视三国东吴长沙地区政治、经济、军事、社会诸情状的绝好个案。

对于学界而言，海量的走马楼吴简无疑是一座宝藏，对于简牍的清理、释读、整理、发表一直在持续进行，学者们也从基层统治、经济管理、户籍制度、税收制度等诸多方面进行了大量研究，取得了许多成果。

2007年，位于长沙地标名胜天心阁对面的长沙简牍博物馆正式对外开放，这是为走马楼吴简的收藏、保护、整理和陈列专门建设的博物馆。那些叱咤风云的三国英雄早已归于尘土，反而是简牍上记载的文字，成为我们今人所能看到的最真实的三国故事。

8

▼

江南佛国

佛教传入中原地区，一般以东汉明帝永平年间白马驮经为重要标志。汉明帝刘庄派遣博士蔡愔及弟子秦景等赴西域求法。蔡愔一行在大月氏国抄得佛经，用白马驮经，并邀西域高僧迦摄摩腾、竺法兰同归中原。明帝礼遇佛法，在洛阳西郊建立佛寺，名曰白马寺，是为中土第一古刹。

东汉时期，佛教一度成为贵族乃至帝王求仙、养生、祈寿之类的神秘之术。楚王刘英、汉桓帝都曾对黄老、浮屠（即佛陀）一起礼拜。方士襄楷上奏桓帝，认为"此道清虚，贵尚无为，好生恶杀，省欲去奢"，意思是，这种清心寡欲的生活追求与帝王家奢而好淫的日常极不相称，不明白桓帝为何要追求这样的信仰。

东汉末年，社会动荡不安，百姓命如草芥，人们无法改变自己的命运，开始将精神寄托于宗教背后的神秘世界，佛教的传播得以加剧。东汉晚期已经出现了佛像与佛教元素的图案。

◎ 洛阳白马寺，成长摄

　　丹阳郡人笮融是汉末传播佛教的关键人物。他依附同乡徐州牧陶谦，督管广陵、彭城、下邳一带的漕运事宜，然而他一到任就"放纵擅杀，坐断三郡委输以自入"，接着将贪墨的钱财大量用于兴建"浮屠祠"，即佛教寺庙。《三国志》载，笮融所建佛塔有九层之高，下为重楼阁道，可容三千余人读佛经。佛像以铜制作，涂以黄金，衣以锦采，极其奢华。每次浴佛的场面也非常宏大，动辄万人，费以巨亿计。这是正史上第一次明确记载兴建佛寺、佛像的场景，徐州也成为东汉继洛阳之后第二个佛教传播中心。

◎ 苏州报恩寺，成长摄（上图）

　　位于江苏省苏州市姑苏区人民路1918号，传始建于三国吴赤乌年间（238—251年），始称通玄寺，据传是孙权为纪念其母吴太夫人所建（一说为其乳母陈氏所建）。唐初改称开元寺，后易名为报恩寺。报恩寺塔俗称北寺塔，建于南宋绍兴年间，是第六批全国重点文物保护单位。寺内存有元末江南富豪沈万三为义军领袖张士诚所刻纪功碑。

◎ 上海静安寺，成长摄（下图）

　　位于上海市静安区南京西路1686号，传始建于三国东吴赤乌十年（247年）。初名沪渎重元（玄）寺，唐名永泰禅院，宋更名静安寺。寺址原在吴淞江畔，宋嘉定九年（1216年）迁至今址。今寺内建筑为1984年起修建。

◎ 上海龙华寺，成长摄

　　位于上海市徐汇区龙华路2853号，传始建于三国东吴赤乌五年（242年），今寺内建筑为清光绪年间所建。寺内龙华塔建于北宋太平兴国二年（977年），是第六批全国重点文物保护单位。

◎ 苏州瑞光寺，成长摄

　　位于江苏省苏州市姑苏区东大街49号盘门景区内，传始建于三国东吴赤乌十年（247年），初名普济禅院，是孙权为康居国僧人性康所建。寺内瑞光塔建于北宋大中祥符二年（1009年），是第三批全国重点文物保护单位。1978年在塔内三层塔心发现一木函，内有北宋木雕真珠舍利宝幢，现藏于苏州博物馆。

曹操进攻徐州后，笮融率众南逃广陵，又从广陵南下江东，一路纵兵劫掠，杀戮官员，最终死于豫章。笮融的政治生命虽然短暂，但学者推测，他南下很可能将佛教从江淮带到了长江以南。不久孙氏建政于江东，佛教在这里找到了令它传播与繁荣的土壤。

2020年夏，笔者在长江下游的南京、苏州、上海等地寻访三国遗迹，发现这一带的许多享有盛誉的寺庙在历史介绍上，无不称始建于三国东吴年间。这些寺庙如今依然香火旺盛，吸引众多信徒前来拜谒，其始建之年虽仍有待考证，但它们纷纷将兴寺之源指向三国东吴孙权的统治时期，当不是巧合。

"南朝四百八十寺，多少楼台烟雨中。"江南佛教的繁荣，正是从三国东吴启幕的。

康僧会与建初寺

南京大报恩寺，有"江南第一寺"之称，前身是东吴赤乌十年（247年）在国都建业所建的建初寺。建初寺的建成要归功于当时在东吴传播佛法的高僧康僧会。

康僧会，西域康居（今中亚一带）人，世居天竺（今印度河流域），因为父亲经商的关系经常往来于交趾（今越南北部一带）。赤乌十年，康僧会从交趾由海路来到建业传播佛法，得到吴大帝孙权的召见。据《出三藏记集》载，康僧会向孙权讲述如来身后一千年其真身舍利尚能显灵的故事，孙权不信，要求康僧会在建业求舍利，若得则为之建塔，若不成则治康僧会欺君之罪。康僧会说："法之兴废在此一举。

今不至诚，后将何及？"于是入静室斋戒，焚香乞求。经过二十一天，瓶中有怆然声，果然得到一颗五色闪耀的舍利。孙权目睹此景，终于折服，于是下令在康僧会所居的秦淮河南岸小长干建造建初寺和阿育王塔，供奉舍利，江南佛法从此而兴。

康僧会精通三藏、文典，博览六经，他毕生专事讲法译经。他翻译的佛经不仅贯穿着佛教菩萨行（即菩萨以解脱众生为己任）的思想，而且还掺杂了不少儒家思想，尤其是儒家的仁道思想，更易被当时的民众所接受。

除康僧会外，东吴时期还有一位由中原南渡至江东的大月氏高僧支谦。支谦精通佛教经义，孙权曾请他作为太子孙登（一说孙和）的师傅，为其讲经说法。支谦在建业翻译佛经三十余部，对佛教在江南

◎ 大报恩寺遗址，成长摄

◎《康僧会下江南弘扬佛法》壁画

　　初唐，位于甘肃省敦煌市莫高窟323窟北壁，是佛教史迹图中的一幅，用四组画面表现康僧会江南传播佛教的故事。

◎ 釉陶佛像

三国吴，1992年鄂州市鄂城区石山塘角头4号墓出土，鄂州市博物馆藏并供图

　　高20.6厘米，宽13厘米，通体施酱褐色釉，胎釉结合较好。鄂州是东吴国都之一的武昌，是东吴时期佛教在江南传播的另一重要区域。

的发展做出了重要的贡献。

　　建初寺作为"江南首寺"，在此后的历史长河中几经沉浮，屡建屡毁。明永乐十年（1412年），明成祖朱棣命郑和在原址重建寺庙，取报答朱元璋、马皇后的"罔极之恩"之意，定名大报恩寺。大报恩寺核心建筑是一座九层琉璃宝塔，高达78.2米，通体用琉璃烧制，塔内外置长明灯146盏，夜晚点燃时，几十里外可见。张岱形容其为"永乐之大窑器，中国之大古董"。大报恩寺塔的美名还传播到了欧洲。它被丹麦作家安徒生写进了童话《天国花园》。1856年，大报恩寺琉璃宝塔毁于太平天国战争之中。2007年开始，考古工作者对大报恩寺遗址开展大规模的勘探发掘，发现了宋代长干寺地宫，在地宫中出土的铁函里发现了鎏金七宝阿育王塔等一系列珍贵文物。

大报恩寺遗址现为第七批全国重点文物保护单位，已辟为遗址公园向公众开放，园内可见大报恩寺台基、道路等历史遗存，以及七宝阿育王塔、琉璃拱门、宋代丝织品等出土文物陈列。南京市在遗址复建了一座由轻钢结构和玻璃筑成的九层高塔。此外，南京市在大报恩寺三藏殿遗址处恢复建立了建初寺，作为宗教活动场所。

青釉羽人纹盘口壶

随着佛教在东吴的传播，佛教元素也开始出现在当时人们的生活用品和陪葬品上。南京市博物总馆收藏的青釉羽人纹盘口壶的上腹即贴塑了两尊佛像，佛像头有肉髻，着通肩大衣，施禅定印，坐于双狮莲花座上，后有背光。此外还有四个铺首、两个双首连体鸟，八个部件准确地位于壶的八个方位，排列整齐，间隔有序。

佛教最初在汉地传播时常与黄老之术相混淆，佛教讲求的轮回转世也与中国传统信仰中"羽化登仙"有着一定程度的契合，这些观念的碰撞融合非常清晰地体现在了这件青瓷壶上。整个壶面通过釉下彩的方法绘制了二十一个羽人，分为两排，高低交错，两两相对。羽人身体极瘦，背脊生毛，头有双角，腹部纤细，双手持节。羽人是神仙的使者，寓意着引导死者通向往生的道路。画面空隙处还穿插点缀着仙草、云气纹、连弧等精美纹饰，笔墨流畅，气韵生动，是我国迄今所见以绘画技术美化瓷器的最早器物。

在此前相当长的时间里，国内外陶瓷界多认为釉下彩绘工艺始于

◎ 青釉羽人纹盘口壶

三国吴，1983年南京市雨花台区长岗村五号墓出土，南京六朝博物馆藏，陈金廷摄

　　青瓷质，通高32.1厘米，口径12.6厘米，底径13.6厘米。

唐代中晚期，以长沙窑为代表。这只青瓷壶的出土将釉下彩绘工艺出现的时间提前了约五百年。

青釉羽人纹盘口壶是第三批禁止出国（境）展览文物。

第七章

三国风物

衣食

穿衣吃饭，看似事小，却颇有门道。魏文帝曹丕曾说："三世长者知被服，五世长者知饮食，此言被服饮食难晓也。"意思是，服饰、饮食这种事情其实是很讲究的，个中奥妙只有去询问生活阅历资深的长者才能知晓。

秦汉时代，中国人在衣冠与饮食上建立了一套较为完善的制度，对后世影响深远。穿衣吃饭不仅仅是为了温饱，更是一个人身份地位的象征。三国时代在衣冠与饮食上承袭汉代，但也有所发展和创新。通过文献记载与出土文物比对，大体能够勾勒出当时人们的生活面貌。

衣冠

古代男子二十岁要行冠礼，这是成人的象征。冠最初是加在发髻上的发罩，并不盖住整个头顶，到了汉代，冠的种类比较多样，多以缥布、缟素、漆等织物制作。长沙马王堆三号汉墓出土了一件迄今发现的年代最早的漆缥冠。

东汉以来，文臣流行戴进贤冠。进贤冠内衬以介帻，并在介帻后部延伸出上翘的冠耳。原来的冠体成为它的一个部件，名"展筒"。汉代的展筒是有三个边的斜俎形，晋代成为只有两个边的人字形，同时冠耳升高。至唐代，冠耳由尖变圆，展筒则由人字形变成卷棚形。武将则多戴武弁大冠。这是弁与帻结合而成，有时冠上还插鹖尾。鹖是一种好斗的小猛禽，插鹖尾可以表示武将的勇敢，因而又叫鹖冠。

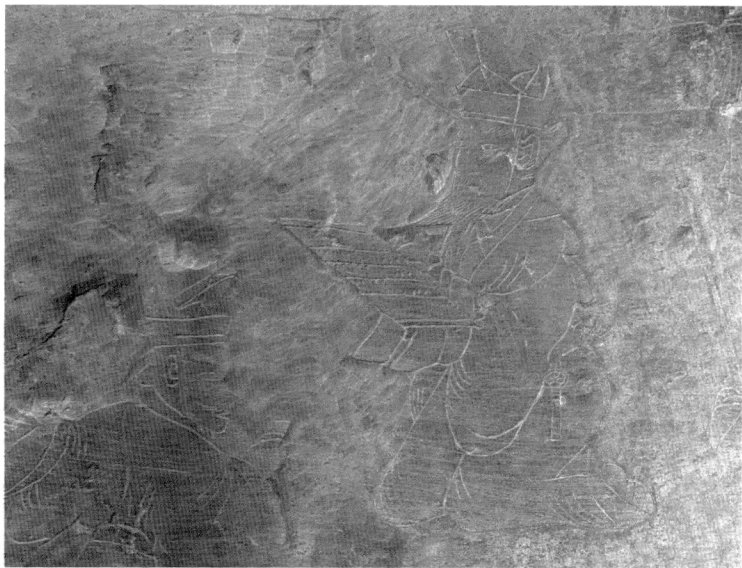

◎ 山东沂南北寨汉墓画像上戴进贤冠的文吏，成长摄

◎ 蝉纹金珰

西晋，2003年山东临沂洗砚池一号墓出土，临沂市博物馆藏并供图

◎ 花树状金步摇

西晋，1956年辽宁北票徐四花菅子乡房身村2号墓出土，辽宁省博物馆藏，陈金廷摄

◎ 素纱直裾禅衣

西汉，1972年湖南长沙马王堆一号汉墓出土，湖南博物院藏

《三国演义》中有一妇孺皆知的美女貂蝉，其人虽然不见于史传，属于虚构角色，但"貂蝉"的名字却与魏晋时期的一种冠有关。魏文帝曹丕开始，并散骑、中常侍为散骑常侍，由士人任职，常在皇帝身边陪伴。散骑常侍、侍中皆着武冠，但他们又非真正的武职，为了区别，于是就在冠上加装饰："加金珰，附蝉为饰，插以貂毛，黄金为竿。侍中插左，常侍插右。"（《晋书·舆服志》）也就是说，"貂蝉"实际上是金竿貂尾和蝉纹金珰这两种饰品的结合。蝉取"居高食洁"之意，貂取其"内劲悍而外温润"之意。这种冠因此叫作貂蝉冠。西晋时赵王司马伦滥封官爵，致使"每朝会，貂蝉盈坐，时人为之谚曰：'貂不足，狗尾续。'"此即狗尾续貂的来源。貂尾易腐蚀无法传世，但在山东临沂洗砚池晋墓、南京仙鹤观东晋墓等墓葬中均有蝉纹金珰出土。

　　地位较低不能用冠者，一般用帻或巾来裹头发。汉末三国以来，头上裹巾不再成为尊卑的体现，反倒成为一些贵族、士大夫彰显文雅形象的装束。《三国志·武帝纪》注引《傅子》："汉末王公，多委王服，以幅巾为雅，是以袁绍、崔钧之徒，虽为将帅，皆著缣巾。"这里的缣巾，就是用双丝细绢制成的头巾。但厉行节俭的曹操觉得缣巾过于浪费，他"拟古皮弁，裁缣帛以为帢"，用细帛做成一种类似皮弁的帽子，无论将领士卒形状相似，仅用颜色区分贵贱，因此很快在军中推广开来。

　　两汉男女正装有直裾和曲裾，曲裾主要流行于西汉，男女皆可穿着，而男女所穿的直裾衣、襜褕都属于非正式服装。到东汉时期，人们基本不再穿曲裾衣，男子主要穿着各类直裾袍，起初贵族、平民均可穿着，东汉时逐渐成为官员朝会时的礼服。女子服装以直裾和襦裙为主，襦裙还可以搭配半袖等。如《陌上桑》："缃绮为下裙，紫绮为上襦。"长沙马王堆汉墓出土的直裾素纱禅衣，通身重量仅49克，可谓薄如蝉翼，应为长沙国相利苍夫人生前所穿。

襜褕是一种直裾长衣，与袍相近，但更宽大，衣襟相交至左胸后，垂直而下。东汉末年，襜褕已经是一种高贵的服饰。段颎伐羌有功，朝廷赏赐"钱十万，七尺绛襜褕一领"。魏晋以降，受到当时清谈之风的影响，贵族的衣服更为宽大、舒适，腰带更为宽松，即褒衣博带，衣着更加富有个性。

古代女子十五岁及笄，即在发髻上插簪子，视为成年可以出嫁的标志。西汉早中期流行垂髻和盘在头顶的平髻，西汉中期开始发髻逐渐升高，东汉女子以梳高髻为美。东汉民谣有"城中好高髻，四方且一尺"的说法。两汉的发髻样式很多，有椎髻、堕马髻等。椎髻因为形状像洗衣用的木椎而得名。"举案齐眉"故事的女主角孟光"为椎髻着布衣"。堕马髻相传为东汉外戚梁冀的妻子孙寿所创，形如从马背上堕下而得名。三国以后，又有灵蛇髻流行。据《采兰杂志》载，曹丕妻甄氏入宫后，偶遇一大青蛇，每日她梳妆时，那条蛇就盘成髻状于镜前。甄氏于是效仿，每日发髻都不同，号为灵蛇髻。"宫人拟之，十不得其一二。"

贵族女性发髻上会插许多金饰，一走步便会摇晃，因此称为"步摇"。在孟津曹休墓、南京丁奉墓、南京上坊东吴大墓中都发现有桃形金片，应为女性墓主人头上步摇的部件。到了晋代，步摇只有后妃命妇等上层贵妇人才能佩戴。一说鲜卑慕容氏贵族喜欢戴步摇，其部

◎ 东汉男装
装束复原团队供图

◎ 东汉女装
装束复原团队供图

◎ 三国女装
装束复原团队供图

◎ 晋女装
装束复原团队供图

族遂以"步摇"为名，后讹化为"慕容"。

汉魏晋时期鞋主要有履，厚底的为舄，以及用麻葛制成的比较浅的鞋子——屦。刘备早年在涿县贫苦，靠织席贩履为业，到了汉中之战，曹操还以此辱骂他"卖履舍儿"。汉代大臣上朝，要在门外将鞋履脱下，解下佩剑，之后小步前行，谓之"趋"。但对于一些威望较高的臣子，皇帝会授予"剑履上殿，入朝不趋，赞拜不名"的特权，汉末以来，这种待遇遂成为董卓、曹操、司马懿等权臣的"标配"。从东汉开始，木屐流行开来。安徽马鞍山朱然墓发现了最早的漆木屐（详见本书第六章第三节）。

饮食

随着西汉张骞凿通西域，大量食材从西域经由河西走廊传入中原，大大丰富了中原地区人们的饮食品类，它们大多冠以"胡"字，如胡饼、胡桃、胡麻、胡椒等，同时随着江南、岭南的开发，南方的荔枝、龙眼、香蕉、甘蔗、椰子等也北上进入了中原人的餐桌。

两汉时，北麦南稻的主食风气已经基本形成，其做法主要有饼、饭、粥等。饼并不完全等于现在吃的面饼，实际上是当时所有由小麦加工而成的面食作物的统称。如汤饼其实就是现在常见的汤面条、汤面片。《世说新语》载，何晏相貌俊美，面色白皙，魏明帝曹叡怀疑他在脸上施了粉，于是在盛夏酷热的时节召他进宫，赏赐热汤饼。何晏吃得大汗淋漓，用红衣擦去汗水，脸色反而更加白皙，明帝才相信他是天生丽质。《三国志·卢毓传》载，魏明帝提拔卢毓后，让他为中书郎推荐人选，他提出选拔人才不能只看名声，就用饼来做比喻："选举莫取有名，名如画地作饼，不可啖也。"成语"画饼充饥"即源于此处。在三国，面食发酵技术更加成熟，出现了新的主食花样。宋人高承编撰《事物纪原》载，诸葛亮南征时，盛传蛮地多邪术，有人建议他用人的头颅来祭祀神明，"假阴兵以助之"。诸葛亮不愿滥杀生，于是用面包裹着猪肉、羊肉，制作成人头的形状代为祭祀，谓之"蛮

◎ 庖厨俑
东汉至三国，重庆市三峡库区出土，重庆中国三峡博物馆藏，成长摄

◎ 甘肃魏晋墓出土画像砖中所见的饮食场景，成长摄

头"，后讹称为馒头，就是现在常见的肉包子。

　　三国时期，各地因为地理、环境、文化的差异，在饮食上也显现出很大的差别。如在河西走廊地区发现的魏晋墓画像砖中，就出现了当地人切牛羊肉、吃烧烤的场景，与现在西北地区的饮食风格几无差别。而世居东海之滨的广陵太守陈登则因为地理之便，喜食生鱼脍，即现在的生鱼片，但因为不懂得科学的食物处理方式，食入过量寄生虫，最终因此致死。晋太康年间，吴郡人陆机、陆云北上京师洛阳，与太原人王济展开了一场南北方饮食优劣的辩论。王济令人端出北方的特产羊酪，对陆机说："卿吴中何以敌此？"陆机巧妙地回答："千里莼羹，未下盐豉。"他夸赞江东特产的莼菜羹，即使不加调料也胜

◎　白玉杯
三国魏，1956年洛阳市涧西区矿山厂曹魏墓出土，洛阳博物馆藏并供图

　　杯高11.5厘米、口径5厘米、底径4厘米，系和田白玉加工而成，玉质温润洁白、通体光素无纹，曲线流畅优美。

过羊酪。另一名西晋时吴郡人张翰在洛阳为官，一日见秋风起，忽然想念江东的美食菰菜、莼羹、鲈鱼脍，于是索性辞官回乡，竟因此躲过了后来永嘉之乱的劫难，后人称之为"莼鲈之思"。《太平御览》记载了一本由曹操撰写的食谱《四时食制》，其中收录了如郫县子鱼、东海鲸鲵、豫章刀鱼、滇池带鱼等各地特产的鱼类，足见三国之时鱼类是上等的佳肴。

饮品方面，三国人物好喝酒已是众所皆知的事情，尽管因为汉末战乱，粮食短缺，如曹操、刘备都曾颁布过禁酒令，但仍然止不住人们对酒的向往。如魏尚书郎徐邈明知有禁酒令，仍喝酒至大醉，校事赵达来询问政事，徐邈醉酒胡言，自称"中圣人"，差点丢掉性命。吴国太中大夫郑泉嗜酒，自称"愿得美酒满五百斛船，以四时甘脆置两头，反覆没饮之"。"竹林七贤"更是个个好酒，刘伶直言："天生刘伶，以酒为名，一饮一斛，五斗解酲。"不过当时的酒基本都是谷物酿造的发酵酒，还没有现在常用的蒸馏提纯技术，酒的度数并不高，因此才留下许多酒量豪横的记载。

三国时在酒品方面也有革新。据《北堂书钞》载，曹操曾向汉献帝上奏，推荐曾担任老家谯县县令的郭芝研发的九酝春酒，详细描述了酿酒之法并提出改进意见。曹丕则在诏书中大力推广葡萄酒："又酿以为酒，甘于麹蘖，善醉而易醒。道之固已流涎咽唾，况亲食之邪？他方之果，宁有匹之者？"只要提到葡萄酒的名字就足以令人咽口水，更不用说亲自喝上一口了。

喝茶在三国时代也开始进入人们的生活。《三国志·韦曜传》载，吴末帝孙皓每日举办酒宴，要求在座群臣无论酒量多少，都必须以七升为限，但韦曜酒量只有二升，孙皓对韦曜较为优待，"常为裁减，或密赐茶荈以当酒"，这就是以茶代酒典故的出处，也是正史中首次出现饮茶的记载。西晋左思《娇女诗》中有"止为茶荈据，吹嘘对鼎立"，可见当时饮茶已经在贵族之中普及开来。

铜镜

"当窗理云鬓，对镜帖花黄。"古人梳妆打扮，少不了铜镜。两汉时期，铜镜的铸造已经成为成熟的产业，并且出现了全国性的铸镜中心，如丹阳、徐州、会稽。其形制以圆形居多，镜背装饰突出主纹，铭文成为镜背装饰的一部分，装饰题材丰富，装饰结构复杂，包括草叶纹、星云纹、铭带纹、神兽纹、博局纹等类型。

三国时期虽为战乱年代，但铜镜的制造业依然繁荣，并且在类型、纹饰、题材等方面有新的拓展。三国时期主要流行浮雕式的画像镜和神兽镜，浮雕技术是在汉代原线雕技术上逐渐发展起来的，神兽镜多采用圆面浮雕，镜背的纹饰因而成为半立体状，图案高低起伏，形象栩栩如生。从出土实物看，曹魏的铸镜中心在国都洛阳一带，东吴的铸镜中心在武昌、会稽等铜矿产地。此外，在三国两晋时期，随着佛教的传播，佛像开始与神仙图像共同出现在铜镜装饰中，反映了当时佛教传播与神仙道术相结合的历史。

中国的铜镜制造术还在三国时期传播到了日本。据《三国志》载，汉末三国时日本列岛上有诸多邦国，其中邪马台国由一名为卑弥呼的女王统治。从景初二年（238年）开始，邪马台国多次派使者来到曹

◎ 四兽纹铜镜（左图）

东汉，1994年收集，洛阳博物馆藏并供图

　　直径13.3厘米，缘厚0.7厘米，镜钮外为浮雕四兽纹，兽纹外一周铭文已模糊不清。

◎ 方格规矩鸟纹镜（右图）

东汉末至三国魏，1955年辽宁省辽阳市三道壕一号壁画墓出土，辽宁博物馆藏

　　直径17厘米，钮区饰博局纹，又称规矩纹，镜上有铭文"吾作大竟（镜）真是好，同（铜）出余（徐）州清且明兮"。推测该镜为汉末徐州所造，流入辽东，成为公孙氏政权贵族墓陪葬品。

魏觐见朝贡，曹魏则封卑弥呼为"亲魏倭王"，授予金印紫绶，给予厚礼相赠。礼物中就有铜镜，其中一次赏赐，铜镜竟达百枚之多。

　　近几十年来，在日本不断有古坟时代的铜镜出土，这批铜镜的共同特点是边缘隆起、尖顶、断面呈三角形，镜背为神兽纹，称为三角缘神兽镜，其数量已达五百多枚。其中不少铜镜上还有"正始元年""赤乌七年"等魏、吴纪年铭文。学者王仲殊考证认为，这批在日本发现的三角缘神兽镜应为吴国工匠东渡日本后，将当时流行的画

◎"正始元年"铭三角缘神兽镜（左图）

日本群马县高崎市柴崎町蟹沢古坟出土，东京国立博物馆藏

　　直径22.6厘米，镜上有铭文"正始元年，陈是作镜，自有经述，本自州师，杜地命出，寿如金石，保子宜孙"。

◎"铜出徐州"铭三角缘神兽镜（右图）

日本兵库县丰冈市森尾古坟出土，东京国立博物馆藏

　　直径25厘米，镜上铭文有"铜出徐州""长宜子孙"字样。

像镜与神兽镜结合，制作出具有神兽镜主要特征的"仿制镜"。韩昇等学者进一步发现，在日本发现的三角缘神兽镜中部分镜背有佛像元素，这说明佛教很有可能就在三世纪中叶即通过东吴制镜工匠从中国传到了日本。

2 ▼

两汉三国时代的建筑以夯土与木框架的混合结构为主，如今除了一些地方残存的夯土墙遗址外，我们已经无法看到三国人物居住地的实物，好在有墓葬里出土的明器、壁画、画像砖能让我们一窥当时上层贵族的"豪宅"是什么样的。

东汉以来，豪强大族逐渐形成，庄园经济有了长足发展。因为大族家庭成员庞大、人口众多，就建造起了可以供几代人共同居住的大宅，这些宅院通常结构明晰，功能齐备，厅堂、卧室、厨房、厕所、家禽圈等功能齐备，大族聚族而居，既方便管理，也利于家族家风家学及政治资源的传承。史载东汉末年的豪门弘农杨氏、河内司马氏等，诸子成年仍与父亲同住，聆听教诲，不命进不敢进，不命坐不敢坐，家教极严。在河北安平逯家庄的一座东汉熹平年间墓葬中，绘有一幅规模巨大的建筑鸟瞰图，房屋鳞次栉比、布局严密，最后还有一座高大的瞭望楼，其上有伺风鸟、测风旗和报警鼓。这可能就是东汉末年冀州贵族豪华宅邸的真实写照。

到了汉末三国，社会的动荡和战争的频仍让豪门大族的利益乃至人身安全都受到了威胁，在这种情况下，坞堡就应运而生。坞堡是一种以血缘为纽带、民间自发组成的防御性军事建筑。战乱时代，豪强大族凭借着自己的家族势力在本地筑起坞堡，一方面防御乱兵及盗寇的劫掠，一方面在内部维持自给自足的生产生活。《三国志》载，汉末乱世时，许褚"聚少年及宗族数千家，共坚壁以御寇"。当时有汝南的贼寇万余人来攻打，许褚就是依靠这座坞堡，带领族人击退了敌人。田畴为了躲避战乱，率领宗族数百人去徐无山结坞屯驻，自耕自食，"百姓归之，数年间至五千余家"。

学者黎虎分析，坞堡大略有以下特点：一是具有坚固周密的防御设施和功能的城堡式建筑，比如高墙厚壁、碉楼、望楼等；二是建筑规模宏大，一个坞堡的人数从一千到数万人都有，以三四百户、两千人左右居多；三是坞堡组织具有浓厚的宗族共同体色彩，坞堡里的居民，有的以血缘关系为纽带，有的以乡党关系，或者二者兼有。

除了民间聚族而居的小型坞堡，汉末军阀还建有堪比城池的大型坞堡。董卓在郿县修建郿坞，高厚七丈，与长安城相当，坞内囤积的粮食可以用三十年。董卓自云："事成，雄踞天下，不成，守此足以毕老。"后来董卓被杀，人们发现郿坞中"珍藏有金二三万斤，银八九万斤，锦绮缯縠，纨素奇玩，积如丘山"。后来，公孙瓒在冀州与幽州交界的易县也筑造了坞堡"易京"，建有楼橹千重，积谷三百万斛。公孙瓒也想凭借坚固的坞堡坐观天下，以待天时，但最终仍被袁绍攻破。易京在今河北雄县一带，今已无遗址存留。

坞堡兴起于汉魏，而在晋末乱世中又形成了一个高峰。祖逖北伐时，兖州、豫州一带有众多聚坞自保的豪强，祖逖不得不先征服他们，徐图北上。坞堡的防御形制对于后世的建筑也产生了深远的影响，许多南方城镇、村寨会修有高大的望楼，就是从坞堡中起到瞭望预警功能的碉楼承袭而来的。福建最有地域特点的建筑土楼，就是聚族而居，具备军事防御功能，是从北方南迁而来的客家人对坞堡制度的继承和发展。

◎ 柳巷城遗址，成长摄

位于陕西眉县常兴镇尧柳村南，城址呈正方形，边长160米，周长640米，城内面积25600余平方米。该城仅有南门，其余三面中间为马面，四隅有角台，城墙外有深约7米的壕沟。城内发现道路和夯土台基遗迹。据考古工作者判断，城内下层夯土台基始建于东汉时期，该城址很可能就是董卓所建郿坞遗址。柳巷城遗址为第八批全国重点文物保护单位。

◎ 墓主家居图画像石

汉，西安碑林博物馆藏并供图

◎ 绿釉陶楼院

东汉，1969年甘肃武威雷台汉墓出土，甘肃省博物馆藏并供图

◎ "坞"字图画像砖（上图）

三国魏，1972年甘肃嘉峪关新城魏晋一号墓出土，嘉峪关长城博物馆藏，成长摄

◎ 坞堡守卫画像砖（中图）

魏晋，甘肃省高台县许三湾东墓群出土，高台县博物馆藏，成长摄

◎ 坞堡射鸟画像砖（下图）

魏晋，2001年甘肃省高台县苦水口一号墓出土，高台县博物馆藏，成长摄

◎ "孙将军门楼" 陶院落

三国吴，1967年湖北鄂州孙将军墓出土，中国国家博物馆藏，成长摄

　　陶院落前有厅堂，后有正房，两侧有厢房，围墙有前后门，前门正上方筑有门楼，楼顶内"孙将军门楼也"六个划刻文字，围墙四角各有一座角屋，门楼和角屋是用来守护院落的。据考证，该墓主人可能是三国时期东吴宗室、武昌督孙述。

◎ "孙将军门楼" 陶院落内文字

◎ 灰陶四合院

东汉，1978年陕西勉县老道寺公社五星三队东汉墓出土，勉县博物馆藏，成长摄

　　院落由泥质灰陶烧制，由十九个单体组成，总体占地面积12.6平方厘米，最高处55.2厘米。整个院落分为主体庭院和偏院两大部分，包括门庭、院墙、左厢、右厢、正楼以及偏门、用人房、牲畜圈、猪圈、鸡圈等，结构严谨，主次分明，布局错落有致，几乎涵盖了一户家庭生活起居的全部需求，可以视为一栋占地126平方米"复式小别墅"的100∶1微缩模型。

重返：三国现场

◎ 五层连阁式彩绘陶仓楼
东汉，1973年河南省焦作市马作村出土，焦作市博物馆藏，成长摄

　　高161厘米，面阔144厘米，进深69厘米。整座陶楼由院落、主楼、阁道和附楼组成，可拆分组装。院落前墙两角做出双阙，中部有可启闭的双扇门，门前卧一陶狗。主楼五层，可拆开。楼内还有一人隔窗向外张望。附楼四层，与主楼以阁道相连。楼身用红色彩绘有三角形、菱形、直线纹等纹饰。

3

娱
乐

汉末三国虽然是动荡的年代，但人们的娱乐生活却更加丰富多彩，其中有的现在已经失传，有的则经过岁月的变迁依然为今人所喜爱。

音乐与舞蹈

中国古代的传统音乐到汉代发生了变化，主要体现在雅乐衰落，俗乐兴起。汉武帝时期建立官方音乐机构——乐府，搜集民间歌谣来配乐，这让众多来自民间的诗词流传下来。著名的《孔雀东南飞》，题记就注明事情发生在"汉末建安中"的庐江郡。而同在此时，出身庐江郡的军事将领周瑜"少精意于音乐"，每逢酒宴，只要乐师弹奏出现差错，周瑜总能察觉，时人称"曲有误，周郎顾"。

汉末三国精通音律者不少。大儒蔡邕少时"妙操音律"，中常侍徐璜、左悺等听说他擅长鼓琴，让桓帝征召他来洛阳，蔡邕不肯，称疾归家。后蔡邕曾流落吴会之地避难，曾用烧焦的桐木制作了一把焦尾琴，吴郡人顾雍从蔡邕学琴，后成为东吴丞相。曹植、阮瑀、嵇康都好鼓琴。曹操好音乐，"倡优在侧，恒以日达夕"。甚至刘备年少时都"喜狗马、音乐、美衣服"。

音乐除了自我娱情以外，也曾被纳入"国家工程"。曹操曾使缪袭造鼓吹十二曲以代汉曲，包括《战荥阳》《获吕布》《克官渡》等，以歌颂曹魏的赫赫功绩。吴国孙皓时也仿效之，令韦曜作鼓吹十二曲，如《伐乌林》《克皖城》《关背德》等，宣扬吴国历史上的著名战绩。晋受禅后，晋武帝令傅玄制鼓吹曲二十二篇以代魏曲，赞颂司马氏三代的文武功绩。

汉末三国时候的乐器除了有琴、瑟、箫、笛、钟、鼓等，还有从汉代开始由域外传来的箜篌、琵琶、胡笳等。

箜篌是一种拨弦乐器，汉代作"空侯""坎侯"，后人仿照笙、筑等字创造出"箜篌"二字。箜篌起源于西亚，汉武帝征服南越后，由印度传入汉地，此种箜篌为横置，形似瑟。东汉时从西域胡地传入竖箜篌，又称胡箜篌。汉灵帝时爱好胡物，尤其喜爱箜篌表演。《孔雀东南飞》中刘兰芝"十五弹箜篌"，可知汉末三国，箜篌已经十分普及。崔豹《古今注》还收录朝鲜津卒霍里子高之妻丽玉所作《箜篌引》，又名《公无渡河》，表现了一白首狂夫堕河而死后其妻的悲怆之情。

琵琶产生于两河流域，自西域传入汉地，在四川乐山麻浩崖墓壁画、山东嘉祥武氏祠画像石、嘉峪关新城魏晋墓画像砖上都能看到弹琵琶的场面。"竹林七贤"之一阮咸擅弹一种长颈琵琶，此琴后遂以

◎ 彩绘抚琴俑

东汉至三国，浙江海宁长安画像石墓出土，海宁市博物馆藏，成长摄

◎ 彩绘陶吹箫俑

东汉，洛阳汉墓出土，洛阳博物馆藏并供图

◎ 青瓷伎乐俑

三国吴，2006年江苏南京江宁上坊孙吴墓出土，南京市博物总馆藏，成长摄

重返：三国现场

阮咸或阮为名。

两汉乐与舞常相伴而行，乐舞也成为国家重要的礼仪制度。两汉从皇帝到百官都擅长舞蹈，时常在酒宴中乘兴起舞。汉代最流行的是袖舞，即"长袖善舞"，在许多汉画像石中都有表现。汉代还流行一种盘鼓舞，即舞者用脚踏在鼓上或盘上起舞，舞蹈的同时伴随着节奏的敲击。在毗邻诸葛亮故里的山东沂南北寨村发现了一座汉墓群，其中一号墓内有一幅大型的"乐舞百戏图"，场面宏大，门类繁多，包括鼓瑟、吹笙、吹箫、奏乐、走索、说唱、马戏、车戏、飞剑跳丸、七盘舞、戴竿之戏等，画面精湛绝伦，是汉代乐舞场面的直观呈现。

三国时最著名的乐舞是清商乐。"清商"之名秦汉已有，至汉代已成为歌、乐、舞融合的大型表演艺术，曹操曾在铜雀台招募大量舞伎排演清商乐，曹丕时专门设立管理乐舞的机构清商署，设令及丞。曹丕、曹植、曹叡均曾为清商三调的乐曲填词。司马师废曹芳时，所列曹芳在位荒淫失德的罪名之一就是"每见九亲妇女有美色，或留以付清商"。

清商乐中有众多"杂舞"，其中最著名的是"白纻舞"，因舞者身穿白纻制成的舞衣而得名，一说白纻舞为东吴孙皓时所作。西晋时白纻舞达到顶峰，晋人作《白纻舞歌》如此描述舞者的姿态："轻躯徐起何洋洋，高举两手白鹄翔。宛若龙转乍低昂，凝停善睐容仪光。如推若引留且行，随世而交诚无方。"白纻舞从三国以降，五六百年盛行不衰。

◎ 奏乐画像砖

魏晋，1993年甘肃酒泉果园西沟村六组七号墓出土，酒泉市肃州区博物馆藏，成长摄

◎ 乐舞百戏图（局部）

山东沂南北寨一号墓画像石，成长摄

　　　　　　　　　　　　　　　　重返：三国现场

俳优

俳优在春秋战国时就已经出现，他们是中国最早的"脱口秀"演员，以调谑、滑稽、讽刺的表演为主，并以此来博得观者开怀一笑。汉时的皇室贵族、豪富大吏蓄养俳优之风甚盛。汉武帝"俳优侏儒之笑，不乏于前"；丞相田蚡"爱倡优巧匠之属"。三国时期，曹植尤爱俳优，他去拜见"笑林始祖"邯郸淳时，当其面"诵俳优小说数千言讫"。黄初五年（224年），魏文帝曹丕召集群臣置酒会，兴致之下，吴质叫来俳优让他们以"肥瘦"为题说笑话，其意是讽刺在座的上将军曹真性肥、中领军朱铄性瘦，结果引得宴会不欢而散。

六博、樗蒲与弹棋

三国时期，贵族的游戏方式众多，有对弈、六博、樗蒲、弹棋、射覆、投壶、斗鸡、斗鸭、蹴鞠等。

对弈即围棋，起源于战国，三国时期有记载的好弈之人就有曹操、陆逊、顾雍、费祎等。宋人编《忘忧清乐集》中还存有传为孙策与吕范对弈之棋谱残局。

六博亦是从战国就开始盛行，至两汉三国仍热度不减，以致出现了因"好玩博弈"而达到"废事弃业，忘寝与食"的地步。六博在出土文物上多有展现，如在长沙马王堆汉墓、江陵凤凰山汉墓等墓葬中发现有六博博具；武威磨嘴子汉墓、三门峡灵宝张湾汉墓出土有六博俑人；东海尹湾汉墓出土《博局占》简牍。六博玩法虽失传，但据学

◎ 击鼓说唱陶俑

东汉，1957年四川成都天回山东汉崖墓出土，中国国家博物馆藏，
陶剑霞摄

重返：三国现场

者推测，六博初为占卜所用，后演变为两人游戏，两人各执六子，通过投掷博箸或博茕（骰子）决定棋步，轮番设子，以杀掉对方"枭"棋和牵走盘上"鱼"子来计算胜负，可视为现代桌游的鼻祖。

樗蒲盛行于西汉，由外国传入，由于掷采的骰子用樗木之称，故有此名，又因为这种博戏采用五枚木子作为掷采的骰子，又叫"五木之戏"。其中最高采为"卢"，次高为"稚"，因此博戏时围观之人常呼"卢""稚"，故有成语"呼卢喝雉"，形容赌兴正酣。东汉大儒马融曾专门作《樗蒲赋》论其棋法。三国时，魏陇西太守游楚、吴奋威将军诸葛融皆擅樗蒲，但其玩法亦失传，可能与六博类似。

弹棋产生于西汉，在东汉三国十分兴盛，大儒蔡邕、魏文帝曹丕、曹植之友丁廙均作有《弹棋赋》。弹棋的玩法一般为两人相对，中有棋盘，每人六枚子，以手指弹起己方棋子击打对方棋子，击落全部对方棋子者为胜，类似于现在的弹珠游戏。曹丕曾在《典论·自叙》中称："予于他戏弄之事，少所喜，唯弹棋略尽其巧。"毫不谦虚地吹嘘自己弹棋技巧高超。张华《博物志》补充称，曹丕玩弹棋时已经不用手指，而用手巾的一角轻拂击子。还有一名书生，甚至能低下头来用头上所戴的葛巾一角来击打棋子。这就有些过于炫技了。

◎ 彩绘六博木俑人
汉，武威磨嘴子汉墓出土，
甘肃省博物馆藏并供图

◎ 六博陶俑
东汉，河南灵宝出土，河
南博物院藏，成长摄

◎ 六博博具
西汉，1974年长沙马王堆
三号汉墓出土，湖南博物
院藏，成长摄

重返：三国现场

4 ▼

钱币

钱币的变化，总是与国运的兴衰相伴。

秦灭六国后，在货币上也实现大一统，废六国旧币，推行"半两"钱，从此圆钱成为中国古代货币的基本形制。汉承秦制，继续实行纪重货币制度。汉武帝元狩五年（前118年）始铸五铢钱，取代秦半两。五铢钱上刻篆文"五铢"二字。西汉衡制24铢为1两，1铢约为0.65克，一枚西汉五铢钱重量约在3.5克至4克之间。此后，汉武帝又禁止郡国铸钱，将货币的铸造权与发行权收归中央。

五铢钱由于重量大小适中，易于交易，自西汉以降，为历代王朝所沿用。直至唐高祖武德四年（621年）铸开元通宝，五铢钱才正式退出历史舞台。五铢钱前后流通长达七百三十四年。

东汉末年，随着社会的动荡，国家的货币体系也开始崩溃。由于物价飞涨，货币贬值，官方铸的钱越来越轻薄，制作也越来越粗糙，由此滋生了民间私铸钱币的现象。市场上出现了大量的剪凿钱，即将

◎ 汉五铢
陕西历史博物馆藏并供图

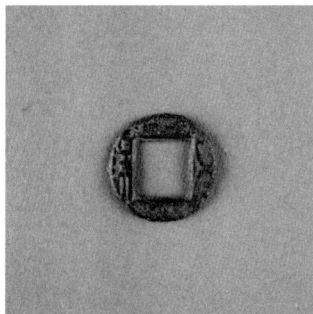

◎ 剪边五铢
陕西历史博物馆藏并供图

一枚五铢钱沿着边线剪开，将一枚钱拆成两枚来用。被剪开的五铢钱，有文字部分的称为剪边五铢或对文五铢，仅剩环状外廓的部分称为綖环五铢。出土文物证实，东汉末年剪边五铢和綖环五铢大量出现，这是当时政治动荡、经济混乱的集中体现。

据《后汉书》载，中平三年（186年），汉灵帝为了进一步掠夺民间财富，下诏铸造了一种新式五铢钱，这种钱比一般的五铢钱重一些，背面从穿孔的四角各自伸出一道凸线，因此叫作"四出文钱"。然而这批钱铸成后，却有预言家预测新钱的名字预示着灾祸。"此钱成，必四道而去。"果然，灵帝死后，京城洛阳陷入乱象，皇家积累的货币与财富随着战乱流于四海。

董卓乱政后，挟天子迁都长安，币制更加混乱。董卓将五铢钱重新销熔，又将长安、洛阳两城的铜人、飞廉等铜器收集起来熔炼，制造成一批十分低劣的铜钱。这批钱又轻又薄，入水不沉，易碎，钱上

重返：三国现场

◎ 董卓小钱

许昌博物馆藏，成长摄

面连文字都没有，百姓讥之为"无文小钱"，后世称"董卓小钱"。这种劣币的流通，让经济更加混乱，钱更不值钱，物价飞涨。"由是货轻而物贵，谷一斛至钱数百万。"

比起价值不稳定的钱币而言，粮食、布帛这样的生存必需品反而成了硬通货，民间交易干脆"以谷帛为市"，社会经济倒退到以物易物的形态。在征税方式上，曹操也改行户调制，即以户为单位征收布帛等实物为税收。随着北方的统一，曹操大力推行屯田制，粮食收入稳定增长，社会经济开始恢复。谷帛交易的实物经济反而显现出其稳定性。

黄初二年（221年）三月，曹丕下诏复行五铢钱，但因为汉五铢在民间已无信用，谷价飞涨，曹丕不得不在同年十月屈从于市场，正式废弃了汉五铢，仍恢复以谷帛为市。魏明帝时期，谷帛交易出现了弊端，不少人为了牟取利益，将谷物浸水加重，将绢布做薄减重，市场交易被严重扰乱，即便采取严刑峻法也不能制止。于是大司农司马芝等建议重建货币体系，由朝廷铸造标准重量的五铢钱。明帝采纳，这批新制的五铢钱称为魏五铢，它有效平抑了市场，并一直沿用到晋朝。

然而三国时期，蜀、吴的货币制度却呈现出另一种样貌。

唐代诗人刘禹锡曾作诗赞颂刘备："势分三足鼎，业复五铢钱。"诗中的"五铢钱"代指汉朝，意为刘备在蜀中重新建立起汉朝国祚。但如果刘禹锡了解一点货币制度史，就会意识到这个比喻并不恰当。刘备在益州不仅没有复用汉五铢钱，反而铸造了一系列的虚值大钱，推行了全新的货币体系。

《三国志·刘巴传》注引《零陵先贤传》载，刘备进入成都后，按照之前的许诺，纵容士兵劫掠府库财物，不加干预。但很快，刘备发现自己缺乏军饷来支撑这一支庞大的军队，懊悔不已。在这时，由刘璋阵营转投刘备的名士，同时也是财政高手的刘巴献上了一条策略："但当铸直百钱，平诸物贾，令吏为官市。"也就是说，由官方铸造一种大额铜钱"直百钱"，即一枚当一百枚五铢钱，然后通过行政命令强制推行到市场上使用。刘巴的建议立即为刘备采纳。直百钱推向市场后，很快就收到了效果。"数月之间，府库充实。"蜀汉经济基础贫弱，又担负着巨大的军费开支，因而十分需要虚值大钱来取利于民。然而，从长期来看，虚值大钱势必造成严重的通货膨胀，对蜀汉经济也造成了极大的负面影响。

目前出土所见的直百钱，铭文有"直百""直百五铢"两种，大小轻重不一。刘备统治时还铸有一种"传形五铢"，所谓"传形"，是

◎ 直百五铢
三国蜀，陕西历史博物馆藏并供图

◎ 传形五铢
三国蜀，1978年勉县老道寺四号汉墓出土，汉中市博物馆藏并供图

◎ 大泉当千
三国吴，陕西历史博物馆藏并供图

指钱币上"五"字居左,"铢"字居右,与常见的汉五铢正好相反。而"铢"字也是"金"在右、"朱"在左。一说是为了铸钱方便,一说是为了与汉五铢区分。此外,蜀汉铸钱还有太平百钱、太平百金、定平一百等。及至南朝梁时,这些钱还在蜀中流通。

东吴所处的江东铜矿丰富,有地利之便,早在汉献帝建安年间,周瑜就建议孙权"铸山为铜,煮海为盐",即私铸钱币以敛财。孙权称帝后,也效法蜀汉铸造虚值大钱,而且有过之而无不及。东吴嘉禾五年(236年)铸造新币"大泉五百",即一当五百的大钱。赤乌元年又铸"大泉当千"。1975年,江苏省句容县葛村发现了东吴铸钱遗址,出土了一批铸废的大泉五百、大泉当千钱和泥制叠铸子范。这种泥制叠铸子范每层铜钱四枚,约有二十余层,每铸一次,可铸钱百余枚,可见东吴的铸币水平已达到较高的程度。在传世实物中还发现了数量极为罕见的大泉二千、大泉五千,可见东吴铸大钱已至极端。

值得注意的是,在马鞍山朱然墓、武昌郑丑墓等东吴墓地中,多见蜀汉大钱,可知蜀汉所造虚值大钱在东吴曾大量流通,对东吴的市场体系造成了冲击。因此有学者推测,东吴采用贬值的办法造大钱,可能是为了应对蜀汉通货膨胀的一种货币战争手法。然而,巨额大钱的负面作用很快凸显,币值太大,民间交易根本无法使用。"钱既太贵,但有空名,人间患之。"于是在赤乌九年(246年),孙权停铸大钱,将已发行的大钱回收改铸器物。但在句容县孙西村晋元康四年墓中,发现有减重的大泉五百出土,说明东吴大钱直至西晋仍在江南一带使用。

武备

刀剑

两汉三国的短兵器主要是剑和刀。

剑不仅是作战武器，也是上层贵族礼仪式的佩饰。两汉时期，铜剑已经为铁剑所代替。满城汉墓出土的刘胜佩剑长达104.8厘米，可见两汉时期钢铁冶炼技术已经达到很高的水平。汉末三国，由于社会动乱，许多士人尚慕游侠之风，好习击剑。《三国志》载崔琰、田畴、徐庶、鲁肃均好击剑，他们都不是严格意义上的武人。曹丕在《典论·自叙》中夸自己少好击剑，师从多位剑术名家，剑术"甚精熟"。

剑只能直刺，而短刀既能直刺又能挥砍，在近身格斗中有更大的应用空间，因此从西汉中期以后，刀在战场上逐渐代替了剑的地位。汉刀多为铁制，刀身较直，刀首呈环形，因此又名环首刀。环首刀在制作工艺上综合了秦汉长剑和游牧民族的直刀，不仅锋利，而且防腐锈的效果很好，在东汉已经普遍装备在军队之中。考古发现，三国时期环首刀的尺寸变得更长，樊城菜越墓出土铁刀残长115厘米，南京大光路孙吴墓出土环首刀长120厘米，按汉尺计算，这些刀都达到了五尺之长。鄂州鄂钢综合原料厂出土的环首刀长达147.3厘米，是出土可见环首刀中最长的。

　　三国时期，刀作为重要的军备，引起了很多掌军者的重视。曹操曾令人铸造"百辟刀"五枚，铸成之后，先将一把赐给曹丕，其余四把暂时自己保管，并宣布："吾诸子中有不好武而好文学者，将以次与之。"蜀汉丞相诸葛亮任用名匠蒲元在斜谷打造兵器，蒲元善于采

◎ 铁剑、铁刀
东汉，2008年襄阳市樊城区菜越墓出土，襄阳市博物馆藏并供图

　　铁剑通长106厘米，宽4厘米，重626克；铁刀残长115.5厘米，宽4厘米；珌长1.6厘米，宽3.2厘米，重1.327千克。

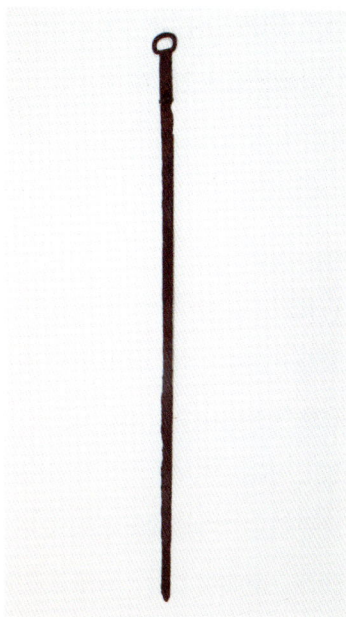

◎ 环首铁刀

三国吴，1987年鄂州市鄂钢综合原料场一号墓出土，鄂州市博物馆藏并供图

长147.3厘米，宽2.6厘米。直刃把手前端有一宽一窄两个铁环，可上下滑动。

◎ 错金铭文环首铁刀

三国吴，1987年鄂州市鄂钢综合原料场一号墓出土，鄂州市博物馆藏并供图

长116.5厘米，宽2.8厘米。直刃把手前端有一个活动铁环，刃侧面有错金铭文。

◎ 铁钩镶

汉，徐州博物馆藏，成长摄

第七章 三国风物

用冷水淬炼的技术，他认为汉水"钝弱"，不能用来淬炼，派人专程去成都汲取爽烈的蜀江之水。他为诸葛亮铸刀三千口，为了检验质量，他让士兵用竹筒灌满铁珠，举刀猛砍，就像砍草一样爽脆，时人称为"神刀"。

两汉三国时还有一种叫钩镶的短兵器，在河南、河北、四川等地均有出土。这是一种既能进攻，又能防御的兵器，它两头为钩状，中部装有小型盾牌，手握处在盾牌之后。钩镶一般与环首刀配合使用。在徐州铜山小李村画像石和陕西绥德四十里铺画像石都发现了使用钩镶的场面，使用者左手持钩镶将对方的长兵器勾住，右手持环首刀乘虚而刺之，可见钩镶在实战中的作用主要是步战中用来对付敌兵的长兵器。南北朝之后，钩镶就逐渐退出了战场。

矛戟

两汉三国的长兵器主要是矛和戟。

矛在使用上分为步兵矛和骑兵矛。步兵矛广泛使用在结阵守卫敌军冲锋的战斗中。《江表传》载孙策进攻黄祖时，刘表派侄子刘虎、南阳人韩晞带领长矛军五千来为黄祖做前锋。马超所率关西兵，擅使长矛，一度让曹操陷入被动。"关西兵强，习长矛，非精选前锋，则不可以当也。"

骑兵矛则是骑兵功能由骑射转向冲击后的主战武器，又称槊。许多著名的三国武将实际上都是用矛作战。如《三国志·关羽传》记载关羽白马之战斩颜良的场景："（关羽）策马刺良于万众之中，斩其首

◎ 铁矛

东汉至三国，1988年四川绵阳白虎嘴三十二号墓出土，绵阳
市博物藏，成长摄

◎ 铁戟

东汉至三国，2007年四川绵阳松林坡一号墓出土，绵阳市博
物藏，成长摄

还。"推测关羽可能是持矛冲锋，将颜良刺下马来，然后拔出腰间的环首刀将颜良首级割下回营记功。至于演义中所说的"青龙偃月刀"这种长杆刀在汉末三国还并没有出现。公孙瓒的矛更是可以两头施刃，他用此矛突出重围，杀伤胡骑数十人。

戟是在戈的基础上发展而来的兵器，东汉三国，戟广泛为将军们喜爱和使用。我们在许多三国题材影视剧和绘画上可以看到吕布使用的"方天画戟"，即长枪前端配有月牙状刀刃的兵器，这其实并不是两汉三国的铁戟，而是宋代以后的兵器，且多用于仪仗。汉戟常见的是一种"卜"字形武器，即由前伸的直刺和旁出的横枝组成。吕布"辕门射戟"射中的小枝即"卜"字戟端头的横枝。这种戟可刺可挑，可击可斫，在实战中尤其是骑兵作战时具有很大的灵活性和杀伤力。典韦作战时手持一双八十斤的长戟，"一叉入，辄十余矛摧"。张辽在合肥以八百精兵突袭吴军，"被甲持戟，先登陷阵，杀数十人，斩二大将"。而孙权的反应则是躲在高处，呼唤长戟兵来保卫自己。除了长戟，三国时还流行短小的手戟，史载董卓、刘备、孙策、孙权等都曾用手戟来掷人。到了南北朝时期，人和马都装备了重甲，戟的破穿能力不如矛，就逐渐退出了历史舞台。

弓弩

弓箭作为最常用的远距离武器，在汉末三国被广泛使用在行军作战和武人的自我修行之中。曹植《白马篇》用优美的文字描述了幽州、并州的骑射手风采："宿昔秉良弓，楛矢何参差。控弦破左的，右发摧月支。仰手接飞猱，俯身散马蹄。"在许多三国人物的传记中，"好弓马，善骑射"成为尚武的标配。太史慈是三国顶级神射手，"猿臂善射，弦不虚发"。孔融被黄巾军围于都昌，太史慈凭借精湛的射术，独自突围求救兵，敌兵纷纷应弦而倒。擅射者还有庞德，他曾一箭射中关羽额头。在大军为水所淹，关羽引兵合围的不利局势下，庞德还能带领残兵据守大堤，"被甲持弓，箭不虚发"。在一些古城和古战场遗址常发现箭镞。从材质上来看，汉末三国铁箭镞已经全面取代了铜箭镞。

弩由弓发展得来，在臂和机的作用下，弩可以实现延时发射，准度更高，射程更远。两汉时期，弩已经广泛被用来抵御北方游牧民族骑兵的冲击。李广就曾用"大黄弩"射杀蜂拥而至的匈奴骑兵。弩需要较好的稳定性，常为步兵、水兵以及防守城池使用。《后汉书》载，陈愍王刘宠是用弩的神射手，"十发十中，中皆同处"。黄巾起义时，许多郡县长吏都弃城而走，刘宠让军队配备强弩数千张，出军都亭。"国人素闻王善射，不敢反叛，故陈独得完，百姓归之者众十余万人。"袁绍在界桥之战能够以步兵击破公孙瓒的骑兵，也是依靠"强弩千张夹承之"。三国时还有更强劲的角弩，诸葛亮与司马懿卤城一战，缴获魏军角弩三千一百张。此外，诸葛亮自己也是发明家，研制出元戎连弩，可以一弩十发。而魏国发明家马钧看到后说："巧则巧矣，未尽善也。"号称自己动手改造可以让其威力增加五倍。

弩的弓和臂都是木制，历经岁月早已腐朽，但核心控制部件弩机是铜制的，因此在考古发掘中时有发现。在陕西汉中、湖北鄂州、湖北荆门、江苏镇江、安徽寿县等战事频仍的地区，均出土有汉末三国

◎ "将军孙邻"错金银铜弩机

三国吴，1991年鄂钢饮料厂一号墓出土，鄂州市博物馆藏并供图

长17.6厘米，宽3.7厘米，高20厘米，扳机右侧刻"将军孙邻弩一张"七字。

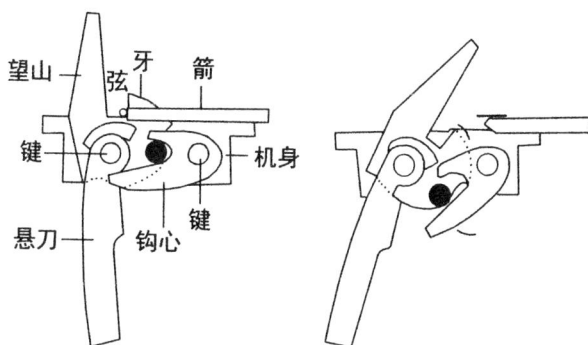

望山　牙　箭
弦
键　机身
键
悬刀　钩心

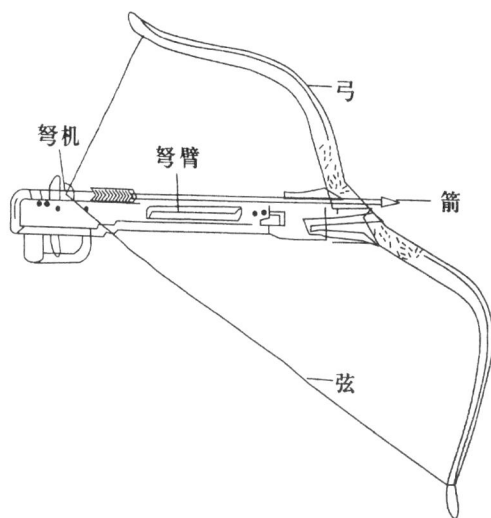

弓

弩机　弩臂
箭

弦

◎ 弩机结构图，出自孙机著《中国古代物质文化》

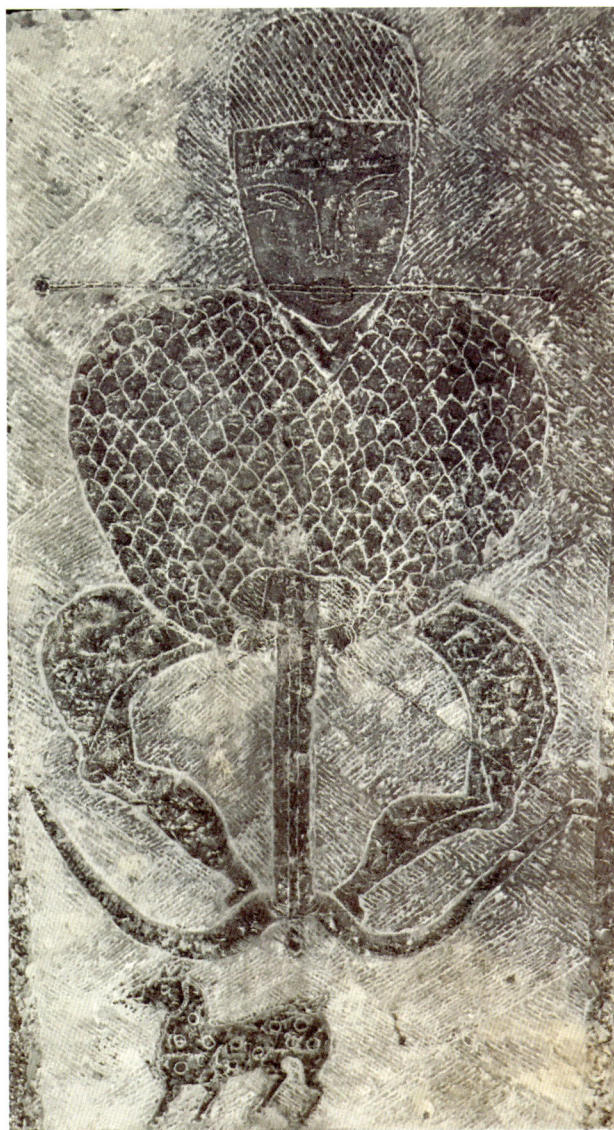

◎ 蹶张弩画像石

徐州汉兵马俑博物馆藏，成长摄

时期的青铜弩机。弩机之上经常刻有铸造的年份，这成为我们判断其时代的重要依据。有的还刻着持有人的名字，如湖北鄂州出土的铜弩机，扳机右侧刻"将军孙邻弩一张"七字，可判断为孙权堂侄、威远将军孙邻生前所用之物。

甲胄

三国时期甲胄基本因袭汉制。两汉的甲胄在材质上实现了由皮甲到铁甲的过渡，而且甲片更小，抗打击力和柔韧性都较秦甲有大幅提

◎ 铁铠甲（复制）

西汉，1968年满城汉墓刘胜墓出土，河北博物院藏并供图

升。考古人员在河北满城汉墓、广州南越王墓、徐州狮子山楚王墓等汉墓都发现了较为完整的甲胄，其中狮子山楚王墓出土的铁质甲片多达8465片，经修复后复原为四种铠甲和一种胄。

在三国时期，铁甲已经广泛用于战争中，在文献记载中又叫"玄铠"。建兴九年（231年），诸葛亮大破司马懿，"获甲首三千级、玄铠五千领、角弩三千一百张"。一战可收缴如此多的玄铠，足见玄铠已成魏军士兵的标配。

由于材质的革新，三国时期甲胄也呈现出丰富多样的特点。曹植在《上铠表》中罗列了曹操曾赐给他的黑光铠、明光铠、两当铠、赤炼铠等铠甲名目。其中还提到了"马铠"，说明随着骑兵的地位提升，战马配铠甲已经开始普及。曹操在《军策令》中描述官渡之战时曹军与袁军军备上的差距，也以铠甲与马铠为例："袁本初铠万领，吾大铠二十领；本初马铠三百具，吾不能有十具。"

据《宋书·殷孝祖传》记载，诸葛亮曾经发明过一种坚固的甲胄"筒袖铠"，这种甲穿在身上，"二十五石弩射之不能入"，在南北朝十分流行。这种甲胄在汉代鱼鳞甲上加以改良，用小块鱼鳞纹甲片或龟纹甲片编缀而成，胸背相连，如同现代T恤衫一样，从头向下套着穿，从而让铠甲防护性更强，其材质也采取了东汉以来较为先进的百炼钢。

马镫

早期的骑兵没有马镫。当时骑兵并非主战兵种，功能大多是哨探、

◎ 青釉骑士俑

西晋，1958年湖南长沙金盆岭出土，
中国国家博物馆藏，成长摄

◎ 釉陶骑马俑

三国吴，2019—2020年南京五佰村丁奉
墓出土，南京市考古研究院供图

袭扰，攻击方式也以骑射为主。到了汉末三国，骑兵冲击步兵的战术
逐渐成熟，这就促使骑士必须增强自己在马背上的稳定性，因此马鞍
的前后鞍桥开始加高。鞍桥加高势必加大了上马的难度，从而催生了
马镫的产生。

　　1958年，湖南长沙金盆岭西晋永宁二年（302年）墓出土了一组
青釉骑士俑，其中四匹马的前鞍桥左侧下都有一个三角形的马镫，另
一侧没有，而骑士的脚也没有在马镫里。可见早期的马镫只有单侧，
是用来辅助上马的。长期以来，这是出土文物所见最早的马镫。直到
2021年，南京市考古研究院在清理丁奉墓出土文物时，在出土的十六
件骑马鼓吹俑中发现有一件俑左侧高桥鞍处有一个三角形结构，经专
家反复确认为单侧马镫。此发现将马镫最晚出现的时间提前了三十一

◎ 鎏金木芯马镫

北燕，1965年辽宁北票冯素弗墓出土，辽宁省博物馆藏，成长摄

年，从西晋提前到三国时代。

三国时代的马镫在文献中也有印证。《三国志·吕岱传》记载，东吴老将吕岱年已八十，仍然身体健硕，张承写信恭维他："又知上马輙自超乘，不由跨蹑，如此足下过廉颇也。"这里的"跨蹑"应当就是辅助上马用的单侧马镫。到了东晋十六国时期，用来稳定骑士的双马镫已经开始广泛使用，辽宁北票北燕冯素弗墓出土了一对迄今为止最早的双马镫实物。

马镫的产生和使用被视为骑兵作战革命性的变化，士兵可以更好地驾驭马匹，进行长途行军，开展更多样化的战术实践。而欧洲直到公元八九世纪才实现马镫的普及。

6

印章

印章是官员地位与权力的象征。印的材质有玉、金、银、铜，一般为方形。印与绶经常合用。绶是一种既长且宽的绸带，一般系在官员的腰间作为装饰，一端与印相系。

到了两汉，印的材质与绶的颜色，成为区分不同级别官员的标志，并逐渐形成了一套完备的等级制度。

根据《东观汉记》《汉旧仪》记载，东汉印绶规制为：

皇帝：玉玺，黄赤绶。

诸侯王：金玺，缐（苍绿色）绶。

公侯：金印，紫绶。

二千石以上官员（九卿、太守、中郎将等）：银印，青绶。

四百石至二千石官员（尚书、长史等）：铜印，黑绶。

二百石至四百石官员（县令、县丞等）：铜印，黄绶。

印的上半部分称为"钮"，钮的造型各异，常见的有龟钮、鼻钮、覆斗钮等。印纽也对应着相应的等级。比如龟钮须千石以上官员才能使用。

早期印章的作用，一是标明自己的身份，二是封检文书。两汉时，文书多用竹木简牍书写，保存和寄送的时候要用封套套上，再用绳子捆起来，并且在绳子交叉处押上封泥，将印章钤于封泥上。这样既方便查找，又可以防止他人私自拆开。

印章的文字为白文篆字，这样盖在封泥上就会呈现出凸起的文字。官印上的文字为持有者的官爵，如"偏将军""关内侯""关中侯"。有些贵族和官员也刻有私印，私印上直接镌刻着持有人的姓名。在考古发掘中，私印的出土往往能够成为确定墓主人身份的重要依据。如南昌海昏侯墓出土"刘贺"印，孟津曹休墓出土"曹休"印（见本书第四章第四节）。

汉末三国，战事频仍，各镇军阀诸侯不受朝廷节制，纷纷自刻官印，或自领某职，或滥封部下。袁绍曾私刻玉印笼络曹操，被曹操所厌恶。而后来曹操为了安抚吕布，甚至"自掏腰包"给他制作平东将军的金印紫绶。为了抑制江东孙氏的壮大，曹操也曾经授予丹阳山贼印绶，煽动他们在孙权后方作乱。

为了怀柔边境鲜卑、匈奴、羌、氐、滇等少数民族政权，汉、魏、晋统治者经常赐封这些首领王、侯、君、长等封号，并授予印绶，赐予北方的少数民族政权印章多用驼钮，赐予南方的少数民族政权多用蛇钮。

关中侯印

关中侯是曹魏时期所设的虚封爵位。

秦自商鞅变法首创二十等爵制，以赏军功，彻侯为二十等（最高），其次为关内侯、大庶长等。西汉沿用，改彻侯为列侯。东汉时期，二十等爵制走向式微，除列侯、关内侯两级外，其余的几乎名存实亡。

建安二十年（215年），曹操正式废除二十等爵制，改为六等爵位。保留列侯（二十级）、关内侯（十九级），新置名号侯（十八级）、关中侯（十七级），皆金印紫绶；关内外侯（十六级），铜印龟纽墨绶；五大夫（十五级），铜印环纽墨绶。新置的四等爵位仅作为赏赐军功

◎ 关中侯印
三国魏，上海韩天衡美术馆藏

金质，龟钮，边长2.4厘米，通高2.2厘米，重137.7克，印面阴刻篆书"关中侯印"。

之用，不食租。裴松之称："今之虚封盖自此始。"曹丕代汉后，"以汉诸侯王为崇德侯，列侯为关中侯"。又以孙资为中书令，赐爵关中侯，掌机密。嘉平六年（254年），魏帝曹芳下诏追赐在守卫合肥新城之战中殉国的士兵刘整、郑像为关中侯，使子袭爵。

武猛校尉印

武猛校尉，武官名，始见于汉末三国之际。曹操部将典韦作战勇猛，每战常先登陷阵，被曹操封为武猛校尉，掌营中宿卫，成为曹操的"保镖队长"。可见武猛校尉所统不仅是军中的精锐，还会被选为亲军宿卫之用。孙权以潘璋领建昌，加武猛校尉，平息当地的叛乱。晋沿置。武猛校尉为当时诸校尉之一，地位等级属中级武吏。

◎ 武猛校尉印

三国魏，1972年洛阳伊川出土，洛阳博物馆藏并供图

银质，龟钮，边长2.4厘米，通高2.6厘米，印面阴刻篆书"武猛校尉"。

魏归义氐侯印

"归义"一词最早出自《史记·滑稽列传》，意为"慕义归化"，是中原朝廷对边藩归附行为的赞美之词。汉魏晋时期，甘肃东南部一带为武都、阴平二郡，是羌、氐等少数民族聚集的地方。《魏略·西戎传》载："氐人有王，所从来久矣。"三国时期，氐人处于魏蜀之间，是两国争夺笼络的对象。《三国志·文帝纪》载，延康元年（220年）七月，"武都氐王杨仆率种人内附，居汉阳郡"。这枚"魏归义氐侯"金印可能就是曹丕对这次氐人归附行为的赏赐。

西晋建立后，延续了曹魏对羌氐的招抚政策。在陕西、甘肃两省出土有"晋归义羌王""晋归义氐王""晋归义胡王""晋归义羌侯"等金印。但西晋的对外政策并未起作用，正是这些"归义"的少数民

◎ 魏归义氐侯印

三国魏，甘肃省西和县出土，甘肃省博物馆藏并供图

金质，驼钮，边长2.25厘米，通高2.5厘米，重97.5克，印面阴刻篆书"魏归义氐侯"。

◎ 晋归义羌王印

晋，1960年征集，陕西历史博物馆藏并供图

金质，驼钮，边长2.4厘米，通高2.9厘米，印面阴刻篆书"晋归义羌王"。

◎ "汉委奴国王"金印，日本福冈市立博物馆藏

◎ "亲魏倭王"印样，自《好古日录》，日本早稻田大学图书馆藏（右图）

　　　　　　　　　　　　　　　　重返：三国现场

族，在不久之后瓜分了西晋的大片领土，开启了十六国时代。

亲魏倭王印

中国与日本之间的友好往来始于汉魏时期。《后汉书》载，东汉建武中元二年（57年），倭奴国（今日本）奉贡朝贺，光武帝赐以印绶。1784年，这枚印章在日本北九州志贺岛出土，为蛇钮金印，印面刻"汉委（倭）奴国王"五字。这枚金印是中日两国交往最早的见证实物。

《三国志·乌丸鲜卑东夷传》列有"倭人传"，此为中国正史为日本作传之始。其中记载魏景初二年（238年），倭女王卑弥呼遣使来到曹魏都城洛阳朝觐，魏帝封卑弥呼"亲魏倭王"，赐以金印紫绶。正始元年（240年），带方太守弓遵遣建忠校尉梯俊等奉诏书、印绶渡海至倭国，当面向卑弥呼授印。此后两国多次遣使互通、馈赠礼物。"亲魏倭王"印虽至今未见出土，但其印样曾载于《宣和集古印史》，为日本学者藤原贞幹收录于《好古日录》中得以流传。

第八章

三国归晋

司马氏：一统天下者

　　"天下大势，分久必合，合久必分。"魏蜀吴争雄数十年，最终一统天下的却是司马氏家族。

　　司马懿，字仲达，河内温县（今河南温县）人，其先祖可上溯至秦末项羽所封的殷王司马卬。司马懿祖父司马儁，博学好古，官至颍川太守。司马懿之父司马防，雅好《汉书》，官至洛阳令、京兆尹、骑都尉。司马防在京师任职时，曾是曹操出仕为官的举荐人，可知曹、司马两家早有渊源。

　　司马懿是司马防第二子，建安十三年（208年）出任曹操丞相府文学掾，开始为曹魏政权效力。世子之争中，司马懿为曹丕"太子四友"之一，"每与大谋，辄有奇策"。曹丕称帝后，司马懿因从龙之功一路擢升，任御史中丞、抚军、假节、录尚书事，备受曹丕信赖和器重。曹丕临终前，司马懿是四位托孤重臣之一。明帝曹叡即位后，司马懿接替夏侯尚督荆州军事，击败来犯的吴将诸葛瑾，升为骠骑将军，开始掌握军权。

　　此后，司马懿西据诸葛亮于渭水，东讨公孙渊于辽东，为曹魏立下赫赫战功，随着曹休、曹真等曹魏宗室将领的去世，司马懿的地位日益提升，其宗族、姻亲、同僚、故吏等也占据曹魏诸多要职，形成强大的权势网络。正始十年（249年），司马懿在洛阳发动政变，逼迫大将军曹爽交出兵权，并将曹爽及其党羽何晏、丁谧等夷三族，史称"高平陵之变"，曹魏政权至此完全落于司马氏之手。

　　司马懿死后，其二子司马师、司马昭承父之业，平定毌丘俭、诸葛诞等反司马势力，进一步鲸吞曹魏权力。魏景元四年（263年），司

◎《历代帝王图·晋武帝司马炎》
唐，阎立本绘，美国波士顿艺术博物馆藏

马昭灭蜀，进位晋王。昭子司马炎嗣位后效法曹丕再行禅代，登基为帝，是为西晋。太康元年（280年），晋龙骧将军王濬率水师顺江而下至建业，吴主孙皓出降，吴亡，三国纷争至此落幕。

在东吴的故都南京，考古工作者发现了一块铭文墓砖，文字释读为："姓朱，江乘人，居上描。大岁庚子，晋平吴，天下大（太）平。"据此可以推测，墓主人姓朱，是江乘县（今江苏南京东北）人，"大岁庚子"应该指的是太康元年。这块砖上虽然只有寥寥数字，却无意中成了三国时代的结语。对于经历了百年分裂与战乱的普通百姓而言，"天下太平"可能是他们对未来最大的祈愿。

◎"晋平吴天下太平"砖
西晋，南京市江宁区淳华镇索墅砖瓦厂一号墓出土，南京市博物总馆藏，成长摄
长30厘米，宽15.4厘米，高5厘米。

《司马芳残碑》

　　1952年，西安市西大街广济街口在修理下水道时发现一通残碑，出土时碑仅存上半部，裂为三截，残高106厘米、宽98厘米，碑阳残余文字18行，中间两行损泐，共142字，碑阴亦有文字。碑额雕蟠螭纹，并篆书"汉故司隶校尉京兆尹司马君之碑颂"，结合碑文首行"君讳芳字文豫河内"，可知该碑为称颂司马芳功德之碑，司马芳即司马懿之父司马防（"芳"与"防"或为异文）。

　　关于《司马芳残碑》的刻制时间，此前学者多从碑阳落款"晋故

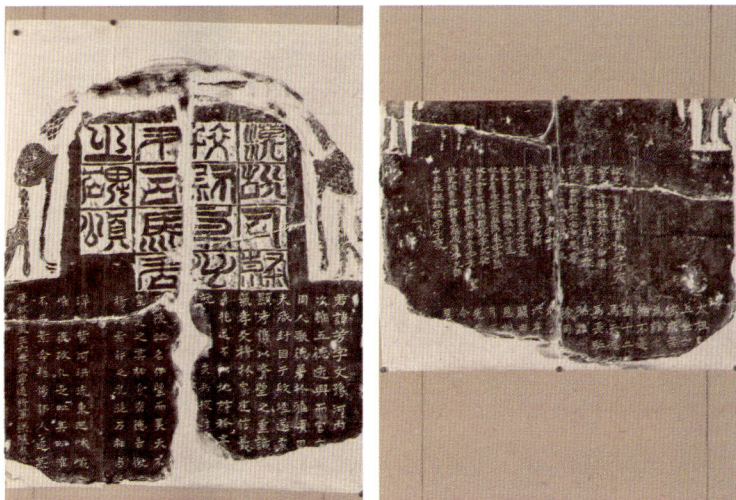

◎ 司马芳残碑碑阳、碑阴（拓本）

汉魏，1952年西安市西大街广济街口出土，西安碑林博物馆藏并供图

扶风王六世孙宁远将军乐陵侯"，推断该碑为北魏泰常末年由刘宋投奔北魏的司马准所刻，故认定其刻于北魏。然而，学者仇鹿鸣从碑阴题名中发现韦诞、杜畿等汉末曹魏之时的人名，故而推测其立于汉魏之时。司马防去世于建安二十四年（219年），此碑很可能是在司马防去世不久所立。至于碑阳落款，仇鹿鸣认为其字迹与碑阴、碑阳正文有明显差异，应为司马准投魏后在原碑上追刻，以此彰显其家族门第。

《司马芳残碑》是现存司马氏先世的唯一碑刻。由此碑我们能够得知，司马防在担任京兆尹时曾随天子迁至长安，在长安深得吏民拥戴。虽然司马防去世时已离开长安二十余年，其故吏仍在此为其立碑，颂其功德。而像韦氏、杜氏这样的京兆大族子弟都成为司马防的僚属，与之关系密切，也从侧面印证了司马氏家族在士族之中的影响力与凝聚力。

《辟雍碑》

全称《大晋龙兴皇帝三临辟雍皇太子又再莅之盛德隆熙之颂碑》。1931年5月，该碑在汉魏洛阳故城辟雍遗址中心夯土殿基之南出土，现藏于洛龙区佃庄镇东大郊村。

《辟雍碑》刻于晋武帝咸宁四年（278年）十月二十日，也即晋灭吴之前的两年。碑文详细记载了晋武帝司马炎与太子司马衷多次到辟雍视察太学及参加礼制活动的经过，碑阴刻有当时太学的官员、博士、礼生与弟子名录，多达四百余人，还包括四名来自西域的"留学生"。学者童岭认为，这座碑背后隐藏着一些历史隐情：晋武帝多次

◎《辟雍碑》碑额，成长摄

破例亲临辟雍行士大夫之礼——乡饮酒礼，是为了取得门阀士族的支持，并争取他们来辅翼自己并不聪慧的太子司马衷。

这座碑在形制上也颇有特色，碑高3.22米，宽1.1米，厚0.3米，圆形碑首上有六条螭龙，左右相连。碑文30行，每行55字，以端庄的八分隶书书写，结体伸展，起收笔厚重方折，峻利雄强，被罗振玉评价为"晋碑之冠"。

《辟雍碑》为第四批全国重点文物保护单位，增补为汉魏洛阳故城子项。

温县司马故里

温县故城在今河南省焦作市温县城西十三公里的招贤、古城、安乐寨一带，亦为司马故里。司马氏曾在故里筑城，以故城为中心，跨清风岭，坐北向南，纵宽各1.5公里，占地2.25平方公里许，分内外城。城北有护驾庄（今护庄村），城南有校尉营（今小营村），东北有成楼村（今树楼村），皆因"古晋城"的遗址而得名。当地为司马懿立有塑像两座。

距温县故城不远的番田镇三陵村西存有三座墓冢，呈"品"字形排列，称"三陵冢"，据考证为司马懿先祖之墓。司马懿之弟司马孚为河内典农中郎将时，曾率军在沁河沿岸筑堤保护，以防水淹。据《晋书·惠帝纪》，永兴元年（304年），晋惠帝因兵乱流落至温县，拜谒祖陵，应为此墓。据学者郭瑞祥推断，三座墓冢的墓主人可能为司马懿曾祖父司马量、司马懿祖父司马儁及司马懿之父司马防。

司马故里旧址、三陵冢为河南省文物保护单位。

临沂洗砚池晋墓

2003年，山东省临沂市王羲之故居扩建工程中发现了两座大型晋代砖室墓，共出土近三百件（套）随葬品，器物丰富精美。其中一号墓未被盗掘，保存十分完好。因两墓位于传说中王羲之洗砚池之侧，故名洗砚池晋墓。

临沂在西晋为琅琊国治所开阳县，晋封司马懿三子司马伷为琅琊

◎ 临沂洗砚池晋墓一号墓，成长摄

王，其孙即东晋建立者晋元帝司马睿，琅琊王氏家族因拥立司马睿有功，成为东晋顶级门阀士族。根据考古发掘，一号墓墓主人为三名孩童，二号墓墓主为夫妻合葬。据考证，墓主人应与西晋琅琊王家族有关，但具体身份众说纷纭。一种观点认为，一号墓墓主为司马睿幼子司马焕、司马焕之侄司马安国及为司马焕所配冥婚的幼女，二号墓墓主为司马睿之父琅琊恭王司马觐与其妃夏侯光姬。

　　洗砚池晋墓为第六批全国重点文物保护单位。墓室在王羲之故居景区内，可参观，出土文物在临沂市博物馆展出。

◎ "大康七年李次上牢"漆碗

晋，2003年临沂洗砚池晋墓一号墓出土，临沂市博物馆藏并供图

　　铭文中"大康"即晋武帝司马炎第三个年号"太康"，太康七年为公元286年，"李次"可能是制作者姓名或作坊主姓名，"上牢"指上等品。

◎ 青瓷胡人骑狮器

晋，2003年临沂洗砚池晋墓一号墓出土，临沂市博物馆藏并供图

　　器物通体施青釉，胡人高鼻大耳，络腮胡须，头戴卷沿高筒帽，右手执便面，端坐于狮身上。该器物为西晋时期南方越窑所产的青瓷精品，但其用途不明，推测可能为烛台。

2 ▼

三
国
史
的
诞
生

　　我们如今对三国历史的了解，主要来自陈寿撰写的《三国志》。

　　陈寿，字承祚，巴西安汉（今四川南充）人，生活于蜀汉晚期至西晋初年，师从蜀中大儒谯周。陈寿在蜀汉官至观阁令史，为黄皓贬黜。入晋后，陈寿为司空张华举为孝廉，除佐著作郎，出补阳平令，受命编纂《诸葛亮集》二十四篇，除著作郎，领本郡中正。其后，陈寿在官场屡遭谮毁，仕途不济。

　　随着晋灭吴一统，陈寿成为三国时代落幕的亲历者，他也萌生了为三国作史的使命感。当时已有魏王沈《魏书》、鱼豢《魏略》、吴韦曜《吴书》等史书，但均为一国视角，不能囊括三国之事。唯蜀汉"国不置史，注记无官"，好在陈寿本人是蜀人，得地利之便。陈寿在既有史料的基础上，撰写成《三国志》六十五篇。"时人称其善叙事，有良史之才。"当时的才子夏侯湛已著《魏书》，知道陈寿写成《三国志》，便将自己书稿毁掉。张华对陈寿赞誉有加，甚至想以

第八章　三国归晋　　　　　　　　　　　　　　　　　511

《晋书》相托付。

　　陈寿在世时，《三国志》未得刊行。元康七年（297年）陈寿病逝后，梁州大中正、尚书郎范頵上表朝廷，称赞陈寿所作《三国志》"辞多劝诫，明乎得失，有益风化，虽文艳不若相如，而质直过之"，晋惠帝司马衷诏令河南尹、洛阳令于陈寿家中抄录，《三国志》方得以传行于世。

　　《三国志》采用通行的纪传体，分为本纪和列传，以《魏书》《蜀书》《吴书》分国叙之。但是囿于晋承魏嗣的政治环境，陈寿在作史中势必只能尊魏为正统，以魏帝为本纪，称曹操为"太祖"，而蜀吴国君仅为列传，称刘备为"先主"，孙权为"吴主"。但在行文之中，陈寿又屡用隐笔，如叙刘备之死为"殂"，以抬高蜀汉地位。

　　陈寿《三国志》一经推行，其余诸史即归沉寂。《华阳国志》评价"庶子考古，迁、固齐名"，《晋书》评价"可以继明先典者，陈寿得之乎"，均将陈寿拟之于司马迁、班固一样的一流史家。不过，《三国志》无志无表，叙事也比较简陋。"失在于略，时有所脱漏。"南朝宋时，宋文帝令裴松之为《三国志》作注。裴松之援引二百多种史料，不仅为《三国志》补充了大量内容，还对原文和注文做了一些辨析的工作。"裴注"自此成为《三国志》不可分割的一部分。

　　陈寿《三国志》虽为私撰，但被后世奉为正史，跻身"二十四史"之列。《三国志》还成为后世平话、杂剧、小说等艺术形式编讲三国故事的主要素材来源。

南充万卷楼

南充是陈寿故里，万卷楼据传为陈寿治学之地。万卷楼原位于南充市果山公园一带，是在陈寿故宅基础上翻建的。清《南充县志》云："果山在治西，层峦迭起，上多黄柑。晋著作郎陈寿归隐于此。"1990年，当地于南充市西山玉屏公园内重建万卷楼。如今万卷楼景区内有安汉城楼、紫云阁、陈寿读书台、陈寿旧居、万卷楼等景点，万卷楼中设有图片展，介绍陈寿生平、《三国志》的内容及对后世的影响。楼后

◎ 南充万卷楼陈寿像，成长摄

有陈寿雕像一座。

万卷楼景区内还有谯公祠，是纪念谯周的祠堂。谯周为蜀中大儒，是陈寿、李密、罗宪、文立等人的老师，在蜀汉官至光禄大夫。邓艾兵临城下时，谯周因力劝后主刘禅投降，引得身后不少骂名。但在南充，家乡人对谯周评价较为宽容，谯公祠上牌匾书"全国之功""蜀中孔子"，楹联亦不乏对谯周溢美之言。谯周墓原在城西北隅，2007年迁建于万卷楼景区谯公祠后山。

晋写本《三国志》残卷

《三国志》成书于西晋，但在晋朝就有纸本流传，而且竟从中原传播到了河西走廊以西的敦煌、吐鲁番一带，这不得不说是一个奇迹。

二十世纪以来，在敦煌和吐鲁番两地共计出土了六种《三国志》古写本残卷，分别是：1909年在新疆鄯善县发现的北魏高昌麴氏所抄《吴书·韦曜华覈传》残卷，今藏日本；1924年在新疆鄯善县发现的晋人写本《吴书·虞翻传》《吴书·虞翻陆绩张温传》残卷，今藏日本；1965年在新疆吐鲁番县（今新疆吐鲁番市）英沙古城发现的晋写本《魏书·臧洪传》残卷和《吴书·吴主传》残卷，今藏新疆维吾尔自治区博物馆；敦煌莫高窟藏经洞发现、敦煌研究院所藏晋写本《三国志·步骘传》残卷。

据学者考证，《三国志》古写本残卷距离陈寿完成书稿的时间非常接近，而且在裴松之修改及注引之前，因而从内文上最接近陈寿原作，与传世的宋刊本略有差异。这些《三国志》写本能够保存至今，得益于西北地区干燥的气候环境。由于纸本脆弱，国内收藏的《三国志》古写本罕见展出。2019年，北京大学赛克勒考古与艺术博物馆"千山共色——丝绸之路文明特展"展出了新疆维吾尔自治区博物馆所藏《三国志·吴主传》残卷，其内容为《吴主传》中叙述建安二十五年至黄武元年（220年至222年）部分，陆逊、于禁、鲁肃、吕蒙、张辽、徐晃、张郃等三国人物姓名清晰可见。据介绍，此件写本使用本色加工麻纤维帘纹纸，质地精良，很可能就是古代著名的"左伯纸"。

◎《三国志·吴书·吴主传》写本残卷
西晋，1965年新疆吐鲁番县英沙古城南佛塔出土，新疆维吾尔自治区博物馆藏，陈亮摄

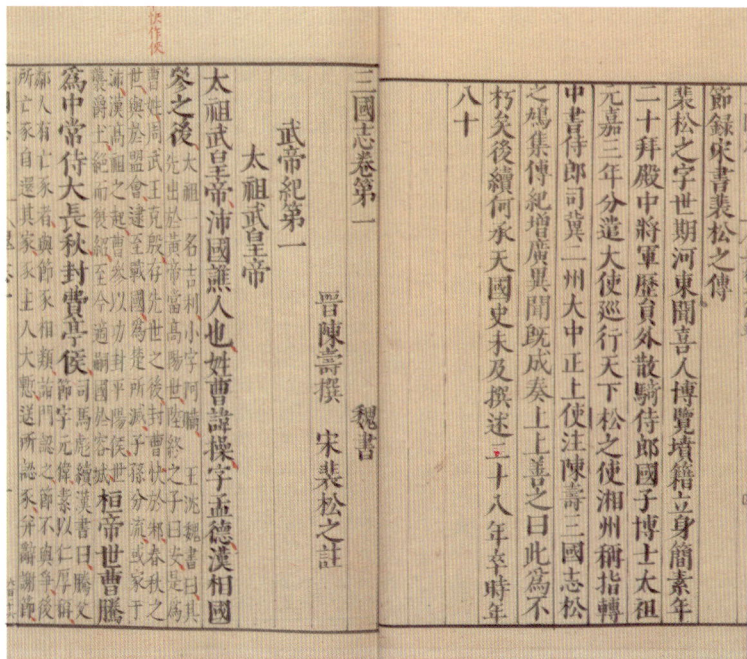

◎ 宋刻"绍熙本"《三国志》
日本宫内厅书陵部藏

　　《三国志》最早的刻本为北宋真宗咸平国子监刻本，今已不存。现存南宋刻本主要有杭州本、衢州本、建阳本等，其中以衢州本传世较多。建阳本因其刊刻于福建建阳书坊以称，刻印时间约在光宗朝，因此又被称作"绍熙本"。

　　我有过近十年媒体记者的从业经历，"在现场"是职业赋予我的基本要求，也逐渐成为一种在心灵上搭建起来的使命感与仪式感。尽管我采访报道的不是什么惊天动地的大事件、大新闻，但每一次在新闻现场的倾听、观察、提问、发现、记录、思考，并且把这些用自己的文字传递给读者，都能够收获一份小小的踏实和满足。新闻是客观的，热闹是别人的，而这些来自现场的收获将会沉淀下来成为自己的一部分。不在现场的稿子，总是缺失了一种难以形容又无法言表的东西。

　　马可·奥勒留在《沉思录》中说："环顾历史，那些赫赫有名的人物都到哪里去了？他们像一股青烟消失了。"新闻现场可以见到具体的人和正在发生的事情，而历史现场面对的则是静态与无声的画面。岁月的涤荡让我们面对历史时常常有些局促：我们无法与历史人物对话，无法目击历史事件，无法去查证那些困扰后世上千年的历史真相。但是，历史毕竟真实地发生过，并留下了一些痕迹。我们与古人虽然被时间隔开了很远很远，却因为先后生活在同一片土地上，又被空间拉近了彼此的距离。

三国是中国人的英雄史诗，是承载着中国人忠诚与正义、理想与信念、智慧与良知的历史画卷。很多人通过《三国演义》而热爱三国，崇拜那些叱咤风云的人物，着迷那些精彩纷呈的故事，又有不少人通过"演义"而入"正史"，从《三国志》等传世文献中去寻找更为可信的三国历史。我也曾是他们其中的一员，并一度以为这就是三国的全部。

2019年，为纪念中日文化交流协定签署四十周年，由中日两国共同策划的"三国志"特展在日本东京、福冈开展。我前往福冈九州国立博物馆观看了这一特展，大受震撼。策展团队在中国寻访了二十多个省市自治区的五十多家文博单位，从中选出了一百六十二件（套）文物。他们用一条清晰的线索，让文物串联起了从东汉末年到三国归晋这百余年风云激荡的历史。它们可能是陶器、漆器、青铜器，可能是刀剑、弩机、扎马钉，可能是印章、带钩、简牍、石碣、瓦罐、画像石……当它们单独陈列的时候，也许并不那么耀眼，然而将它们放置在三国这一令人热血沸腾的主题之下，与我们熟知的历史事件、历史人物相勾连，它们似乎一下"活"了起来，散发着历史现场的魅力。这些穿越一千八百多年苏醒在我们面前的文物成了无声的讲述者，为我们逐渐还原了一个真实的三国时代。

王国维先生曾经说："吾辈生于今日，幸于纸上之材料外，更得地下之新材料。由此种材料，我辈固得据以补正纸上之材料，亦得证明古书之某部分全为实录，即百家不雅训之言亦不无表示一面之事实。此二重证据法惟在今日始得为之。"这就是著名的"二重证据法"，即通过文献与考古材料的互证来进行考史与证史。一百年前，中国现代考古学诞生，经过考古工作者的努力，越来越多的"历史的见证者"浮出地表，丰富了我们对历史的认知，拓宽了我们对历史想象的边界。而三国，也正在通过留存于全国各地的文化遗迹与陈列于博物馆内的文物珍品，在我们面前一层一层地打开。我们对三国的阅读，也开始从"纸上之三国"延展到"地下之三国""地上之三国"。

这些年来，历史现场一直像一块磁铁一样吸引着我，让我每隔一段时间就放下手中的工作，背起行囊，踏上一段穿梭于历史与现实之间的旅行。我常常将自己的出行戏称为"馆保之旅"，即每到一座城市，则必要参观当地的博物馆和文保单位。博物馆收藏陈列有丰富的可移动文物，并以时间与专题为线索勾勒出该地域的历史全貌。文保单位包括古城址、古墓葬、古遗迹、古建筑、祠庙、石窟、碑刻等，属于不可移动文物，其中以"国保"（全国重点文物保护单位）最为珍贵，它们是这一地域的历史底蕴与文化脉络最为集中的体现。"馆""保"结合的出行线路，势必跟常规的旅游不太一样，避开了喧嚣与热闹的"热门景区"，平添了别样的乐趣。尽管有时候为了节省白天参观的时间而省略了午饭，但每一次都能得到精神层面的"管饱"。

"馆保之旅"中，我又偏爱寻访与三国有关的文物与遗迹，再加上"三国志"特展对我的启发，于是就有了这本《重返：三国现场》的基本架构，即以历史＋文物＋遗迹为线索，以大文化的概念重新去梳理三国。三国文化遗存在全国数量之多、分布之广可以用惊人来形容。除了我们比较熟悉的"三国文化大省"四川、湖北、河南、江苏、安徽等外，东北到辽宁、吉林，西北到甘肃，西南到云南，东南到广东、福建，都曾是三国疆域的范畴，遗存有各具特色又与三国历史紧密相关的文物遗迹。具体到类别，则有古遗迹、古城址、古墓葬、古战场、古道、水利工程、祠庙、壁画、碑刻、简牍、瓷器、漆器、钱币、兵器、建筑、服饰、饮食、宗教、中外交往等不同领域的三国文化遗存。它们就像散落在全国各地的一块块拼图，将它们拼接起来，就是一个"看得见"的三国世界。

历史并不遥远，三国就在我们身边。我曾经从成都出发一路向北，沿着诸葛武侯的足迹经过德阳、广元、汉中，领略千年未变的山川形势，在武侯墓前恭敬地敬上一碗酒；我曾经临时起意买下次日一早的高铁票，从北京一路奔赴荥阳虎牢关遗址，站在"吕布点将台"上目送黄河东流去；我曾经踩在汉魏禅代一千八百周年的时间点上来到河南临颍的繁城镇，面对昔日盛况无比的受禅台聆听历史车轮转动的声音……这些"在现场"的感受与我读过的历史故事两相叠映，形成了久久回荡在心中的触动。需要说明的是，由于三国的传说性质，如今我们看到不少的三国名人墓葬、名人遗迹等，可能未必那么"真"，存在一些附会的成分。但它们的存在依然有意义，它们是三国人物、三国故事在民间影响流变的生动体现，它们也应当是三国文化的一部分。

现场的魅力无法阻挡，一次次重返现场让我对三国这个中国历史上最知名的时代有了更为深入的思考和发现。站在大历史观的角度来看，汉末三国虽然不过百年的时间，却上承秦汉，下启隋唐，充满了转折与变革的色彩：新的制度开始确立，新的思潮开始萌生，新的文化样式开始兴起，新的生活方式开始影响后人。于是我们看到七言诗的出现、马镫的发明、饮茶的流行、釉下彩技术的诞生、佛教道教的繁荣、隶书到楷书的演化、厚葬到薄葬的转变、城市规划中轴线理念的确立……"江山留胜迹，我辈复登临。"历史为我们留下了太多的记忆，唯有目之所及、身之所往，方能领略其中的美妙。

撰写这本《重返：三国现场》的初心，就是要将我们熟悉的三国故事与我们可能不太熟悉的"三国现场"连接起来，通过当下依然可见的三国遗迹、三国文物呈现一个更为丰富、更有温度、更加真实的三国时代。书中涉及的许多考古文物领域的专业知识，如城址、墓葬、瓷器、简牍、服饰、钱币、铜镜等，此前已有众多专家学者做了大量的研究工作，取得了丰硕的学术成果。而我不过是一个门外汉，这本书的写作过程其实就是我的一场学习之旅。限于篇幅和我的水平，书中这些专业领域只能做到蜻蜓点水、浅尝辄止，如果能够因为这本书的介绍而引发读者对这些专业领域学术成果的关注和深入了解，那就是再好不过的事情了。另外，如今还有众多的三国遗迹因为种种原因乏人问津、一派萧索，它们在现实中的冷清与网络上持续不断的"三国热"形成了巨大的反差，我也希望通过这本书的介绍，让大家多多参观博物馆与这些"冷门"景点，促进当地主管部门对三国遗存进行更好的保护与开发。

为了让这本书更像一本"纸上博物馆"，我与编辑同仁们投入了许多时间精力与各大文博机构一一沟通图片版权授予事宜。感谢陕西历史博物馆、西安碑林博物馆、河北博物院、甘肃省博物馆、洛阳博物馆、洛阳市考古研究院、南京市考古研究院、襄阳市博物馆、鄂州市博物馆、马鞍山市三国朱然家族墓地博物馆、长沙简牍博物馆、汉中市博物馆、阜阳市博物馆、临沂市博物馆、吉水县博物馆等文博机构及装束复原团队将版权图片授予本书使用，丰富了本书的内容。感谢上述机构的领导、工作人员在授权过程中付出的工作。感谢张云、胡薇、潘伟斌、王咸秋、梁超、张波、王文丽、朱成卓、胡晓、池文汇、李梦苏、王廷轩、陈毓毓、杨明阳、李艳萍、杨睿、袁光裕、王光乾、子言三桑、简彪、李婕、李君阳、郭瑞祥、陈曦萌、张路等前辈、老师、同学、友人在办理图片授权事宜过程中给予的帮助与支持。

访古的旅途中总是不缺朋友。感谢西安王武、李博雅、白雪松，成都吴娲、余蛟雨、吕峥，德阳朱传欣、林霄，大邑刘红彬，汉中张惠，石家庄王文丽，安阳王永刚、王宪红、单爱普，沈阳赵春阳，襄阳袁满、杨明阳，南通金鸣、张杨，上海朱子彦、张睿、余点、蒋焱，苏州吴玥，南京王震飞、李哲千，周口柳岸、李乃庆，漯河郭国成、郭小伽，许昌黄青喜、魏玉龙、关志杰，凤阳王新军，庐江周跃东，长沙刘卓然，亳州唐文立、桑田，济南张鹏，临沂袁光裕，洛阳王咸秋、武丹，宝鸡段海平等老师、友人们在我进行历史文化探访过程中给予的大力协助、热情招待及指点迷津，每每回忆都能让心生温暖。

书中所涉及的大部分三国遗迹与文物我都尽可能前往现场记录并拍摄，但毕竟精力有限，不能穷尽，或者没有拍到满意的照片，因此要感谢黎云帆、杨锦、施鸥、夏口文举、陈金廷、罗惠敏、陈亮、孙征昊、申威隆、青史独行等史迹探访爱好者慷慨"解囊"将拍摄的照片授权我在本书中使用。

本书的顺利出版，要感谢领读文化的康瑞锋先生。在我从日本看

"三国志"展览归来唾沫横飞地与他分享自己的心情时，他当即掏出一张空白合同，让这本书从空想变成了现实。领读文化的编辑同仁们为本书投入了大量烦琐而细致的工作，让它得以尽善尽美。在本书出版之前，书中部分章节以个人专栏的形式在《中国青年报》刊发，感谢编辑蒋肖斌的策划与编校。梁满仓、谭良啸、耿朔三位专家学者为本书撰写了推荐语，好友严保港对本书进行了审读校对，在此谨表诚挚的谢意。我还要特别感谢这些年在我无论是出外探访还是闭门写作中都能够给予我理解、支持与鼓励的父母、岳父岳母和妻子。

最后想说的是，这本书吸纳了很多三国考古的最新成果，就在我写作的过程中，南京五佰村丁奉墓被发现，苏州虎丘路新村土墩引发热议，安阳曹操高陵也在发掘十余年后对外开放，书中内容直到下印前最后一刻还在补充与调整。然而，人们探索历史的步履永不止歇，也许在本书出版不久，就会有三国的新发现与新惊喜在等待着我们。书中的很多内容随时都可能被填补、更新、修正。

这正是历史的魅力之处。重返三国现场，我们依然在路上。

2023年7月20日，于北京

一 典籍

司马迁：《史记》，北京，中华书局，1982

班固：《汉书》，北京，中华书局，2012

范晔，李贤等注：《后汉书》，北京，中华书局，2000

陈寿，裴松之注：《三国志》，北京，中华书局，2011

房玄龄等：《晋书》，北京，中华书局，1996

沈约：《宋书》，北京，中华书局，1974

魏收：《魏书》，北京，中华书局，1997

司马光：《资治通鉴》，北京，中华书局，2011

陈寿，裴松之注，卢弼集解，钱剑夫整理：《三国志集解》，上海，上海古籍出版社，2009

刘珍等，吴树平校注：《东观汉记校注》，北京，中华书局，2008

荀悦、袁宏，张烈点校：《两汉纪》，北京，中华书局，2017

习凿齿，黄惠贤校补：《校补襄阳耆旧记》，北京，中华书局，2018

常璩，汪启明、赵静译注，吴迪等校订：《华阳国志译注》，四川，四川大学出版社，2007

杨衒之，尚荣译注：《洛阳伽蓝记》，北京，中华书局，2012

许嵩，张忱石点校：《建康实录》，北京，中华书局，1986

刘义庆，朱碧莲、沈海波译注：《世说新语》，北京，中华书局，2011

释僧祐，苏晋仁、萧錬子点校：《出三藏记集》，北京，中华书局，1995

郦道元，陈桥驿校证：《水经注校证》，北京，中华书局，2013

重返：三国现场

李吉甫，贺次君点校：《元和郡县图志》，北京，中华书局，1983

顾祖禹，贺次君、施和金点校：《读史方舆纪要》，北京，中华书局，2005

罗贯中：《三国演义》，北京，人民文学出版社，1990

二　史论

马植杰：《三国史》，北京，人民出版社，1993

何兹全：《三国史》，北京，人民出版社，2011

王仲荦：《魏晋南北朝史》，上海，上海人民出版社，2016

田余庆：《秦汉魏晋史探微》，北京，中华书局，2011

唐长孺：《魏晋南北朝史论丛》，北京，商务印书馆，2010

黎虎：《魏晋南北朝史论》，北京，学苑出版社，1999

金文京，何晓毅、梁蕾译：《三国志的世界：后汉三国时代》，广西，广西师范大学出版社，2014

朱大渭，刘驰，梁满仓，陈勇：《魏晋南北朝社会生活史》，北京，中国社会科学出版社，1998

福原启郎，陆帅、刘萃峰、张紫毫译：《魏晋政治社会史研究》，江苏，江苏人民出版社，2021

柳春新：《汉末晋初之际政治研究》，湖南，岳麓书社，2006

仇鹿鸣：《魏晋之际的政治权力与家族网络》，上海，上海古籍出版社，2015

朱子彦：《汉魏禅代与三国政治》，上海，东方出版中心，2013

洪武雄：《蜀汉政治制度史考论》，台湾，文津出版社有限公司，2008

严耕望：《两汉太守刺史表》，北京，北京联合出版公司，2020

方诗铭：《论三国人物》，北京，北京出版社，2016

方诗铭：《曹操·袁绍·黄巾（增订本）》，上海，上海辞书出版社，2021

张磊夫，方笑天译：《国之枭雄：曹操传》，江苏，江苏人民出版社，2018

张作耀：《曹操传》，北京，人民出版社，2001

张作耀：《刘备传》，北京，人民出版社，2004

张作耀：《孙权传》，北京，人民出版社，2007

朱子彦：《司马懿传》，北京，人民出版社，2020

内藤湖南，张真译：《诸葛武侯》，江苏，江苏人民出版社，2019

渡边义浩，李晓倩译：《关羽：神化的〈三国志〉英雄》，北京，北京联合出版公司，2017

濮文起：《关羽：从人到神》，北京，商务印书馆，2020

赵春阳：《完美武将：赵云》，江苏，江苏凤凰文艺出版社，2019

张鹏斗：《孙权之谜》，江苏，南京出版社，2012

孙文达：《孙权传说》，北京，中国文联出版社，2011

福原启郎，陆帅译：《晋武帝司马炎》，江苏，江苏人民出版社，2020

胡阿祥：《吾国与吾名：中国历代国号与古今名称研究》，江苏，江苏人民出版社，2018

成长：《列族的纷争：三国豪门世家的政治博弈》，山西，山西人民出版社，2018

三 考古、文物

刘庆柱、白云翔主编，中国社会科学院考古研究所编著：《中国考古学·秦汉卷》，北京，中国社会科学出版社，2010

杨泓、朱岩石主编，中国社会科学院考古研究所编著：《中国考古学·三国两晋南北朝卷》，北京，中国社会科学出版社，2018

罗宗真：《魏晋南北朝考古》，北京，文物出版社，2001

中国国家博物馆：《文物三国两晋南北朝史》，北京，中华书局，2009

中国国家博物馆：《文物里的古代中国》，北京，社会科学出版社，2010

孙机：《汉代物质文化资料图说（增订本）》，上海，上海古籍出版社，2011

孙机：《中国古舆服论丛》，上海，上海古籍出版社，2013年

凌皆兵，朱青生：《汉画总录.12，南阳》，广西，广西师范大学出版社，2013

毛远明：《汉魏六朝碑刻校注》，北京，线装书局，2008

张道一：《汉画故事：刻在石头上的记忆》，北京，中华书局，2020

李灿：《亳州曹操宗族墓字砖图录文释》，北京，中华书局，2015

陈根远，杨烨：《藏在碑林里的国宝》，湖南，湖南美术出版社，2019

路远：《碑林语石：西安碑林藏石研究》，陕西，三秦出版社，2010

李炳武主编，王庆卫、傅清音编著：《亘古遗存的石板书库：西安碑林博物馆》，陕西，西安出版社，2018

李炳武，卢辉：《大汉王朝的传奇缔造——汉中博物馆》，陕西，西安出版社，2018

段鹏琦：《汉魏洛阳故城》，北京，文物出版社，2009

耿朔，仇鹿鸣：《问彼嵩洛：中原访古行记》，北京，中华书局，2019

河南博物院：《有容乃大：两汉魏晋南北朝》，北京，科学出版社，2017

许昌博物馆：《许之昌：许昌历史文化陈列》，河南，中州古籍出版社，2017

中国社会科学院考古研究所：《邺城文物菁华》，北京，文物出版社，2022

襄阳市博物馆，襄阳市文物考古研究所：《三国遗韵：襄阳樊城大型三国墓出土文物》，北京，科学出版社，2016

秦昌林，徐劲松：《古武昌六朝文物揽珍：鄂州市博物馆第一次全国可移动文物普查成果》，

湖北，湖北美术出版社，2017

孔德铭：《考古安阳》，北京，科学出版社，2019

潘伟斌：《魏晋南北朝隋陵》，北京，中国青年出版社，2004

河南省文物考古研究所：《曹操墓真相》，北京，科学出版社，2010

河南省文物考古研究院：《曹操高陵》，北京，中国社会科学出版社，2016

中国美术学院汉字文化研究所，洛阳市文物考古研究院编，史家珍、曹锦炎、王咸秋、孔震
主编：《流眄洛川：洛阳曹魏大墓出土石椁》，上海，上海书画出版社，2021

京都大学人文科学研究所：《三国时代の出土文字资料班魏晋石刻资料选注》，京都，京都大
学人文科学研究所，2005

袁维春：《三国碑述》，北京，北京工艺美术出版社，1993

耿朔：《层累的图像：拼砌砖画与南朝艺术》，北京，人民美术出版社，2020

张孜江，高文：《中国汉阙全集》，北京，中国建筑工业出版社，2017

周崇云：《安徽考古》，安徽，安徽文艺出版社，2011

安徽博物院：《安徽文明史陈列》，北京，文物出版社，2012

高敏：《长沙走马楼简牍研究》，广西，广西师范大学出版社，2008

沈刚：《长沙走马楼三国竹简研究》，北京，社会科学文献出版社，2013

凌文超：《吴制与吴简》，北京，北京大学出版社，2019

吕章申：《中国古代钱币》，北京，中国社会科学出版社，2011

唐石父：《中国古钱币》，上海，上海古籍出版社，2001

罗福颐主编，故宫研究室玺印组编：《秦汉南北朝官印征存》，北京，文物出版社，1987

东京富士美术馆：《大三国志展》，东京，东京富士美术馆，2008

湖北省博物馆：《千古英雄："大三国志展"归国汇报展》，湖北，湖北人民出版社，2009

东京国立博物馆，九州国立博物馆，朝日新闻社朝：《中日文化交流协定缔结40周年纪念特别
展「三国志」》，东京，株式会社美術出版社，2019

深圳市南山博物馆：《三国志文化展》，北京，文物出版社，2020

中华世纪坛艺术馆：《寻踪三国：文物里的魏蜀吴新图景》，北京，中信出版社，2021

四 地方史

李建忠：《古韵亳州》，安徽，安徽人民出版社，2009

马雍：《西域史地文物丛考》，北京，文物出版社，1990

《中国国家人文地理》编委会：《广元》，北京，中国地图出版社，2016

聂晓雨，桑永夫：《一城阅千年：汉魏洛阳与汉魏王朝（增订本）》，河南，中州古籍出版社，2017

夏日新：《湖北三国文化调查》，湖北，湖北人民出版社，2017

成都武侯祠博物馆：《全国三国文化遗存调查报告·成都地区》，北京，科学出版社，2017

四川省人民政府文史研究馆：《成都城坊古迹考》，四川，成都时代出版社，2020

张学君，张莉红：《成都城市史》，四川，四川人民出版社，2020

薛冰：《南京城市史》，江苏，东南大学出版社，2015

蒋赞初：《南京史话》，江苏，江苏人民出版社，1980

熊寿昌：《三国文化与鄂州》，湖北，湖北人民出版社，2018

谢辉：《成都武侯祠》，四川，成都时代出版社，2008

谭良啸，方北辰：《走进成都武侯祠100问》，四川，成都时代出版社，2015

张炬，张素钏：《正定古今》，河北，河北人民出版社，2017

成都武侯祠博物馆：《图说诸葛亮南征》，北京，科学出版社，2014

萧霁虹：《滇史疑云》，云南，云南人民出版社，2004

五 地理、军事

谭其骧：《中国历史地图集》，北京，中国地图出版社，1982

谭其骧著，葛剑雄、孟刚选编：《谭其骧历史地理十讲》，北京，中华书局，2022

郭沫若：《中国史稿地图集》，北京，中国地图出版社，1996

周振鹤主编，胡阿祥、孔祥军、徐成著：《中国行政区划通史·三国两晋南朝卷》，上海，复旦大学出版社，2017

台湾三军大学：《中国历代战争史》，北京，中信出版社，2012

梁允麟：《三国地理志》，广东，广东人民出版社，2004

宋杰：《三国兵争要地与攻守战略研究》，北京，中华书局，2019

宋杰：《三国军事地理与攻防战略》，北京，中华书局，2022

孙启祥：《蜀道三国史研究》，四川，巴蜀书社，2017

李硕：《南北战争三百年：中国4—6世纪的军事与政权》，上海，上海人民出版社，2018

周渝：《中国甲胄史图鉴》，江苏，江苏凤凰文艺出版社，2020

指文烽火工作室：《中国古代实战兵器图鉴》，北京，中国长安出版社，2015

马儒君：《寻找三国》，北京，中国文联出版社，2007

纪陶然：《三国遗迹寻踪：汉末英雄》，北京，世界图书出版有限公司，2020

甘露，梅铮铮：《神游三国》，四川，四川文艺出版社，2001

斯飞小组：《识古寻踪：中国文化史迹手账》，北京，中信出版社，2018

六 艺术、宗教、科技

薄松年：《中国美术史教程》，陕西，陕西人民美术出版社，2000

华人德：《中国书法史·两汉卷》，江苏，江苏教育出版社，1999

刘涛：《中国书法史·魏晋南北朝卷》，江苏，江苏教育出版社，2002

段文杰：《中国敦煌壁画全集5：敦煌初唐》，天津，天津人民美术出版社，2006

郑岩：《魏晋南北朝壁画墓研究》，北京，文物出版社，2016

石云涛：《汉代外来文明研究》，北京，中国社会科学出版社，2017

李龙彬，马鑫，邹宝库：《汉魏晋辽阳壁画墓》，辽宁，辽宁人民出版社，2020

向以鲜：《中国石刻艺术编年史》，上海，东方出版中心，2015

刘芹：《中国古代舞蹈》，北京，商务印书馆，1991

李国荣：《帝王与佛教》，北京，人民出版社，2018

王奎，谭良啸：《三国时期的科学技术》，北京，社会科学文献出版社，2011

七 论文、简报、新闻报道

南阳市博物馆：《南阳发现东汉许阿瞿墓志画像石》，载《文物》，1974（08），73—75+41页

黄展岳：《早期墓志的一些问题》，载《文物》，1995（12），51—58+1页

王子今：《许阿瞿墓志补释》，载《湖南省博物馆馆刊》，2016（00），289—293页

中国科学院考古研究所满城发掘队：《满城汉墓发掘纪要》，载《考古》，1972（01），8—18+28+65—71页

米艾尼：《大汉玉衣——满城汉墓发掘始末》，载《北京日报》，2018-01-09

李灿：《亳县曹操宗族墓葬》，载《文物》，1978（08），32—45页

李灿：《从曹氏墓字砖看古代中日关系》，载《江淮论坛》，1980（04），104—106页

殷涤非：《对曹操宗族墓砖铭的一点看法》，载《文物》，1980（07），83—88页

李灿：《安徽亳州市发现一座曹操宗族墓》，载《考古》，1988（01），57—62页

李淑元，李辉：《从牙齿磨损度推断安徽亳州元宝坑一号墓墓主身份》，载《现代人类学通讯》，第四卷，2010，54—57页

李景彪：《东汉字砖里的亳州》，载《亳州晚报》，2013-09-27

董玉芬：《〈曹全碑〉的史料价值》，载《碑林集刊》，1998（00），187—191页

李清凌：《〈曹全碑〉碑主新考》，载《丝绸之路》，2011（14），28—29页

刘晓涵：《〈曹全碑〉释文及相关问题研究》，南京师范大学2019年硕士学位论文

侯旭东：《东汉〈曹全碑〉"敦煌效谷人也"发微——兼论家族研究的视角》，载《学术月刊》，2022，54（07），181—195页

甘博文：《甘肃武威雷台东汉墓清理简报》，载《文物》，1972（02），16—24+66—70页

甘肃省博物馆：《武威雷台汉墓》，载《考古学报》，1974（02），87—109+174—191页

何双全：《武威雷台汉墓年代商榷》，载《中国文物报》，1992-08-09

李帮儒：《"官渡之战"发生地考证》，载《兰台世界》，2008（08），54—55页

李云清：《长坂坡古战场地理位置初探》，载《江汉考古》，1990（04），72—76+104页

刘雁翔：《天水三国遗迹丛考》，载《天水师范学院学报》，2004（04），74—79页

聂晓雨，程为为：《汉魏洛阳城宫城形制及其影响》，载《中州学刊》，2017（08），120—125页

耿朔：《首阳山小考——兼谈魏文帝首阳陵位置问题》，载《北方民族考古（第2辑）》，科学出版社，2015，213—220页

权家玉：《汉末许昌地位的变迁》，载《信阳师范学院学报（哲学社会科学版）》，2008（06），152—156页

徐光冀，顾智界：《河北临漳邺北城遗址勘探发掘简报》，载《考古》，1990（07），595—600+676—677页

王先福：《襄樊三国时段地下遗存》，载《襄樊学院学报》，2008（06），68—72页

叶植：《"华夏第一青铜马"与骠骑将军张济》，载《襄阳晚报》，2018-09-27

叶植：《汉宋襄阳习家池考辨》，载《襄樊学院学报》，2010（03），21—28页

全洪：《试论东汉魏晋南北朝时期的铁镜》，载《考古》，1994（12），1118—1126页

冯广宏：《天府广场出土汉碑略考》，载《南方民族考古》，2012（00），9—20页

贺游：《成都三国文化遗迹寻踪》，载《四川文物》，2004（05），26—35页

王志高，马涛，龚巨平等：《南京江宁上坊孙吴墓发掘简报》，载《文物》，2008（12），4—34+1页

贺云翔：《南京江宁上坊孙吴大墓墓主试考》，载《东南文化》，2009（01），64—66页

王志高，马涛，龚巨平：《南京上坊孙吴大墓墓主身份的蠡测——兼论孙吴时期的宗室墓》，载《东南文化》，2009（03），41—50页

王宁邦：《孙坚高陵考——南京江宁上坊孙吴大墓墓主考》，载《南京晓庄学院学报》，2016（04），103—110页

冯务建：《六朝武昌城试掘简报》，载《江汉考古》，2003（04），3—13页

熊寿昌：《论鄂城东吴孙将军墓与鄂钢饮料厂一号墓之墓主人身份及其相互关系》，载《东南文化》，2000（09），34—40页

蒋赞初：《鄂州六朝墓发掘资料的学术价值》，载《鄂州大学学报》，2006（02），38—46页

李德文：《合肥市三国新城遗址的勘探和发掘》，载《考古》，2008（12），39—52+103—104+2页

重返：三国现场

马忠理：《磁县北朝墓群——东魏北齐陵墓兆域考》，载《文物》，1994（11），56—67页

王子今：《曹操"七十二疑冢"辨疑》，载《文博》，2010（01），11—15页

顾铁符：《山东东阿县鱼山曹植墓发现一铭文砖》，载《文物》，1979（05），91—92+96页

王庆友：《东阿曹植墓形制初探》，载《丝绸之路》，2012（04），28—29页

乔万宁：《尊卑有度：谈中国国家博物馆藏曹植墓出土组玉佩》，载《南方文物》，2021（03），293—296+2页

严辉 史家珍 王咸秋：《洛阳孟津大汉冢曹魏贵族墓》，载《文物》，2011（09），32—47+1页

刘战：《曹休墓与曹休之死》，载《中原文物》，2014（06），96—99页

王咸秋，严辉，吕劲松：《河南洛阳市西朱村曹魏墓葬》，载《考古》，2017（07），71—81+2页

杨炎之：《座谈｜洛阳西朱村曹魏大墓的墓主是谁？》，载澎湃新闻，2019-05-17

王咸秋：《洛阳西朱村曹魏一号墓墓主考》，载《华夏考古》，2021（03），88—93+116页

付龙腾：《三国西晋陵寝制度新论》，载《中原文物》，2020（02），67—78页

叶其峰：《〈曹真碑〉新考》，载《故宫博物院刊》，2005（02），54—61+158页

石芳霞，刘心珠：《嵇康墓：依山凿石而建的墓冢》，载《亳州晚报》，2016-12-16

姬兴华，刘栋：《嵇康墓考释》，载《淮北职业技术学院学报》，2016（03），48—49页

赵红梅：《毌丘俭纪功碑文补遗——以王国维〈魏毌邱俭丸都山纪功石刻跋〉为中心考察》，载《北方论丛》，2010（06），91—94页

朱尖：《毌丘俭征高句丽"刻石纪功"再探讨》，载《中国历史地理论丛》，2020（02），152—156页

王飞峰：《丸都山城宫殿址研究》，载《考古》，2014（04），93—104页

胡宁：《〈张飞立马铭〉真伪考辨》，载《中国历史文物》，2008（06），73—80页

罗盛吉，王中龙，瞿正瀛：《张飞岂是多才多艺之俊秀文人？》，载《湖北文理学院学报》，2014（12），15—22页

邓宇：《大邑将重建赵云祠墓》，载《华西都市报》，2010-05-25

王志强：《"平阳府君阙"墓主究竟是谁？》，载《华西都市报》，2020-12-31

白翠琴：《论蜀汉"西和诸戎，南抚夷越"之策》，载《中国边疆史地研究》，2002（04），4—15+117页

张弛：《云南昭通后海子东晋壁画墓文化因素分析——以壁画为中心》，载《文物鉴定与鉴赏》，2019（11），20—23页

李德文，解有信，吴志兴等：《安徽马鞍山宋山东吴墓发掘简报》，载《江汉考古》，2007（04），29—37页

叶润清，殷春梅，杨彭，罗海明：《安徽当涂发现高等级东吴宗室墓葬"天子坟"》，载《中国文物报》，2017-3-10

苏州博物馆考古组：《"孙策孙坚"墓的清理和看法》，载《苏州文博通讯》，1982（06）

张铁军，何文竞，席爱军等：《江苏苏州虎丘路新村土墩三国孙吴 M1发掘简报》，载《东南文化》，2019（06），26—41+68—71+127—128+130页

张铁军，何文竞：《江苏苏州虎丘路新村土墩三国孙吴 M5发掘简报》，载《东南文化》，2020（06），40—48+99+191—192页

张铁军，朱晋祧：《苏州虎丘路孙吴墓及墓主身份考证》，载《大众考古》，2021（12），26—33页

周浦昱，张浩哲：《程义：拨云见日，昏镜重磨——〈苏州虎丘路三国大墓墓主身份再考〉讲座纪要》，载"南师文博"公众号，2022-5-4

丁邦钧：《安徽马鞍山东吴朱然墓发掘简报》，载《文物》，1986（03），1—15+97—104页

杨泓：《三国考古的新发现——读朱然墓简报札记》，载《文物》，1986（03），16—24页

王志高，王俊：《马鞍山孙吴朱然家族墓时代及墓主身份的分析》，载《东南文化》，2008（05），20—28页

郭炳洁：《汉代"谒"、"刺"的演变》，载《云南社会科学》，2012（06），133—137页

郑岩：《考古发现中的三国绘画想象中的彼岸世界》，载《大众考古》，2013（03），50—54页

周保华，周梦圆：《南京五佰村孙吴丁奉家族墓发掘收获》，载《中国文物报》，2021-01-26

朱彦：《丁奉墓中出现中国最早的马镫形象》，载《金陵晚报》，2021-11-08

王上海，李荣华，李希朗：《江西吉水城郊2号西晋墓》，载《文物》，2001（02），4—11+98+1页

胡胜，叶翔：《江西吉水县晋墓发掘简报》，载《南方文物》，2013（04），27—30页

陈泓江，王玲玲：《大度丞相葬身何处疑云重重》，载《现代快报》，2010-08-16

魏斌：《国山禅礼前夜》，载《文史》，2013（02），73—96页

宋少华，何旭红：《长沙走马楼 J22发掘简报》，载《文物》，1999（05），4—25+2+97—102页

王素，宋少华，罗新：《长沙走马楼简牍整理的新收获》，载《文物》，1999（05），26—44页

徐畅：《新刊长沙走马楼吴简与许迪割米案司法程序的复原》，载《文物》，2015（12），71—83页

李国斌：《三国时期长沙人的生活图景》，载《湖南日报》，2015-11-24

王仲殊：《日本三角缘神兽镜综论》，载《考古》，1984（05），468—479+487—488页

王仲殊：《论日本出土的青龙三年铭方格规矩四神镜——兼论三角缘神兽镜为中国吴的工匠在日本所作》，载《考古》，1994（08），727—735页

杨金平：《徐州地区出土的三角缘神兽镜——兼论洛阳发现、日本爱知县东之宫古坟出土的同类镜》，载《文博》，2010（02），28—32页

黎虎：《汉魏晋北朝中原大宅、坞堡与客家民居》，载《文史哲》，2002（03），128—134页

许继起：《魏晋南北朝清商乐署考论》，载《中南民族大学学报：人文社会科学版》，2016（06），154—162页

成军：《建安时期清商乐与曹氏家族的艺术实践》，载《河南大学学报：社会科学版》，2005（04），127—132页

陈春：《〈白纻舞〉的溯源探流》，载《鄂州大学学报》，2008（04），43—45页

张云樵、孙金花：《魏晋南北朝时期中日文化交流》，载《社会科学辑刊》，1993（01），70—75页

段鹏琦、杜玉生、肖淮雁：《西晋帝陵勘查记》，载《考古》，1984（12），1096—1107页

童岭：《晋初礼制与司马氏帝室——〈大晋龙兴皇帝三临辟雍碑〉胜义蠡测》，载《学术月刊》，2013（10），148—160页

刘忠贵：《敦煌写本〈三国志·步骘传〉残卷考释》，载《敦煌学辑刊》，1984（01），45—50页

肖瑜：《日本书道博物馆藏〈三国志·吴志·虞翻传〉10行残卷研究》，载《敦煌研究》，2011（02），114—119页

八　网站

南阳汉画馆 http://nyhhg.com/

徐州博物馆 https://www.xzmuseum.com/

河北博物院 https://www.hebeimuseum.org.cn/

亳州博物馆 http://www.bzbwg.com/

中国国家博物馆 http://www.chnmuseum.cn/

河南博物院 http://www.chnmus.net/

辽宁省博物馆 http://www.lnmuseum.com.cn/

西安碑林博物馆 http://www.beilin-museum.com/

泰安市博物馆（岱庙）http://www.daimiao.cn/

陕西历史博物馆 https://www.sxhm.com/

洛阳博物馆 http://www.lymuseum.com/

许昌博物馆 http://www.xcmuseum.com/

湖北省博物馆 http://www.hbww.org/

襄阳博物馆 http://www.xymuseum.cn/

四川博物院 http://www.scmuseum.cn/

成都武侯祠博物馆 http://www.wuhouci.net.cn/

成都博物馆 https://www.cdmuseum.com/

锦点网 http://www.cd3000y.com/

南京博物院 http://www.njmuseum.com/

南京市博物总馆 http://www.njmuseumadmin.com/

故宫博物院 https://www.dpm.org.cn/

云南省博物馆 http://www.ynmuseum.org/

昭通市博物馆 http://www.ztsbwg.com/

曲靖市博物馆 http://www.qjmuseum.com/

白帝城·瞿塘峡景区 http://www.bdcqtx.com/

马鞍山市三国朱然家族墓地博物馆 http://www.zrbwg.net.cn/

苏州碑刻博物馆（苏州文庙）http://www.szbkmuseum.com/

长沙简牍博物馆 http://www.chinajiandu.cn/

临沂市博物馆 http://museum.linyi.cn/

日本东京国立博物馆 https://www.tnm.jp/

日本福冈市博物馆 https://museum.city.fukuoka.jp/

书格 https://new.shuge.org/

中央广播电视总台《探索·发现》栏目 http://tv.cctv.com/lm/tsfx/

三国艺苑 http://www.sanguocn.com/

三国遗址探访 http://sanguo.china-world.info/

"斯飞坐标"微信小程序

"华夏古迹图"APP

"寻踪三国"微信小程序